MANUAL DE EJERCICIOS Y LABORATORIO
¿HABLA ESPAÑOL?
ESSENTIALS
FIFTH EDITION

TERESA MÉNDEZ-FAITH
Saint Anslem College

MARY McVEY GILL

Holt, Rinehart and Winston
Harcourt Brace College Publishers
Fort Worth   Philadelphia   San Diego   New York   Orlando   Austin   San Antonio
Montreal   Toronto   London   Sydney   Tokyo

For Ray and Eddie,
John, Elizabeth and Laura

ISBN: 0-15-500651-7

Address Editorial Correspondence To: Harcourt Brace College Publishers
301 Commerce Street, Suite 3700
Fort Worth, Texas 76102

Address Orders To: Harcourt Brace & Company
6277 Sea Harbor Drive
Orlando, Florida 32887
1-800-782-4479, or 1-800-433-0001 (in Florida)

Printed in the United States of America

4 5 6 7 8 9 0 1 2 3   095   9 8 7 6 5 4 3 2 1

PREFACE

This **Manual de ejercicios y laboratorio** accompanies the fifth edition of *¿Habla español? Essentials*. It is divided into two parts: **Ejercicios escritos**, the workbook, and **Ejercicios de laboratorio**, the laboratory manual. Both components are coordinated with the main textbook chapter by chapter and are designed to provide an additional context for the vocabulary, grammar structures, and language functions presented in each chapter.

The **Ejercicios escritos** contain a variety of exercises stressing both structure and communication. Each chapter begins with a vocabulary section that reinforces the new words related to the chapter theme. The grammar exercises are divided by sections corresponding to the main text. For easy reference, the same headings have been used. The **Funciones y actividades** section integrates all aspects of the chapter and emphasizes the language functions taught in the corresponding sections of the main text. All of the sections contain varied exercises to reinforce the material learned and to develop writing skills (guided and free compositions, situational responses, crossword puzzles, etc.). In addition to the exercises for each chapter, this part of the manual has three self-tests, each one focusing on the material of the preceding chapters.

The **Ejercicios de laboratorio** provide speaking, listening comprehension, and pronunciation practice. This component is to be used in conjunction with the tape program. Each chapter begins with a **Vocabulario** section, which presents the thematic vocabulary in a communicative context. The **Pronunciación** section gives models and practice for correct pronunciation in Spanish. The grammar sections correspond to the main text and include substitution and transformation drills, question and answer practice, listening comprehension passages, and a variety of contextualized exercises. The **Diálogo** and **Viñeta cultural** sections further develop listening comprehension skills. Students read along with the dialogue or **Viñeta cultural** excerpted from the main textbook, and then answer comprehension questions. A final section of each **Ejercicios de laboratorio** chapter provides a mixture of listening and guided writing activities: **Para escuchar y escribir**. Each tape is approximately 45 minutes in length; the speakers are natives, male and female, from Spain and Spanish America. The complete tapescript, containing a transcription of the taped materials, as well as the answers for the **Ejercicios de laboratorio**, is available upon request from the publisher.

The authors would like to thank Jeff Gilbreath of Holt, Rinehart and Winston for his work editing the material and Christine E. Wilson for her assistance in preparing the answer keys. We most appreciate their help and insights.

T.M.-F./M.M.G.

CONTENTS

Ejercicios de laboratorio 193

GLOSSARY OF GRAMMATICAL TERMS

As you learn Spanish, you may come across grammatical terms in English with which you are not familiar. The following glossary is a reference list of grammatical terms and definitions with examples. You will find that these terms are used in the grammar sections of your textbook. If the terms are unfamiliar to you, it will be helpful to refer to this list.

adjective   a word used to modify, qualify, define, or specify a noun or noun equivalent (*intricate* design, *volcanic* ash, *medical* examination)
   A **demonstrative adjective** designates or points out a specific item. (*this* area)
   A **descriptive adjective** provides description. (*narrow* street)
   An **interrogative adjective** asks or questions. (*Which* page?)
   A **possessive adjective** indicates possession. (*our* house)
   A **predicate adjective** forms a part of the predicate and complements (modifies) the subject. (His chances are *excellent*.)
   In Spanish, the adjective form must agree with or show the same gender and number as the noun it modifies.
   See **clause, adjective.**

adverb   a word used to qualify or modify a verb, adjective, another adverb, or some other modifying phrase or clause (soared *gracefully*, *very* sad)
   See **clause, adverbial.**

agreement   the accordance of forms between subject and verb, in terms of person and number
   In Spanish, the form of the adjective must also conform in gender and number with the modified noun or noun equivalent.

antecedent   the noun or noun equivalent referred to by a pronoun (The *book* is interesting, but *it* is difficult to read.)

article   a determining or nondetermining word used before a noun
   A **definite article** limits, defines, or specifies. (*the* village)
   An **indefinite article** refers to a nonspecific member of a group or class. (*a* village, *an* arrangement)
   In Spanish, the article takes different forms to indicate the gender and number of a noun.

auxiliary   a verb or verb form used with other verbs to construct certain tenses, voices, or moods (He *is* leaving. She *has* arrived. You *must* listen.)

clause   a group of words consisting of a subject and a predicate and functioning as part of a complex or compound sentence rather than as a complete sentence
   An **adjective clause** functions as an adjective. (The ad calls for someone *who can speak Spanish.*)
   An **adverbial clause** functions as an adverb. (The lecturer began her talk *when everyone was seated.*)
   A **dependent clause** modifies and is dependent upon another clause. (*Since the rain has stopped,* we can have a picnic.)
   A **main clause** is capable of standing independently as a complete sentence. (If all goes well, *the plane will depart in twenty minutes.*)
   A **noun clause** functions as subject or object. (I think *the traffic will be heavy.*)

cognate   a word having a common root or being of the same or similar origin and meaning as a word in another language (*university* and **universidad**)

command   See **mood, imperative.**

comparative   level of comparison used to show an increase or decrease of quantity or quality or to compare or show inequality between two items (*higher* prices, the *more* beautiful of the two mirrors, *less* diligently, *better* than)

comparison   the forms an adjective or adverb takes to express change in the quantity or quality of an item or the relation, equal or unequal, between items

conditional   a verb construction used in a contrary-to-fact statement consisting of a condition or an *if* clause and a conclusion (If you had told me you were sick, *I would have offered* to help.)
See **mood, subjunctive.**

conjugation   the set of forms a verb takes to indicate changes of person, number, tense, mood, and voice

conjunction   a word used to link or connect sentences or parts of sentences

contraction   an abbreviated or shortened form of a word or word group (*can't, we'll*)

diminutive   a form of a word, usually a suffix added to the original word, used to indicate a smaller or younger version or variety and often expressive of endearment (duck*ling*, pup*py*, novel*lette*)

diphthong   in speech, two vowel sounds changing from one to the other within one syllable (s*oi*l, b*oy*)

gender   the class of a word by sex, either biological or linguistic
In English, almost all nouns are classified as masculine, feminine, or neuter according to the biological sex of the thing named; in Spanish, however, a noun or adjective is classified as feminine or masculine (there is no neuter classification) on the basis of grammatical form or spelling.

idiom   an expression that is grammatically or semantically unique to a particular language (*It rained cats and dogs. I ran out of time.*)
It must be learned as a unit because its meaning cannot be derived from knowing its parts.

imperative   See **mood.**

indicative   See **mood.**

infinitive   the basic form of the verb, and the one listed in dictionaries
It is often used in verb constructions and as a verbal noun, usually with "to" in English. In Spanish, it ends in **-ar, -er,** or **-ir.**

inversion   See **word order, inverted.**

mood   the form and construction a verb assumes to express the manner in which the action or state takes place
The **imperative mood** is used to express commands. (*Walk* to the park with me.)
The **indicative mood**, the form most frequently used, is usually expressive of certainty and fact. (My neighbor *walks* to the park every afternoon.)
The **subjunctive mood** is used in expressions of possibility, doubt, contrary-to-fact, or hypothetical situations. (If I *were* thin, I'd be happier.)

noun   word that names something and usually functions as a subject or an object (*lady, country, family*)
See **clause, noun.**

number   the form a word or phrase assumes to indicate singular or plural (*light/lights, mouse/mice, he has/they have*)
A **cardinal number** is used in counting or expressing quantity. (*one, twenty-three, 6,825*)
An **ordinal number** refers to sequence. (*second, fifteenth, thirty-first*)

object   a noun or noun equivalent

A **direct object** receives the action of the verb. (The boy caught *a fish.*)

An **indirect object** is affected by the action of the verb. (Please do *me* a favor.)

A **prepositional object** completes the relationship expressed by the preposition.
(The cup is on *the table.*)

participle   a verb form used as an adjective or adverb and in forming compound
("perfect") tenses

A **past participle** relates to the past or a perfect tense and takes the appropriate ending.
(*written* proof, the door has been *locked*)

A **present participle** assumes the progressive "-ing" ending in English. (*protesting*
loudly; will be *seeing*)

In Spanish, a past participle used as an adjective or in an adjectival phrase must agree in
gender and number with the modified noun or noun equivalent.

passive   See **voice, passive.**

person   designated by the personal pronoun and/or by the verb form

first person the speaker or writer (*I, we*)

second person the person(s) addressed (*you*)

Note: In Spanish there are two forms of *you*: the familiar (**tú, vosotros**) and the polite
(**usted, ustedes**).

third person the person(s) or thing(s) spoken about (*she, he, it, they*)

phrase   a word group that forms a unit of expression, often named after the part of speech it
contains or forms

A **prepositional phrase** contains a preposition. (*in the room, between the window and the
door*)

predicate   the verb or that portion of a statement that contains the verb and gives information
about the subject (He *laughed.* My brother *commutes to the university by train*)

prefix   a letter or letter group added at the beginning of a word to alter the meaning
(*non*committal, *re*discover)

preposition   a connecting word used to indicate a spatial, temporal, causal, affective,
directional, or some other relation between a noun or pronoun and the sentence or a
portion of it (We waited *for* six hours. The article was written *by* a famous journalist.)

pronoun   a word used in place of a noun

A **demonstrative pronoun** refers to something previously mentioned in context. (If you
need hiking boots, I recommend *these.*)

An **indefinite pronoun** denotes a nonspecific class or item. (*Nothing* has changed.)

An **interrogative pronoun** asks about a person or thing. (*Whose* is this?)

An **object pronoun** functions as a direct, an indirect, or a prepositional object. (Three
persons saw *her.* Write *me* a letter. The flowers are for *you.*)

A **possessive pronoun** indicates possession. (The blue car is *ours.*)

A **reciprocal pronoun** refers to two or more persons or things equally involved. (María
and Juan saw *each other* today.)

A **reflexive pronoun** refers back to the subject. (They introduced *themselves.*)

A **subject pronoun** functions as the subject of a clause or sentence. (*He* departed a while
ago.)

reciprocal construction   See **pronoun, reciprocal.**

reflexive construction   See **pronoun, reflexive.**

sentence   a word group, or even a single word, that forms a meaningful complete expression
> A **declarative sentence** states something and is followed by a period. (*The museum contains many fine examples of folk art.*)
> An **exclamatory sentence** exhibits force or passion and is followed by an exclamation point. (*I want to be left alone!*)
> An **interrogative sentence** asks a question and is followed by a question mark. (*Who are you?*)

subject   a noun or noun equivalent acting as the agent of the action or the person, place, thing, or abstraction spoken about (*The fishermen* drew in their nets. *The nets* were filled with the day's catch.)

suffix   a letter or letter group added to the end of a word to alter the meaning or function (like*ness*, transport*ation*, joy*ous*, lov*ely*)

superlative   level of comparison used to express the highest or lowest level or to indicate the highest or lowest relation in comparing more than two items (*highest* prices, the *most* beautiful, *least* diligently)
> The **absolute superlative** expresses a very high level without reference to comparison. (the *very beautiful* mirror, *most diligent, extremely well*)

tense   the form a verb takes to express the time of the action, state, or condition in relation to the time of speaking or writing
> The **future tense** relates something that has not yet occurred. (It *will* exist. We *will* learn.)
> The **future perfect tense** relates something that has not yet occurred but will have taken place and be complete by some future time. (It *will have* existed. We *will have* learned.)
> The **past tense** relates to something that occurred in the past, distinguished as **preterit** (It *existed*. We *learned*.) and **imperfect**. (It *was existing*. We *were learning*.)
> The **past perfect tense** relates to an occurrence that began and ended before or by the time of a past event or time spoken or written of. (It *had existed* before then. Kathleen *had learned* to drive before she got her learner's permit.)
> The **present tense** relates to now, the time of speaking or writing, or to a general, timeless fact. (It *exists*. We *learn*. Fish *swim*.)
> The **present perfect tense** generally relates to an occurrence that began at some point in the past but was finished by the time of speaking or writing. It is also used for action begun in the past and continued into the present. (Kathleen *has fed* the rabbit, so we can go. Kathleen *has* always *fed* the rabbit.)
> The **progressive tense** relates an action that is, was, or will be in progress or continuance. (It *is happening*. It *was happening*. It *will be happening*.)

triphthong   in speech, three vowel sounds changing from one to another within one syllable (*wire, hour*)

verb   a word that expresses action or a state or condition (*walk, be, feel*)
> A **spelling-changing verb** undergoes spelling changes in conjugation. (infinitive: *buy*; past indicative: *bought*)
> A **stem-changing verb** undergoes a stem-vowel change in conjugation. (infinitive: *draw*; past indicative: *drew*)

voice   the form a verb takes to indicate the relation between the expressed action or state and the subject
> The **active voice** indicates that the subject is the agent of the action. (Harrison Ford *played* that role. Carlos Fuentes *wrote* this book.)
> The **passive voice** indicates that the subject does not initiate the action but that the action is directed toward the subject. (That role *was played* by Harrison Ford. This book *was written* by Carlos Fuentes.)

word order   the sequence of words in a clause or sentence

In **inverted word order**, an element other than the subject appears first. (*If the weather permits*, we plan to vacation in the country. *Please* be on time. *Have* you met my parents?)

In **normal word order**, the subject comes first, followed by the predicate. (*The people celebrated the holiday.*)

EJERCICIOS ESCRITOS

CAPÍTULO

uno LA FAMILIA

VOCABULARIO

La familia de Juan

Teresa — José

Rafael Alicia Antonio Ana

Eduardo Amalia Carlos Carmen Juan

A. La familia de Juan. *Complete each sentence with a word that indicates the correct family relationship.*

1. Amalia es la _hija_ de Rafael.

2. José es el _abuelo_ de Amalia.

3. Carmen es la _prima_ de Eduardo.

4. Juan es el _hijo_ de Ana.

5. Ana es la _esposa_ de Antonio.

6. Rafael es el _tío_ de Carlos.

7. Teresa es la _abuela_ de Juan.

8. Alicia es la _tía_ de Carlos.

3

How does the mother of Juan call herself?

B. Preguntas. *Using the illustration from Exercise A, answer the following questions.*

MODELO ¿Cómo se llama la madre de Juan?
Se llama Ana.

What is Carlos' grandfather's name?

1. ¿Cómo se llama el abuelo de Carlos?

   Se llama José.

2. ¿Cómo se llama la tía de Juan?

   Se llama Alicia.

   plural
3. ¿Quiénes (*Who*) son los padres de Carmen?

   Antonio y Ana son los padres de Carmen.

4. ¿Quién es la abuela de Eduardo?

   Teresa es la abuela de Eduardo.

5. ¿Cómo se llama la prima de Juan?

   Se llama Amelia.

6. ¿Quién es el hermano de Alicia?

   Antonio es el hermano de Alicia.

I. THE PRESENT TENSE OF REGULAR -AR VERBS

A. Sujetos posibles. *In each of the following sentences, the subject noun or pronoun is missing. Circle all of the possible answers for each item.*

1. (Uds. / Ellos / El pasaporte / Juan y yo / Los estudiantes) miran la pizarra.

2. (Ella / Tú / Ud. / El esposo / La niña) viajas a Ecuador.

3. (La tía / Eduardo / Yo / Los hijos / Pablo) necesito estar en Los Ángeles.

4. (Marta / Nosotros / Tú / El esposo de Graciela / Uds.) lleva los libros.

5. (Yo / Ella y yo / Nosotras / Tú y yo / Felipe / La profesora) buscamos los regalos mañana.

B. Fotos de España. *You and Ana have just returned from Madrid. Put captions under the snapshots of your trip; the following groups of words may help.*

Ana y yo / buscar / un hotel ✓

Teresa, Paco y Juan Manuel / visitar / la Universidad de Madrid ✓

En la Plaza de España / Ana / mirar / la estatua (*statue*) de Don Quijote y Sancho Panza

Los amigos de Ana y yo / hablar / en el restaurante Botín

Los turistas / necesitar / un taxi

Nosotros / llegar / a la ciudad de Ávila

MODELO   Los amigos de Ana y yo hablamos en el restaurante *Botín*

En la Plaza de España Ana mira

1. *la estatua de Don Quijote y Sancho Panza.*

2. *Nosotros llegamos a la ciudad de Ávila.*

3. *Ana y yo buscamos un hotel.*

4. *Los turistas necesitan un Taxi.*

5. ___Teresa, Paco, y Juan Manuel___ visitan ___la universidad de Madrid.___

II. ARTICLES AND NOUNS: GENDER AND NUMBER

A. Completar las frases. *Complete each sentence with the correct form of the indefinite article.*

1. Yo llevo _____un_____ cuaderno,

   _____unos_____ papeles y

   _____un_____ bolígrafo a clase.

2. Los señores Martín necesitan _____una_____ mesa y

   _____unas_____ sillas para la casa.

3. Juan necesita _____una_____ cámara.

4. Los turistas buscan _____un_____ restaurante español.

5. Rosa busca _____unos_____ regalos.

B. Errores mínimos. *Rephrase each sentence as an afterthought, using the new word or words in parentheses. Make all necessary changes.*

MODELO Busca la dirección. (lápiz)
No, busca el lápiz.

1. Miramos el avión. (ciudad)

   No, miramos la ciudad.

2. El tío de Carlos está aquí. (tía)

   No, la tía de Carlos está aquí.

3. Buscan la farmacia. (hoteles)

   No, buscan los hoteles.

4. Las hijas de Isabel desean hablar con usted. (hijos)

No, los hijos de Isabel desean hablar con usted.

5. Necesito los regalos. (cámaras)

No, necesito las cámaras.

C. La palabra correcta. *Circle the word that best completes each sentence.*

MODELO Ellos miran el (farmacia /(avión)/ pared).

1. Deseo pasar una ((semana)/ ciudad / hotel) aquí.

2. Busco el (ciudad / cámara /(lápiz)).

3. ¿Necesitas la ((dirección)/ amigo / pasaporte)?

4. ¿Cómo está el (ciudad / niños /(tío de Juan))?

5. Necesitamos unas (amiga /(sillas)/ números de teléfono).

6. El señor Gómez llega con unos (lecciones /(amigos)/ mujeres).

7. ¿Necesitas un ((pasaporte)/ aeropuerto / cámara) para viajar a México?

III. CARDINAL NUMBERS 0-99; *HAY*

A. Precios. (*Prices.*) *Write out the prices for each item. (dollars = dólares; cents = centavos)*

MODELO libro $23,95
Veintitrés dólares y noventa y cinco centavos

1.	cuaderno	$0,87 *ochenta y siete centavos*
2.	pluma	$2,37 *dos dólares y treinta y siete centavos*
3.	lápices	$1,56 *un dólar y cincuenta y seis centavos*
4.	mesa	$74,12 *setenta y cuatro dólares y doce centavos*
5.	silla	$25,15 *veinticinco dólares y quince centavos*
6.	pasaporte	$14,00 *catorce dólares*
7.	cámara	$61,18 *sesenta y un dólares y dieciocho centavos*
8.	regalos	$99,11 *noventa y nueve dólares y once centavos*

B. Preguntas. *Answer little Amalia's questions.*

MODELO ¿Hay seis días en una semana?
No, no hay seis días en una semana.

¿Hay once personas en la familia de Juan?
Sí, hay once personas en la familia de Juan.

1. ¿Hay un hombre en la luna (*moon*)?
   No, no hay un hombre en la luna.

2. ¿Hay treinta días en noviembre (*November*)?
   Sí, hay treinta días en noviembre.

3. ¿Hay tres días en un fin de semana?
   No, no hay tres días en un fin de semana.

4. ¿Hay hoteles en los aeropuertos?
   Sí, hay hoteles en los aeropuertos.

5. ¿Hay doctores en las farmacias?
   No, no hay doctores en las farmacias.

IV. INTERROGATIVE WORDS AND WORD ORDER IN QUESTIONS

¿Qué, quién, cómo...? *Write questions that would elicit the following responses. The cues for the answers are underlined.*

MODELO Juan estudia español.
¿Quién estudia español?

1. Pepito y Carlos hablan mucho.
   ¿Quiénes hablan mucho?

2. Nosotros viajamos a Caracas.
   ¿Adónde viajan ustedes?

3. Viajamos por avión.
   ¿Cómo viajas?

4. Pepito lleva el regalo.
   ¿Qué Pepito llevas?

ustedes?

el regalo?

Qué

5. La mujer se llama <u>Teresa</u>.

   ¿Cómo se llama la mujer?

6. Yo estoy <u>con Ana</u>.

   ¿Con quién estas?

7. <u>Antonio</u> pasa una semana aquí.

   ¿Quién pasa una semana aquí?

8. El avión llega <u>en cuarenta minutos</u>.

   ¿Cuándo llega el avión?

9. Juan y José están <u>en casa</u>.

   ¿Dónde están?

FUNCIONES Y ACTIVIDADES

A. Crucigrama. *Complete the following crossword puzzle.*

(crossword puzzle with answers)

Across/Down clues:

1. padre y madre
2. Abuelo y abuela
3. Buenos Aires es la _____ de Argentina.
4. plural de **avión**
5. los Sheraton, los Hilton, etcétera
6. tío y tía
7. hombres
8. No son bolígrafos; son _____.
9. Barcelona es una _____.

9

B. Conversación imaginaria. *For each of the following expressions, circle the letter preceding the most appropriate response.*

1. Hola, ¿hablo con el padre de Raquel?
   a. No, con el libro de Raquel.
   b. No, con el hermano de Raquel.
   c. No, con la oficina de Raquel.

2. ¿Viajan a México en las vacaciones?
   a. No, al Hotel Continental.
   b. Sí, a Madrid.
   c. No, a Bolivia y a Chile.

3. ¿Cómo se llama usted?
   a. Juan Bernardino Méndez.
   b. Muy bien, gracias.
   c. Hasta mañana.

4. Hay dos profesores italianos en la universidad.
   a. ¡Chau!
   b. ¿Verdad?
   c. ¿De acuerdo?

5. ¿Cómo se dice "parents" en español?
   a. Se dice padres.
   b. Se dice parientes.
   c. Se dice paredes.

PARA ESCRIBIR

Preguntas personales. *Answer the following personal questions.*

1. ¿Cómo está usted hoy?

   _____

2. ¿Cómo se llama usted?

   _____

3. ¿Qué lleva usted a la clase de español?

   _____

4. ¿Escucha usted la radio?

   _____

5. ¿Adónde desea viajar usted?

   _____

CAPÍTULO
dos **DESCRIPCIONES**

VOCABULARIO

A. Antónimos. *Give the opposite of each of the following words.*

1. cortés _descortés_
2. grande _pequeño_
3. malo _bueno_
4. responsable _irresponsable_
5. realista _idealista_

6. pesimista _optimista_
7. interesante _aburrido_
8. altruista _egoísta_
9. sensible _insensible_
10. nuevo _antiguo_

B. ¿Cómo son? *Describe the personalities of the following people.*

1. Yo _____

2. Mi mejor amigo (-a) (*My best friend*) _____

_____

3. Mi profesor(a) _____

4. Mi hermano(-a) _____

I. THE VERB *SER*

A. Las Naciones Unidas. *You are telling your friend Gustavo that in your college there are people from all over the world. Circle the correct form of the verb* **ser** *in each sentence.*

1. Mario y Sofía (es / **son**) de Italia.

2. John, Susie y yo (**somos** / son) de Estados Unidos.

3. Laura y Fred (eres / **son**) de California y yo (es / **soy**) de Florida.

4. La profesora Valle (eres / **es**) de México y el profesor Ruiz (**es** / son) argentino.

5. Tú (**eres** / soy) español, ¿verdad?

6. Y ustedes también (sois / **son**) de España, ¿no?

B. Ser y más ser. *Complete each sentence with the appropriate form of the verb* **ser.**

MODELO   El libro ___es___ pequeño.

1. Nosotros _somos_____ altruistas.

2. Eduardo y Alberto _son_____ pesimistas.

3. Yo _soy_____ de México.

4. Usted _____es_____ profesor de español, ¿verdad?

5. Luis y yo _somos_____ realistas.

6. Tú _eres_____ responsable.

7. Bogotá _es_____ la capital de Colombia.

8. Ella y tú _sois_____ idealistas.

9. Cristina _es_____ la hermana de Pedro.

10. Yo _soy_____ estudiante.

II. ADJECTIVES

A. La palabra correcta. *Circle the word that correctly completes each sentence.*

MODELO   La señorita Roa Ortiz es una profesora muy (simpática / bonito / trabajador).

1. Los Ángeles es una ciudad (bueno / grande / contaminado).

2. La Estancia es un (grande / buen / bueno) restaurante.

3. El señor Gómez habla ahora con unas personas (norteamericanas / inteligente / famosos).

4. ¿Un (mal / malo / argentino) amigo? No, Vicente es un amigo muy bueno.

5. ¿Comida italiana? No, yo busco un restaurante (gran / pequeña / mexicano).

6. Es una persona muy (famoso / inteligentes / trabajadora).

7. Visitamos una cuidad muy (viejo / linda / corteses).

B. Buenos Aires. *Describe Buenos Aires using the adjectives in parentheses. Make the necessary agreements.*

MODELO (grande / famoso) Buenos Aires es una ciudad __**grande**__ y muy __**famosa**__.

1. (mucho / bueno)   Allí hay _muchos_ restaurantes _buenos_.

2. (horrible / amable)   El tráfico es _horrible_ pero las personas son muy _amables_.

3. (viejo / lindo)   Hay muchas casas _viejas_ pero muy _lindas_.

4. (excelente / moderno)   Hay universidades _excelentes_ y _modernas_.

5. (inteligente / trabajador)   Los estudiantes son _inteligentes_ y _trabajadores_.

6. (internacional / famoso)   En la avenida Lavalle hay hoteles _internacionales_ muy _famosos_.

7. (mucho / interesante / elegante)   Allí está el Hotel Claridge, donde hay _muchas_ personas _interesantes_. Es un hotel _elegante_.

8. (grande / importante)   También hay una _gran_ plaza muy _importante_ : la Plaza de Mayo.

Y ahora, ¿no deseas visitar Buenos Aires...?

III. SER VS. ESTAR

A. ¿Por qué usar *ser*?   *For each of the following sentences write the letter that indicates why* **ser** *is used.*

    a. links the subject to a noun or pronoun
    b. indicates origin
    c. indicates where an event takes place
    d. describes what something is made of
    e. shows a personal characteristic
    f. shows possession

___f___   1. La casa es de Elena.
___e___   2. Marisa es una persona muy sensible.
___b___   3. Inés es de Costa Rica.
___c___   4. La fiesta es en la universidad.
___d___   5. Las sillas no son de plástico.
___a___   6. La señorita Gutiérrez es profesora de inglés.
___e___   7. Ellos son inteligentes.

B. ¿Por qué usar *estar*?   *For each of the following sentences write the letter that indicates why* **estar** *is used.*

    a. shows location or position
    b. indicates a particular condition

___b___   1. Roberto está contento.
___b___   2. El café está bueno hoy.
___a___   3. No estoy en clase.
___b___   4. ¿Cómo está usted?
___a___   5. Marta está en la biblioteca.

C. ¿Ser o estar?   *Complete each sentence with the correct form of* **ser** *or* **estar**, *as appropriate.*

MODELO   Elisa ___está___ bonita hoy.

1. Los chicos _están_ perdidos.

2. Nosotros _estamos_ en la agencia de viajes.

3. Yo _soy_ norteamericano.

4. El hotel _está_ enfrente de la universidad.

5. Los tíos _son_ simpáticos y muy altruistas.

6. Rafael _es_ amable.

7. Tú _estás_ aburrida, ¿verdad?

8. Elena y yo _estamos_ de vacaciones.

IV. THE CONTRACTIONS *AL* AND *DEL*
and
V. THE PERSONAL *A*

A. ¿Personal o impersonal? *Complete each sentence with the personal a if it is needed.*

1. Tomás busca ___×___ el hotel y también busca ___a___ Felipe.

2. Usted se llama ___×___ Teresa, ¿verdad?

3. Visitamos ___a___ los abuelos de Raúl.

4. Llamo ___×___ un taxi.

5. Alicia necesita ___×___ dos semanas de vacaciones. ¿Y tú?

6. Necesito llamar ___a___ la doctora.

B. Confusiones. *Your roommate doesn't know what's happening. Respond to each of his or her questions using the cue given.*

MODELO   ¿Visitas <u>a la hermana</u> de Laura mañana? (el hermano)
No, visito al hermano de Laura mañana.

1. ¿Necesitas el número de teléfono <u>del profesor de español</u>? (la profesora de francés)
   No, necesito el número de teléfone de la profesora de frances.

2. ¿Buscas la dirección <u>de la doctora</u>? (el profesor de inglés)
   No, busco la direccion del profesor de inglés.

3. ¿Llevas los libros <u>al laboratorio</u>? (la clase)
   No, llevo los libros a la clase.

4. ¿Comemos en el restaurante <u>de la universidad</u>? (el museo de arte)
   No, comemos en el restaurante del museo de arte.

5. ¿Llamamos <u>a la prima</u> de Laura? (las primas)
   No, llamo a las primas de Laura.

C. La imaginación creadora. *Complete the sentences using the cues given for (a) and (b) and adding words as necessary. Give an original response for (c).*

MODELO Ella visita...
(a) la agencia
(b) Tomás
(c) _____

(a) **Ella visita la agencia de viajes.**
(b) **Ella visita a Tomás Gómez, el tío de Juan.**
(c) **Ella visita un museo muy interesante.**

1. Busco...

(a) una exposición

  Yo busco una exposición

(b) señor Aguirre

  Yo busco al señor Aguirre

(c) *Yo busco a la agente de viajes*

2. La farmacia está...

(a) lejos / hotel

  La farmacia está lejos del hotel.

(b) cerca / Avenida Caracas

  La farmacia está cerca de la Avenida Caracas.

(c) *La farmacia está a la izquierda de la agencia de viajes.*

3. El turista mira...

(a) chicas

  El turista mira a unas chicas.

(b) museos

  El turista mira unos museos.

(c) *El turista mira el Teatro Colón.*

4. Los pasajeros llegan...

(a) aeropuerto

Los pasajeros llegan al aeropuerto.

(b) Estados Unidos

Los pasajeros llegan a los Estados Unidos.

(c) _Los pasajeros llegan a Acapulco._

5. El restaurante está...

(a) lado / hotel

El restaurante está al lado de un hotel.

(b) enfrente / universidad

El restaurante está enfrente de la universidad.

(c) _El restaurante está a la derecha de los apartamentos._

FUNCIONES Y ACTIVIDADES

A. Reacciones lógicas. *React to each of the following statements by choosing an appropriate phrase from the list below.*

¡Qué horrible!	¡Qué bueno!	¿Verdad?
¡Qué aburrido!	¡Qué malo!	¡Qué egoísta!
¡Qué descortés!	¡Qué interesante!	

1. Luis está muy mal. Ahora está en el hospital. _¡Qué horrible!_

2. Fernando no escucha a la profesora. _¡Qué egoísta!_

3. El chico no desea visitar a la abuela. _¡Qué descortés!_

4. Estamos en clase ahora. _¡Qué interesante!_

5. Visitamos el Museo de Historia Natural. _¡Qué bueno!_

6. ¡Allí la comida es deliciosa! _¡Qué malo!_

7. Escuchamos una ópera de Wagner. _¿Verdad?_

B. En la ciudad. *Look at the drawing and then complete each sentence with an appropriate prepositional phrase, choosing from the list that follows. Don't use the same prepositional phrase twice.*

a la derecha de   detrás de *behind*
a la izquierda de   enfrente de */delante de*
además de al lado de *beside*   lejos de *far*
cerca de *near*

1. La plaza está _*enfrente de / delante de*_ _cerca de_____ la catedral (*cathedral*).

2. La librería (*bookstore*) está _*detrás de*_____ la biblioteca (*library*).

3. La farmacia está _*enfrente de / delante de*_ los apartamentos Gloria.

4. El Hotel Victoria está _*a la derecha de*_____ los apartamentos Victoria.

5. La librería está _*lejos de*_____ la catedral. *a la izquierda de*

6. El museo está _*al lado de*_____ la biblioteca.
   *a la derecha de*

PARA ESCRIBIR

Una foto para un(a) amigo(-a). *You have just received a postcard from an Argentine friend. He (She) enclosed a photograph of his (her) family describing the people in it and asking that you do the same for him (her). Answer your friend's request with a photo of your own family and a brief description of them. Use exercises B and C from the FUNCIONES Y ACTIVIDADES section (on pages 60-61 of your textbook) as models.*

_____

_____

_____

_____

_____

_____

_____

_____

CAPÍTULO

tres ESTUDIOS Y PROFESIONES

VOCABULARIO

Estudios universitarios. *In each of the following passages people are describing their activities or preferences. Try to guess what they are studying.*

> **MODELO** Necesito unos libros sobre John Locke y Thomas Jefferson.
> (a. ciencias políticas) b. biología c. literatura

1. Necesito dos libros sobre Aristóteles y uno sobre Platón. También busco uno de Jean-Paul Sartre.
   a. matemáticas (b. filosofía) c. música

2. Deseo visitar el museo para ver una exposición sobre la civilización azteca.
   (a. antropología) b. biología c. música

3. Necesito información sobre Jonas Salk y Luis Pasteur.
   a. química (b. medicina) c. sociología

4. Hoy estudiamos la Revolución Mexicana.
   (a. historia) b. física c. ciencias de computación

5. Llevo un libro de Cervantes y dos de Carlos Fuentes. (México) Shakespeare contemporary
   a. ciencias naturales (b. literatura) c. antropología

I. TELLING TIME

A. ¿A qué hora? *Form complete sentences with the following words.*

> **MODELO** yo / salir / 9:00 A.M.
> **Yo salgo a las nueve de la mañana.**

1. tú / llegar / 4:50 P.M.

   Tú llegas a las cinco menos diez de la tarde.

2. el doctor Jaramillo y yo / visitar / clase / 10:40 A.M.

   El doctor Jaramillo y yo visitamos la clase a las diez y cuarenta de la mañana.

3. tú / llamar / agencia / 2:05 P.M.

   Tú llamas la agencia a las dos y cinco de la tarde.

4. ahora / ser / 8:00 A.M. / en París

Ahora son las ocho de la mañana en París.

5. nosotros / desear / llegar / 11:30 A.M.

Nosotros deseamos llegar a las once y media de la mañana.

B. Una tarde en la vida (*life*) de Juana. *Looking at the clocks and the words given, tell what time Juana is doing each activity. Add words as needed.*

MODELO Juana / estudiar / biología
A la una y diez Juana estudia biología.

1. Juana / llevar / libros / casa / amiga

A la una y media Juana lleva a la casa de la amiga.

2. Juana / hablar / profesora / física

A las dos menos veinte Juana habla con la profesora de física.

3. Juana / visitar / familia / Miguel

A las tres y cuarto Juana visitas a la familia de Miguel.

4. Juana / preguntar / la hora

A las cinco menos cuarto Juana pregunta la hora.

5. Juana / mirar / televisión

*a las cuatro y media Juana
mira televisión*

II. THE PRESENT TENSE OF REGULAR -*ER* AND -*IR* VERBS

A. En la cafetería. *You overhear a group of students talking about the first week of classes. Complete their sentences with the correct forms of the verbs in parentheses.*

1. El profesor de filosofía _*cree*_____ (creer) que nosotros
   _*debemos*_____ *ought to talk* (deber) hablar más en clase.

2. ¿Qué _*leen*_____ (leer) ustedes en la clase de inglés ahora?

3. Patricia y yo no _*vivimos*_____ (vivir) en la universidad. ¿Y tú, Sandy?

4. Irene no _*escribe*_____ (escribir) muchas cartas pero
   _*recibe*_____ (recibir) muchas de su familia.

5. ¿_*Aprenden*_____ (aprender) mucho <u>ustedes</u> en la clase de español?

6. ¿Dónde _*comen*_____ (comer) <u>tú y Fred mañana?</u>

7. Yo no _*comprendo*_____ (comprender) el Capítulo 1. *(primero)* ¿Y ustedes?

B. Lógica verbal. *Complete each sentence; choose the most appropriate verb in parentheses and supply the correct form.*

1. Busco el libro sobre la civilización azteca, pero
   _*creo*_____ que no está aquí. (creer, vender, vivir)

2. Ellos _*leen*_____ muchos libros interesantes en la biblioteca. (leer, escribir, vender)

3. María siempre _*recibe*_____ regalos de la familia Rodríguez. (comprender, recibir, leer)

4. Nosotras _*comemos*_____ mucha comida italiana. (comer, abrir, leer)

5. Jorge, ¿por qué no _____lees_____ el libro de Carlos Fuentes?
   (vivir, leer, aprender)

6. Muchos comerciantes_____viven_____ en casas elegantes.
   (descubrir, vivir, comprender)

7. Tú _____debes_____ hablar con un abogado. *(lawyer)* (leer, descubrir,
   deber)

8. Mamá, ¿por qué no _____abrimos_____ (nosotros) los regalos
   ahora? (abrir, vivir, creer)

III. POSSESSIVE ADJECTIVES

A. Cambios necesarios. *Make a new sentence by replacing the underlined word(s) with the word(s) in parentheses. Make all necessary changes.*

MODELO   Mi amigo <u>Raúl</u> aprende *(learn)* italiano. (Raúl y Carmen)
Mis amigos Raúl y Carmen aprenden italiano.

1. Tu <u>composición</u> está en la mesa. (composiciones)

   Tus ~~Nuestras~~ composiciónes estan en la mesa

2. Nuestra prima <u>Berta</u> vive aquí. (Alberto)

   Nuestro primo Alberto vive aquí.

3. Necesito tus libros, <u>Justina</u>. (doctora Carretón)

   Necesito sus libros, doctora Carretón.

4. Nuestras <u>universidades</u> son bonitas. (parques y plazas)

   Nuestros parques y plazas son bonitos.

5. Bienvenido, <u>Tomás</u>, estás en tu casa. (profesor Álvarez)

   Bienvenido, profesor Álvarez, esta en su casa

6. Voy a escribir a mi <u>hija</u>. (hijas)

   Voy a escribir a mis hijas.

B. La familia de Silvia. *Silvia is talking about her family. Complete the description using the cues given.*

(1. *My*) _Mi_ familia es muy simpática. Yo vivo con

(2. *my*) _mis_ hermanas Elena y Sofía y con

(3. *my*) _mis_ padres.

(4. *Our*) _Nuestro_ apartamento no es grande, pero es muy

bonito. Elena va a la escuela con

(5. *her*) _sus_ amigas. Sofía trabaja;

(6. *her*) _Su_ oficina está cerca del apartamento.

(7. *Our*) _Nuestro_ padre habla inglés y español;

(8. *his*) _su_ madre es puertorriqueña.

(9. *Our*) _Nuestra_ madre es de Cuba.

(10. *Her*) _Su_ padre todavía está allí. ¿Y tu familia...?

¿De dónde son

(11. *your*) _nuestros tus sus_ padres?

IV. THE PRESENT INDICATIVE OF *TENER*

A. ¿Qué tienen? *Complete each sentence by supplying the noun shown in the picture and the correct form of tener.*

MODELO   Roberto _tiene cincuenta dólares_ para el regalo.

Roberto tiene cincuenta dólares para el regalo.

1. Yo _tengo un reloj_ nuevo.

2. Los padres de Ana _tienen un hotel_ en Veracruz.

3. María Pilar y yo *tenemos libros* de muchos escritores mexicanos.

4. El presidente *tiene un avión* grande.

5. Los señores Espinoza *tienen una librería* en la Avenida Juárez.

B. Conversaciones. *Complete the following conversations with the appropriate forms of* ***tener, tener ganas de***, *or* ***tener que***.

1. —Raúl, ¿comes con nosotros?

   —No, mamá, hoy no *tengo* _____ tiempo.

2. —Mamá, yo *tengo ganas de* _____ estudiar música.

   —Bueno, la señora López enseña piano.

3. —Papá, creo que la química y la ingeniería son importantes, pero...

   —Comprendo, hijo. La verdad es que no *tienes ganas de* _____ estudiar...

4. —¿Qué hora es?

   —Son las tres. Nosotros *tenemos que* _____ estar allí en veinte minutos.

5. —Debemos hablar con un doctor.

   —Yo *tengo* _____ una idea. ¿Por qué no llamamos al doctor Torres?

C. Posesiones. *Write two sentences telling some things that you or your friends have, using the verb* ***tener***.

_____

_____

V. THE VERBS *HACER, PONER, SALIR,* AND *VENIR*

A. Completar las frases. *Complete each sentence with the appropriate form of* **hacer,**
poner, salir, *or* **venir.**

do/make
put
leave/go out
come

1. ¿Qué ___haces___ tú?

   Yo ___pongo/ hago___ la maleta.

2. Jaime ___pone___ los libros en la mesa.

3. Nosotras ___hacemos___ ejercicios.

4. Arturo y ella ___vienen___ a la fiesta mañana.

5. Tú ___vienes___ a la fiesta también, ¿no?

6. Yo ___salgo___ de la casa a las nueve de la mañana todos
   los días.

B. Preguntas personales. *Answer the following questions in Spanish.*

1. ¿Vienes a la universidad por la mañana? ¿A qué hora? *las doce y cuarenta y cinco.*

   No, yo vengo a la universidad por la tarde a la una.

2. ¿Sales mucho a comer? ¿Con quién(es)?

   No, yo no salgo mucho a comer. Yo como con mi esposo y mi niño.

3. ¿A qué hora vienen ustedes a la clase de español? *la una por la tarde*

   Nosotros venimos a la clase de español a las doce y cuarenta y cinco.

4. ¿Haces la comida todas las noches o comes en la cafetería de la universidad?

   Yo hago la comida todas las noches en casa.

FUNCIONES Y ACTIVIDADES

A. ¿Cómo? No comprendo. *Eduardo is looking for a restaurant on his first trip to the
university. Play his role and interrupt the speaker to ask for clarification. Use a variety
of expressions of incomprehension.*

MODELO   Usted debe comer en el restaurante universitario.
               ¿Cómo? ¿Dónde debo comer?

1. El restaurante universitario está cerca de la biblioteca.

_____

2. Usted no necesita un mapa, ¿verdad?

_____

3. Muchos estudiantes y profesores comen en el restaurante mexicano que está en la Avenida Moctezuma.

_____

4. Hoy tienen huachinango veracruzano y mole poblano de guajolote.

_____

5. Usted es turista, ¿no?

_____

B. Escenas de todos los días en el Edificio Rosales. *Everyone in the Edificio Rosales lives in a world apart. Tell about each one, using an expression with* tener *and as many verbs from Section V (*hacer, poner, salir, *and* venir*) as possible.*

1. El señor Gómez *tiene ganas de* venir a casa y *poner un hielo en su cabeza*.

2. La Sra. Mendizábal *tiene que   hacer la comida*.

3. Cristóbal no *tiene una muchacha* para *salir*

4. Isabelita no *tiene la respuesta correcta*

5. El amigo de Juan no *tiene ganas de salir hoy*.

6. Yo *Tengo muy frío a casa*.

PARA ESCRIBIR

¡Hola, amigo(-a)! Aquí estoy... ¡en video! *Write a paragraph for a script for a videocassette to send to your pen pal in Mexico. Use the questions below as guidelines for describing yourself and your academic activities to your pen pal and for asking her or him for similar information.*

1. ¿Dónde vives?

2. ¿Cómo es tu ciudad?

3. ¿Tienes muchos amigos? ¿Cómo son?

4. ¿Eres estudiante?

5. ¿Qué estudias?

6. ¿Cuál es tu clase favorita? ¿Por qué?

7. ¿Y quién es tu profesor(a) favorito(-a)? ¿Por qué?

8. ¿A qué hora asistes a clases?

9. ¿Sales los fines de semana (*weekends*)? ¿Con quién(es)?

10. ¿Qué haces durante tus vacaciones?

_____

_____

_____

_____

_____

_____

_____

_____

_____

_____

_____

_____

CAPÍTULO
cuatro LAS ESTACIONES
Y EL TIEMPO

VOCABULARIO

A. Estaciones y meses. *Complete each sentence with the appropriate word or words from the list below.*

frío	sol	primavera	enero	nieva
calor	otoño	estación	meses	llueve

1. En las montañas, *nieva* _____ en el invierno.

2. En el verano hace *sol* _____ y

   calor _____.

3. Abril y mayo son *meses* _____ de la

   primavera _____, no del otoño.

4. La *estación* _____ favorita de Alberto es el

   otoño _____; para él, septiembre y octubre son meses
   estupendos.

5. En Chicago hace mucho viento y mucho *frío y mucho nieva* en

   diciembre y *enero* _____.

6. En abril *llueve* _____ mucho aquí.

B. El tiempo. *The word* tiempo *can refer either to "time" or "weather." Which is the case in each of the following examples?*

1. ¿Ir a comer con ustedes? No, no tengo tiempo. *time* _____

2. Hoy hace muy buen tiempo. *weather* _____

3. ¡Rápido! El tiempo es oro. *time* _____

4. ¡Qué lluvia! Aquí siempre hace mal tiempo. *weather* _____

I. THE IRREGULAR VERB *IR*; ADVERBS WITH *-MENTE*

A. Actividades. *Circle the verb that correctly completes each sentence.*

MODELO   Nosotros _*vamos*_ de vacaciones en agosto.
(voy, (vamos,) van)

1. Aquí hace calor en julio. María Elena y Marcelo siempre

   *van* a la playa. (voy, vamos, van)

2. Rogelio, ¿ _*vas*_ a esquiar con nosotros?
   (voy, vas, vamos)
   We are going to have   *inf.*
3. Creo que no _*vamos*_ a hacer calor cerca del mar. *sea*
   (van, vamos, va)

4. Hija, ¿por qué _*vas*_ a salir con Fernando Cuevas?
   Es un muchacho muy descortés. (vamos, vas, voy)

5. El sábado yo _*voy*_ a ir de compras.
   (vamos, va, voy)
   On Saturday, I'll go shopping.

B. Las clases. *Refer to the class schedules below and complete each sentence with the appropriate form of* **ir** *and other information.*

	Yo	Félix	Magdalena
9:00	ANTROPOLOGÍA	ANTROPOLOGÍA	FRANCÉS
10:00	ESPAÑOL	FÍSICA	FÍSICA
11:00	QUÍMICA	INGENIERÍA	QUÍMICA
1:00	INGLÉS	INGLÉS	PSICOLOGÍA

MODELO   A las diez yo ___**voy**___ a la clase de español.

1. Félix y Magdalena _*van*_ a la clase de

   *física* a las diez.

2. Magdalena _*va*_ a la clase de

   *psicología* a la una.

3. Félix y yo _*vamos*_ a la clase de antropología.

4. Magdalena y yo _*vamos*_ a la clase de

   *química* .

5. A las once Félix _*ya*_____ a la clase de

_*ingeniería*_____.

6. A la una Félix y yo _*vamos*_____ a la clase de

_*inglés*_____.

C. ¿Cómo? *Using the correct adverbial form of the adjective given, tell* **how the following** *people do certain things.*

MODELO (terrible) Felipe esquía <u>terriblemente</u>.

1. (descortés) Ana habla _*descortesmente*_____.

2. (rápido) Los estudiantes van _*rápidamente*_____ a la clase de inglés.

3. (posible) _*Posiblemente*_____ voy a la playa con ustedes.

4. (lento) Tú y yo vamos _*lentamente*_____ a la casa de Pablo.
   slow

II. DATES *A. Vary*

A. Preguntas. *Answer each question in a complete sentence.*

1. ¿Qué día es hoy?

   _*Hoy es el veintiséis de octubre.*_____

2. ¿Qué hace usted los sábados? ¿Va a fiestas? *No, yo no voy a fiestas.*

   Los sábados, yo y mi hijo, Eduardo, jugamos a ajedrez.

   When are you (all) going to have an exam?

3. ¿Cuándo van a tener ustedes un examen?

   Vanemos a tener un examencito de español de ?

   Which is your favorite day? Why?   *de noviembre*
4. ¿Cuál es el día favorito de usted? ¿Por qué?   *de mil novecientos*
                                                    noventa y cuatro.

   Mi favorito día es Thanksgiving

   What months have 30 days?

5. ¿Qué meses tienen treinta días?

   Treinta días tiene septiembre, abril, junio y noviembre

   Which is the date of your birthday?

6. ¿Cuál es la fecha de su cumpleaños?

   La fecha de mi cumpleaños es el dieciocho de diciembre.

7. ¿Es usted supersticioso(-a)? En muchas partes del mundo hispano, el día de mala suerte (*luck*) es el martes (especialmente el martes 13). ¿Cuál es el día de mala suerte aquí?

_____

B. Fechas importantes. *Complete the following chart with birthdays of four people you don't want to forget.*

	Persona	Fecha
MODELO	mamá	el nueve de julio
1.	Laura	el veintidós de septiembre
2.	Edwardo	el siete de marzo
3.	David	el veintitrés de julio
4.	Joan	el dieciocho de diciembre

III. CARDINAL NUMBERS 100 AND ABOVE

A. La inflación. *Inflation is a big problem in Latin America. Sometimes currency is devalued by a factor of as much as 10,000. Convert the following amounts from **pesos viejos** to **pesos nuevos**. (Hint: just drop four zeros from the number of old pesos to get the number of new pesos.)*

MODELO   100.000 pesos viejos =
Cien mil pesos viejos son diez pesos nuevos.

1. 5.000.000 de pesos viejos =

cinco millones de pesos viejos son quinientos pesos nuevos

2. 30.000 pesos viejos =

treinta mil pesos viejos son tres pesos nuevos

3. 2.000.000 de pesos viejos =

dos millones de pesos viejos son doscientos pesos nuevos

4. 800.000 pesos viejos =

ochocientos mil pesos viejos son ochenta pesos nuevos

5. 80.000 pesos viejos =

ochenta mil pesos viejos son ocho pesos nuevos

6. 550.000 pesos viejos =

quinientos cincuenta mil pesos viejos son cincuenta y cinco pesos nuevos

7. 10.990.000 pesos viejos = *mil noventa y nueve pesos nuevos*

diez millones novecientos noventa mil pesos viejos son

8. 4.440.000 pesos viejos = *cuatrocientos cuarenta y cuatro pesos nuevos*

cuatro millones cuatrocientos cuarenta mil pesos viejos son

B. **Vuelos internacionales.** *This schedule from the Chilean newspaper* **La Época** *shows international flights to and from Santiago. Write out the flight numbers of the following:*

MODELO   el avión que sale para Sao Paulo-Río a las 8:30 de la mañana
ciento catorce

INTERNACIONALES

LLEGAN:

Nueva York-Miami	149	LAN	07.25
Nueva York-Washington-Miami	341	LADECO	09.00
Miami	477	PANAM	08.30
B. Aires	040	ECUATORIANA	09.15
Asunción	502	PARAGUAYAS	12.05
Buenos Aires	088	AVIANCA	11.10
Madrid-Buenos Aires	985	IBERIA	14.10
Miami-B.Aires	901	AMERICAN AIR	12.58
Buenos Aires	206	ARGENTINAS	13.20
Moscú-Isla de Sal.-Buenos Aires	357	AEROFLOT	17.30
Miami—Caracas-Sta Cruz- La Paz	967	LLOYD	15.45
Frankfurt-Río-Sao Paulo	920	VARIG	14.15
Papeete-Pascua	034	LAN	15.25
París-Recife-Río-Buenos Aires	097	AIR FRANCE	15.20
Caracas-Lima	129	LAN	19.35
B. Aires	320	LADECO	20.00
Montevideo-B. Aires	148	LAN	20.05
Río-Sao Paulo-Asunción	115	LADECO	20.45
Miami-Bogotá-Guayaquil	301	LADECO	22.40
Nueva-York-Miami-Lima	987	AMERICAN AIR	22.43

SALEN:

Sao Paulo-Río	114	LADECO	08.30
Buenos Aires-Montevideo-Río-París	098	AIR FRANCE	10.35
B. Aires	341	LADECO	10.15
Guayaquil	040	ECUATORIANA	10.15
B. Aires-Montevideo	149	LAN	09.45
Bogotá	088	AVIANCA	12.00
Buenos Aires	207	ARGENTINAS	14.00
Buenos Aires-Madrid	986	IBERIA	14.55
Asunción	503	PARAGUAYAS	13.40
Sao Paulo-Río-Londres	921	VARIG	15.15
La Paz-Sta. Cruz-Panamá-Miami	966	LLOYD	16.45
Buenos Aires-Isla de Sal-Lux-Moscú	358	AEROFLOT	19.30
B. Aires- Miami	900	AMERICAN AIR	16.30
Miami-Nueva York	148	LAN	21.45
Miami	320	LADECO	21.30
Miami	478	PANAM	21.45

---

1. el avión que llega de Nueva York-Miami a las 7:25 de la mañana

   ciento cuarenta y nueve

2. el avión que llega de Asunción a las 12:05

   quinientos dos

3. el avión que llega de Madrid-Buenos Aires a las 2:10 de la tarde

novecientos ochenta y cinco

4. el avión que llega de Miami-Bogotá-Guayaquil a las 10:40 de la noche

trescientos uno

5. el avión que sale para Buenos Aires a las 10:15 de la mañana

trescientos cuarenta y uno

6. el avión que sale para Sao Paulo-Río-Londres a las 3:15 de la tarde

novecientos veintiuno

7. el avión que sale para Buenos Aires-Isla de Sal-Lux-Moscú a las 7:30 de la noche

trescientos cincuenta y ocho

8. el avión de Pan Am que sale para Miami a las 9:45 de la noche

cuatrocientos setenta y ocho

IV. IDIOMATIC EXPRESSIONS WITH *TENER; HAY QUE*

A. **Otro mundo.** *Gustavo has just arrived from Chile to enroll in a large university in New York. Things are very different for him so he is asking you for information. Answer each of his questions using the cue given.*

MODELO ¿Qué día <u>tengo que llegar</u> a la universidad? (12 de septiembre)
Tienes que llegar el doce de septiembre.

1. ¿Adónde <u>hay que ir</u> primero? (a la oficina de la administración)

Hay que ir primero a ...

2. ¿Hay que estudiar la historia de Estados Unidos? (sí)

Sí, hay que estudiar la historia de los Estados Unidos.

3. ¿Cuándo tienen que abrir la biblioteca? (7:30 A.M.)

Tienen que abrir a las siete y media de la mañana.

4. ¿Cuántos libros tengo que tener para las clases? (un total de veinte)

Tienes que tener un total de veinte libros para las clases

5. ¿Adónde tengo que ir para buscar las oficinas de los profesores de inglés? (a Smith Hall)

Tienes que ir a Smith Hall para buscar las oficinas de los profesores de inglés.

B. ¿Por qué...? *Answer the questions in complete sentences, using the cues.*

MODELO ¿Por qué estudia Roberto? (tener ganas / viajar / España)
Porque <u>tiene ganas de</u> viajar a España.

Why are you thirsty

1. ¿Por qué tienes sed? (hacer ejercicios y tener calor)

Porque yo hago ejercicios y yo tengo calor.

2. ¿Por qué tienen que estudiar Jorge y Juana? (tener examen hoy)

Porque Jorge y Juana tienen examen hoy.

3. ¿Por qué no comes las enchiladas? (no tener hambre)

Porque yo no tengo hambre.

4. ¿Por qué van ustedes a la playa ahora? (tener ganas / nadar)

Porque nosotros tenemos ganas de nadar.

5. ¿Por qué toma usted Alka-Seltzer? (tener dolor / estómago)

Porque yo tengo dolor de estómago.

V. AFFIRMATIVE AND NEGATIVE WORDS *p. 158*

A. ¿Cuál es la palabra...? *Circle the word that best completes each sentence.*

1. *Ninguna* _____ de las fechas es posible. (Ninguna, Nadie, Algo)

2. Un momento... necesito hablar con *alguien* _____.
(alguien, algo, nada)

3. No necesito *nada* _____, gracias. (nada, nadie, ningún)

4. Señorita, ¿hay *algún* _____ problema con el auto?
(algo, algún, nada)

5. ¿Por qué no hay *ningún* _____ vendedor aquí en la librería?
(ninguno, ningún, algo)

6. Patricia no va a la fiesta *tampoco* _____.
(nadie, tampoco, ninguna)

7. Ellos no viajan *nunca* _____. (nunca, nada, siempre)

8. No tengo ni calor *ni* _____ frío. (jamás, ninguna, ni)

B. Construcciones sinónimas. *Rewrite each sentence by eliminating **no** and changing the word order.*

MODELO   No voy nunca al teatro.
    Nunca voy al teatro.

None comes through here today.

1. No viene nadie por aquí hoy.

Nadie viene por aquí hoy.

Neither Lorenzo nor Elena go on vacation

2. No van de vacaciones ni Lorenzo ni Elena. *plural*

Ni Lorenzo ni Elena van de vacaciones

None of the Balboas have the address

3. No tiene la dirección ninguno de los Balboa.

Ninguno de los Balba tiene la dirección.

Marisa doesn't go down here either

4. Marisa no baja aquí tampoco.

Tampoco Marisa baja aquí.

They don't carry anything at the party

5. No llevan nada a la fiesta.

Nada llevan a la fiesta.

C. Preguntas. *Answer each question in the negative.*

MODELO   ¿Buscas algo? *something*
    No, no busco nada. *nothing*

Do you drink coffee in the morning?

1. ¿Siempre tomas café por la mañana?

No, nunca tomo café por la mañana.

Do you have any questions?

2. ¿Tienes alguna pregunta?

No, no tengo ninguna pregunta.

Did you visit someone in the hospital today?

3. ¿Visitas a alguien en el hospital hoy?

No, no visito a nadie en el hospital hoy.

Do you need something?

4. ¿Necesitas algo?

No, no necesito nada.

Did you travel to any Spanish country in the summer?

5. ¿Viajas a algún país hispano en el verano?

No, no viajo a ningún país hispano en el verano.

FUNCIONES Y ACTIVIDADES *A. Vary*

A. Obligaciones. *Complete each sentence in a logical manner.*

1. Debo _____

2. Mi amigo tiene que _____

3. Es necesario _____

4. Los estudiantes necesitan _____

5. Hay que _____

B. Pronóstico (Forecast) para hoy. *Look at the weather forecast from the Chilean newspaper **La Época**. Write at least six sentences about the weather for the day. Note: **Chubascos - lluvia**.*

1. _____

_____

2. _____

_____

3. _____

_____

4. _____

_____

5. _____

_____

6. _____

_____

EL TIEMPO
PRONOSTICO PARA HOY

Octubre diecinueve p. 109

13°/21° ARICA		*Arica*
13°/21° IQUIQUE		*Iquique*
12°/19° ANTOFAGASTA		*Antofagasta*
6°/26° COPIAPO		*Copiapo*
8°/19° LA SERENA		*La Serena*
10°/18° VALPARAISO		*Valparaiso*
7°/29° SANTIAGO		*Santiago*
6°/27° CURICO		*Curico*
4°/22° CHILLAN		*Chillan*
8°/18° CONCEPCION		*Concepcion, Temuco*
9°/15° TEMUCO		*Valdivia, Osorno, Puerto M*
9°/14° VALDIVIA		
9°/14° OSORNO		
6°/13° PUERTO MONTT		*Coihaique*
4°/10° COYHAIQUE		
1°/9° PUNTA ARENAS		*Punta Arenas*

DESPEJADO — *clear*
NUBOSIDAD PARCIAL A DESPEJADO — *partly cloudy*
NUBLADO A PARCIAL
NUBLADO — *cloudy*
CHUBASCOS — *heavy rain*
NUBLADO Y CHUBASCOS

TERRITORIO CHILENO ANTARTICO

POLO SUR

¡Qué mundo más pequeño!

PARA ESCRIBIR: *¿Qué estudias tú?*

Dos minidiálogos. *Write a brief dialogue for each of the following drawings. Use your imagination and try to use at least two of the following expressions.*

1. ¡Qué tiempo más horrible! ✓
2. ¿Qué estudias tú? ✓
3. ¿Usted (Tú) también...? ✓
4. Gracias. ✓

1. ¡Qué lluvia! ✓
2. ¡Qué coincidencia! ✓
3. ¡Cuidado! ✓
4. Usted (Tú) es (eres) muy amable. ✓

¿Cómo estás?

Bien, gracias.

¡Qué tiempo más horrible!

¡Qué lluvia!

¿Crees que nosotros vamos a tener

un invierno frío?

Cuando nieva, vamos a esquiar.

¡Buena idea!

Tú eres muy amable. Hasta mañana.

¡Cuidado!

2.

Por favor,

¿Qué hora es? No llevo reloj.

Es la una y cinco. ¡Qué buen tiempo!

Sí, este otoño hace calor. ¿Qué estudias tú?

Yo estudio alemán. ¿Y tú?

¡Qué coincidencia! Tú también.

Nosotros debemos estudiar pronto, ¿de acuerdo?

Bueno, nos vemos.

Hasta luego.

este
ese
aquel

CAPÍTULO
cinco **LA CIUDAD Y SUS PROBLEMAS**

VOCABULARIO

A. ¿Cuál es la palabra...? *For each category, circle the word that does not belong.*

MODELO El crimen: el robo, (la inflación,) la mujer policía, el criminal

1. **Problemas de trabajo:** el desempleo, (el SIDA,) la discriminación, la huelga

2. **Otros problemas de la ciudad:** la basura, la contaminación, (el teatro,) el tráfico

3. **Edificios de la ciudad:** (la culpa,) la tienda, el teatro, la estación de autobuses

4. **Transporte público:** (la pobreza,) el metro, el autobús, el taxi

B. En mi ciudad. *Write six sentences describing the advantages or disadvantages of living in your city or town; you might want to use some of the words below.*

MODELO En mi ciudad las escuelas son muy buenas. *comidas deliciosas*

calles	discriminación	casa	escuelas
plazas	apartamentos	tráfico	parques (*parks*)
gente	desempleo	basura	avenidas
crimen	restaurantes	barrios	huelgas
teatros	contaminación	hoteles	empleos
pobreza	universidades	robos	hospitales

1. _____
2. _____
3. _____
4. _____
5. _____
6. _____

I. DEMONSTRATIVE ADJECTIVES AND PRONOUNS

A. **Cambios.** *Make a new sentence using the cue given.*

MODELO   Esa señorita tiene mala suerte. (hombre)
Ese hombre tiene mala suerte.

1. Este tráfico es terrible. (contaminación del aire)

   Esta contaminación del aire es terrible.

2. ¿Qué edificio buscas? ¿Éste? (calle)

   ¿Qué calle buscas? ¿Éste?

3. Busco la biblioteca municipal. ¿Es aquélla? (Museo de Arte Moderno)

   Busco el Museo de Arte Moderno. ¿Es aquél?

   Those — there — here

4. Esos hombres que están allí necesitan empleo. (aquí)

   Estos hombres que están aquí necesitan empleo.

5. Aquel teatro es nuevo. (tienda)

   Aquella tienda es nuevo.

B. **¿Dónde comemos?** *Complete the conversation with the appropriate demonstrative adjectives or pronouns.*

ANA: Es hora de comer, Pablo. ¿En qué restaurante comemos?

PABLO: ¿En _*este*_ _____ restaurante francés, aquí enfrente?
                        (1)

ANA: No, no deseo comida francesa esta noche.

PABLO: Bueno. ¿Y en _*ese*_ _____ restaurante italiano
                             (2)

    que está allí cerca de la estación del metro?

ANA: Creo que _*ese*_ _____ (*that one*) no es bueno.
                     (3)

PABLO: De acuerdo. ¿Y en _*aquel*_ _____ (*that...far away*)
                            (4)

    restaurante alemán que está en la calle 48?

ANA: Pero en _*aquél*_ _____ la comida es horrible.
                    (5)

PABLO: Pues...¿y en _*aquella*_ _____ (*that...far away*)
                      (6)

    cafetería que está en la Avenida Broadway?

ANA: ¿Cómo? ¿Qué cafetería?

PABLO: La cafetería de la Avenida Broadway, al lado del teatro.

ANA: ¡Oh!, pero ___*aquélla*___ (that...far away) está

(7)

lejos, ¿no?

PABLO: ¡Ay, ay, ay! ¿Por qué no comemos en casa?

II. STEM-CHANGING VERBS: *E* TO *IE*

A. Problemas económicos. *Complete the conversation with the correct forms of the verbs indicated.*

JORGE: Raúl, ¿qué ___*piensas*___ (1. pensar) tú del problema
de la inflación?

RAÚL: ¡Ay! Yo no ___*entiendo*___ (2. entender) eso muy bien.

La inflación ___*empieza*___ (3. empezar) cuando los
precios suben (*rise*), ¿no?

JORGE: Sí, y muchos bancos (*banks*) ___*cierran*___ (4. cerrar)

after después de unos años. No hay dinero y la gente

___*pierdes*___ (5. perder) su trabajo. ¿Y qué

___*piensas*___ (6. pensar) tú del problema del
desempleo?

RAÚL: Yo ___*entiendo*___ (7. entender) muy bien ese problema.
¡No tengo trabajo!

B. Reunión política. *While waiting for a town council meeting to begin,* *begin* *some people are
conversing. Complete their sentences, choosing from these verbs:* **empezar, entender,** *understand*
lose **perder, pensar, preferir, querer.** *There may be more than one possible answer.*
plan *want, love*

1. Ellos no ___*entienden*___ muy bien el problema de la
inflación. ¿Y tú?

2. Nosotros ___*queremos/empezamos*___ a entender el problema de las drogas.

3. Yo ___*pienso/quiero/prefiero*___ hablar de la discriminación contra las
víctimas del SIDA.

4. Ellos ___*empiezan/quieren/prefieren*___ hablar del crimen en el barrio.
that, which, or who

5. Yo ___*pienso*___ que (nosotros)

? ___*perdemos*___ el tiempo aquí.

C. Preguntas personales. *Answer each question in a complete sentence.*

1. ¿Prefieres estudiar en tu casa o en la biblioteca?

   Yo prefiero estudiar en mi casa.

2. ¿Cierras la puerta cuando estudias en tu casa?

   Sí, yo cierro la puerta cuando yo estudio en mi casa.

   what do yo like to do this afternoon?
3. ¿Qué quieres hacer esta tarde?

   What do you plan to do this weekend?
4. ¿Qué piensas hacer este fin de semana?

   When does summer vacation begin
5. ¿Cuándo empiezan las vacaciones de verano?

   Las vacaciones de verano empiezan el cuatro de mayo de mil novecientos noventa y cuatro

III. DIRECT OBJECT PRONOUNS

On the contrary (Reverse)

A. Al revés. (Backwards.) *Rewrite the following conversation, changing the position of the pronouns in italics.*

When are you going to visit him?

MODELO   ¿Cuándo *lo* vamos a visitar?
   ¿Cuándo vamos a visitarlo?

Why are you going to buy it?

RAFA: Ese café es muy bueno. ¿Por qué *lo* vas a comprar?

¿Por qué tú vas a comprarlo?

HUGO: Porque Susana *nos* va a visitar.   *Because Sue is going to visit us*

Porque Susana va a visitarnos

RAFA: ¿Quién *la* va a invitar (*invite*)? *Who is going to invite her*

¿Quién va a invitarla?

HUGO: Yo. *La* voy a llamar ahora. *I am going to call her now.*

Yo voy a llamarla ahora.

RAFA: ¿Tienes su número de teléfono?

Do you have her phone #?

I'm going to look for it

HUGO: *Lo* voy a buscar.

Yo voy a buscarlo.

RAFA: ¿Cuándo vas a hacer la comida? *When are you going to make the food?*

HUGO: ¿Yo? No, amigo. ¡Tú *la* vas a hacer! *¿? no, friend. You are going to make it.*

¡Tú vas a hacerla.

B. Turistas. *Mr. and Mrs. Gil are talking to some visitors from out of town. Answer each question in the affirmative using the appropriate direct object pronoun.*

Silvia is Jorge going to help you with the suitcases?

1. Silvia, ¿te va a ayudar Jorge con las maletas?

Sí, Jorge va a ayudarme con las maletas.

2. ¿Nos esperan ustedes en el hotel? *Are you expecting us at the hotel?*

Sí, los nosotros esperamos en el hotel.

3. ¿Jorge va a llamarlos a ustedes mañana? *Is Jorge going to call them tomorrow?*

Sí, va a llamarnos mañana.

4. ¿Van a visitar a sus amigos el sábado? *Are they going to visit their friends Saturday?*

Sí, vamos a visitarlos el sábado.

5. ustedes ¿Ven el Banco Central, allí cerca del restaurante? *See the Central Bank, there near the restaurant?*

Sí, lo nosotros vemos.

6. ustedes ¿Tienen los pasaportes? *Do you have the passports?*

Sí, los nosotros tenemos

IV. THE PRESENT TENSE OF *SABER* AND *CONOCER*

A. TV al día. *Look at the TV schedule from El diario/La prensa, a New York newspaper, and answer the questions.*

TV al día

VIERNES NOCHE	OCTUBRE 4							
	7:00	7:30	8:00	8:30	9:00	9:30	10:00	10:30
PROGRAMACION EN ESPAÑOL								
㊶	Alcanzar una Estrella II		En Carne Propia	Amor de Nadie	Doña Beija / Doña Bella		El Show de Paul Rodriguez	
㊇	Manuela		Los Años Perdidos		Película: "Furia de Ladrones" Miguel Angel Rodriguez.		Ocurrió Así	
GALA	(6:30) Andale	T.V. O	Yo No Creo En Los Hombres		Milagro y Magia		Pícara Soñadora	

1. ¿Conoce usted el programa "El Show de Paul Rodríguez"?

   Sí, yo conozco el programa.

2. ¿Sabe quién es Paul Rodríguez?

   No, yo no sé quién es Paul.

3. ¿Conoce el programa "Ocurrió así" ("That's How It Happened")?

   No, yo no conozco el programa

4. ¿A qué hora presentan una película?

   Presentan una película a los nueve.

5. ¿Sabe si hay programas en español en su área? ¿En qué canales los presentan?

   Hay programas en español en mi área en canal 12.

B. Un(a) estudiante puertorriqueño(-a). *You have just met a Puerto Rican student. Ask him or her five questions, using **saber** or **conocer**. Ideas: know the city well; familiar with... (restaurant, store, etc.); know Professor...; know how to swim (ski, etc.); know the address (phone number) of...*

1. _____

2. _____

3. _____

4. _____

5. _____

A.

FUNCIONES Y ACTIVIDADES

Reacciones. *React to each of the following situations, choosing an appropriate expression from the list below.*

¡Qué lástima! 4   ¡Qué mala suerte!   Es de esperar. 5.
¡Pobrecito(-a)! 3   ¡Buena lección!   ¿Qué espera(s)? 2.

MODELO   Raúl va a llegar tarde al aeropuerto porque no tiene su reloj.
¡Qué mala suerte!

1. Marta va al casino de Monte Carlo y pierde 5.000 dólares.
   ¡Qué mala suerte!

2. Enrique y Ana compran (*buy*) un auto por cien dólares y lo tienen que llevar al mecánico muchas veces.
   ¿Qué esperas?

3. La hermana de Jorge está en el hospital.
   ¡Pobrecita!

4. Los primos de Elena hacen un viaje a San Juan y allí llueve todos los días.
   ¡Qué lástima!

5. Usted y dos amigos van a un restaurante elegante y reciben una cuenta (*bill*) de 250 dólares.
   Es de esperar.

A.V.

PARA ESCRIBIR

Choose one of the ads below and write a short conversation in which one person expresses sympathy or lack of sympathy.

_____
_____
_____
_____
_____
_____
_____

La mayoría de la gente no anuncia sus prejuicios

2 Dormitorios, 2 Baños, **NO** se aceptan Negros, Hispanos, los Incapacitados ni Familias con Niños.

Los actos de discriminación en la vivienda no son tan obvios. Usted quizás oiga frases tales como éstas:
"Lo acabamos de rentar"
"El dueño decidió no vender la casa".

Cuando usted sospeche discriminación en la vivienda, llame gratis al: **1-800-669-9777**, TDD 1-800-927-9275.

¡Usted puede luchar contra la discriminación en la vivienda y ganar!

Vivienda Justa Abre Las Puertas
Departamento de Vivienda y Desarrollo Urbano de los Estados Unidos

Enséñeles a sus hijos a decir « No » a las drogas

1 _____
2 _____
3 _____
4 _____
5 _____
6 _____
7 _____
8 _____

CAPÍTULO

seis

DIVERSIONES Y PASATIEMPOS

AV.

VOCABULARIO

Tell what sorts of activities come to mind for each of the times indicated. Use the list below and add other ideas of your own.

visitar a los amigos	hablar por teléfono
sacar fotos	escuchar un concierto
hacer ejercicios	tocar la guitarra (el piano, el violín)
hacer una fiesta	nadar
ir al teatro	escuchar música
jugar al béisbol (fútbol, vólibol)	programar la computadora
ir al cine a ver una película	viajar
bailar	escuchar la radio
escuchar discos	cantar
esquiar	patinar
	pintar

1. El sábado por la noche: *Los sábados por la noche, nosotros vamos a ver una obra de teatro.*

2. El domingo: *Los domingos, nosotros visitamos a los amigos.*

3. Las vacaciones de verano: *Durante mis vacciones de verano, mi esposo y mi hijo y yo viajamos en los Estados Unidos.*

4. Las vacaciones de invierno: *Por las vacaciones de invierno, nosotros vamos a esquiar en las montañas.*

6

I. INDIRECT OBJECT PRONOUNS

A. **Completar las frases.** *Complete each sentence with the indirect object pronoun corresponding to the indirect object phrase in parentheses.*

MODELO ___Le___ hablan por teléfono (a ella).
Mi tío va a leer **les** ese libro (a ellos).

1. _Les_ preparamos el almuerzo (a ustedes).

2. Jacobo _nos_ presta el dinero (a nosotros) hoy.

3. Marta _le_ hace la comida (al señor).

4. Van a vender _le_ esa cámara (a Miguel).

5. _Te_ deseo un feliz viaje (a ti).

6. Mi amigo Enrique _les_ escribe (a Juanita y a Dora).

B. **Ana y sus amigos.** *Ana is always doing things for other people. Make a sentence for each drawing using an indirect pronoun and the cue given.*

MODELO comprar / a nosotros
Ana nos compra entradas para el Ballet Folklórico de México.

1. prestar / a ti

   Ana te presta la bicicleta.

2. mostrar / a mí

   Ana me muestre el libro.

3. tocar / a usted

   Ana le toca el violín.

4. sacar / a los turistas

   Ana les saca fotos.

5. hacer una fiesta de compleaños / a Federico

Ana le hace una fiesta de compleaños.

6. preparar el almuerzo / a sus abuelos

Ana les prepara el almuerzo.

esperar: wait for; hope; expect

II. STEM-CHANGING VERBS: *E* TO *I*; THE VERB *DAR*

A. Completar las frases. *Complete each sentence with the appropriate form of one of the following verbs.*

request

give	*say, tell*	*ask for*	*query / question*	*continue / follow*	*serve*
dar	decir	pedir	preguntar	seguir	servir

llegar: arrive
llegar a ser: to become

MODELO Yo no sé por qué tú siempre **pides** café y después no lo tomas.

1. ¿Ves esa calle que está al lado del teatro? Bueno, tú la *beside*

   sigues _____ hasta llegar al cine. *say*

2. Yo conozco muy bien a Gregorio. Si usted le ___*dice*___ *If you to him*
   that que va a esperarlo a las cinco, él va a llegar a las seis.
   he's going to expect him at 5, he's going to arrive at 6

3. Quiero comprar una computadora pero primero tengo que *p.107 I have to*

   pedir _____ les dinero a mis padres.

4. Miguelito, no te ___*das / doy*___ el regalo ahora; tienes que *to you*
   esperar un poco.

5. ¿Por qué me ___*preguntan*___ eso ustedes? Yo no lo sé. *I don't know it.* *to/for me* *that (unknown)* *you all* *(facts)*

6. ¿Cuántos cursos *siguen* _____ ustedes este semestre?...¡Siete! Son muchos. ¿Y tienen tiempo para *you all* *this*

   dar _____ un paseo o ir al cine los fines de semana?

7. Ellos siempre nos ___*piden*___ muchos favores.

8. En aquel restaurante ___*sirven*___ buena comida colombiana.

B. Fin de semana. *On Thursday night, everyone is thinking about what to do on the weekend. Complete each sentence with the correct form of* **pedir** *or* **preguntar**.

1. —Sergio, ¿crees que Juana quiere ir a comer con nosotros?

   —No sé. ¿Por qué no le _preguntas_ ?

2. —¿Quieres ver una lista de restaurantes en Bogotá?

   —Sí, la voy a _pedir_ en la oficina del hotel ahora.

3. —¿Por qué (tú) me _preguntas_ si quiero ir al Museo del Oro? ¡Siempre quiero visitar museos!

4. —Si (tú) le _pides_ dinero a tu papá, podemos ir al cine mañana.

5. —Le voy a _preguntar_ a la chica que trabaja en ese restaurante si allí podemos _pedir_ comida mexicana.

III. STEM-CHANGING VERBS: *O* TO *UE*, *U* TO *UE*

A. Formación de frases. *Make a new sentence with the following words, changing and adding words as necessary.*

MODELO   Yo siempre / jugar / los niños cuando / poder
Yo siempre juego con los niños cuando puedo.

1. ella / soñar / la comida que le / preparar / su mamá

   Ella sueño con la comida que le prepara su mamá

2. mi papá / dormir / muy poco, pero siempre / poder / trabajar bien

   Mi papá duerme muy poco, pero siempre puede trabajar bien.

3. Catalina y yo siempre / volver / temprano y te / encontrar / enfrente del televisor; ¿no / recordar / que / deber / estudiar?

   Catalina y yo siempre volvemos temprano y te encontramos enfrente de televisor; ¿no recuerdas que debes estudiar?

4. las películas / costar / mucho / ahora, pero mis amigos y yo siempre / encontrar / algún programa interesante en la televisión

Las películas cuestan muchas ahora, pero mis amigos y yo siempre encontramos algún programa interesante en la televisión.

B. Preguntas personales. *Answer each question in a complete sentence.*

1. ¿Vuelves siempre al mismo (*same*) restaurante para comer?

Sí, vuelvo siempre al Old Country Buffet para comer.

2. ¿Almuerzas en la cafetería de la universidad? ¿Encuentras allí a tus amigos?

No, yo no almuerzo en la cafetería de la universidad. Yo encuentras a mis amigos a la Hacienda.

3. ¿Cuánto cuesta una cena completa en tu restaurante favorito?

En mi restaurante favorito, una cena cuesta veintiún dólares.

4. ¿Juegas a algún deporte esta tarde? ¿mañana? ¿este fin de semana?

Yo juego al básquetbol esta tarde, mañana al béisbol y al vólibol. Este fin de semana yo juego al tenis.

5. Cuando tienes que comprar regalos, ¿los encuentras en poco tiempo?

Cuando tengo que comprar regalos, los encuentro en poco tiempo.

IV. DIRECT AND INDIRECT OBJECT PRONOUNS IN THE SAME SENTENCE

A. ¿Cuál es la palabra...? *Each of the following sentences has either the direct or indirect object underlined. Mark the word or phrase to which the pronoun might refer.*

I am going to give it to them tomorrow.

MODELO   Yo <u>se</u> la voy a dar mañana.

____ la carta   **x** a ellas   ____ a mí   ____ la guitarra

They are going to sell it to me.

1. Ellos me <u>la</u> van a vender.

____ a ustedes   ____ a mí   ✓ la bicicleta   ____ las cintas

If you all want to wait, I ask her for you.

2. Si ustedes quieren esperar, yo <u>se</u> lo pregunto.

____ a ti   ✓ a la señorita   ____ la información   ____ el número

I think that he's going to need it very soon. Why don't you order it for him?

3. Creo que lo vas a necesitar muy pronto. ¿Por qué no se <u>lo</u> pides?

____ la comida   ____ al señor Vargas   ✓ el dinero   ____ a ustedes

Well, I buy them for you if you promise not to tell it to them.

4. Bueno, te <u>las</u> compro si prometes no decírselo a ellos.

____ a ella   ____ la silla   ____ a nosotros   ✓ las entradas

When to us it going to serve

5. ¿Cuándo nos lo van a servir?
   ____a Felipe   ____la comida   ____tú   X el almuerzo

I'm going to put *le per near the door*

6. Voy a ponérselas cerca de la puerta.
   ____a mí   X a ustedes   ____el gato   ____las cosas

We can show

7. Podemos mostrársela en cinco minutos.
   ____a ellas   X la casa   ____el pasatiempo   ____a Elena

8. No se lo puedo hacer; es muy difícil.
   ____a nosotros   X a Juan y a Carmen   ____la cena   ____el consejo

B. Preguntas. *Answer each question using combined object pronouns.*

MODELO   No conocemos esa canción. ¿Nos la pueden cantar ustedes?
   Sí, podemos cantársela.

We want a foto of the kids

1. Queremos una foto de los hijos. ¿Nos la puedes sacar?

   Sí, puedo sacársela.

2. Necesito el auto para visitar a la familia. ¿Me lo puedes prestar?

   Sí, puedo prestártelo.

3. Ana me dice que usted tiene un piano nuevo. ¿Me lo quiere mostrar?

   Sí, quiero mostrárselo.

4. ¡Qué bonita guitarra! Papá, ¿me la vas a comprar?

   Sí, voy comprártela.

5. Felipe quiere leer este libro. ¿Se lo podemos llevar?

   Sí, podemos llevárselo.

C. Formación de frases. *Combine the elements given, first to form a sentence with only an indirect object pronoun and then a sentence with two object pronouns.*

gives the record to me

MODELO   Ernesto / dar / disco / a mí
   a. **Ernesto me da el disco.**
   b. **Ernesto me lo da.**

The policeman asks the name for the woman.

1. el policía / preguntar / nombre / a la mujer

   a. *El policía le pregunta el nombre.*

   b. *El policía se lo pregunta.*

I carry the suit case for you

2. yo / llevar / la maleta / a ti

a. Yo te llevo la maleta.

b. Yo te la llevo.

They request advice for you

3. ellos / pedir / consejos / a usted

a. Ellos le piden los consejos

b. Ellos se los piden.

Do you lend the computer to the boys?

4. ¿usted / prestar / la computadora / a los niños?

a. ¿Les presta usted la computadora?

b. _____

We repeat the info for the other persons

5. Josefina y yo / repetir / la información / a las otras personas

a. Josefina y yo les repetimos la información.

b. Josefina y yo se la repetimos.

A.V.

FUNCIONES Y ACTIVIDADES

En la recepción del hotel. *You are in a hotel in Colombia getting a room.*
Complete the following conversation.

USTED: Buenas tardes, señor. ¿Tiene usted un cuarto con baño ?

RECEPCIONISTA: ¿Para dos personas? ¿Quieren un cuarto con una cama doble o con dos camas simples ?

USTED: Con dos camas simples.

RECEPCIONISTA: Tenemos uno con baño

privado en el primer piso (*floor*).

USTED: ¿Y cuánto cuesta ?

RECEPCIONISTA: Ciento veintiséis pesos por noche. Está incluido el desayuno .

USTED: Está bien. (*Pasa una hora.*)

RECEPCIONISTA: ¿Van a salir?

USTED: Si. ¿Está _lejos_ de aquí el Museo del Oro?

RECEPCIONISTA: No, está cerca.

USTED: ¿_Cómo llegamos al museo_?

RECEPCIONISTA: Pueden ir a pie o pueden tomar el autobús número 11.

you can go on foot or you can take bus number 11.

A v.

PARA ESCRIBIR

Write a short letter introducing yourself to a Colombian pen pal. Use the questions that follow as guidelines for describing yourself. Then ask your pen pal for personal information.

1. ¿Cómo te llamas?
2. ¿Dónde vives?
3. ¿Cuál es tu número de teléfono?
4. ¿Qué cursos sigues?
5. ¿Qué haces cuando no tienes que estudiar?
6. ¿Cuáles son tus diversiones favoritas?

Querida Patricia,

Yo me llamo Joan. Yo vivo en Mishawaka, Indiana, en los Estados Unidos de Norteamerica, al lado de South Bend. Mi número de teléfono es 219-259-4860. Yo sigo español solamente. Yo tengo ganas de leer. Mi diversiones favoritas son tenis y vólibol. ¿Cuál tienes ganas de?

Con cariño,

Joan McLellan

handwritten notes:
saber: 1. info
2. + inf.: how to do it

SELF-TEST I*

conocer: 1. acquainted, familiar
Personal "a" 2. meet

I. THE PRESENT TENSE

Complete the following sentences with the present tense of the verb in parentheses.

1. Yo _conozco_ (conocer) a una abogada, pero no

   _sé_ (saber) dónde vive.

2. Los señores García _buscan_ (buscar) a su prima Isabel.

3. Ahora nosotros _puede_ (poder) comer.

4. Yo _pongo_ (poner) las maletas en el auto.

5. Yo _salgo_ (salir) ahora para ir al cine.

   ¿_Vienes_ (venir) tú también?

6. ¿Qué _crees_ (creer) tú? ¿Que yo

   soy (ser) irresponsable?

7. Nosotros _debemos_ (deber) llegar temprano.

8. Los agentes _quieren_ (querer) los pasaportes.

9. Yo _tengo_ (tener) dos semanas de vacaciones.

   ¿Cuántas _tienes_ (tener) tú?

10. Él _va_ (ir) a Venezuela este verano.

11. ¿Qué _tenemos_ (tener) que hacer nosotros?

12. Adela _vive_ (vivir) ahora en Buenos Aires.

13. Pues, yo te _____ (decir) la verdad. Todo el

    mundo _____ (decir) que Enrique tiene mucho dinero.

14. Él _duerme_ (dormir) como un gato.

*For this self-test write your answers on a separate sheet of paper if necessary.

15. Marisa y Eduardo _vuelven_ (volver) del concierto a las once.

16. Yo no los _veo_ (ver).

II. SER VS. ESTAR

Complete the following narration with an appropriate form of **ser** or **estar**. In each case, state the reason for your choice.

Tengo un amigo, Felipe, que _es_ argentino.

Felipe no _es_ de Buenos Aires;

_es_ de Córdoba, otra ciudad importante.

Córdoba _está_ en el interior de Argentina.

Felipe _es_ un chico muy inteligente y amable.

Esta noche debemos ir a una cena que _es_ en casa _dinner_

de una de nuestras amigas, pero Felipe no _está_ bien.

Si _esta_ enfermo (*sick*) esta noche, no va a ir.

III. ADJECTIVES

Complete the sentences with the appropriate possessive or demonstrative adjective, as indicated by the cue in parentheses.

A. 1. ¿Dónde está _mi_ pasaporte? (*my*)

2. _Tus_ ideas son brillantes. (*your*, familiar)

3. ¿Cuándo empiezan _sus_ vacaciones? (*their*)

4. _Nuestra_ agente de viajes es Fernando Olivera.
   (*our*)

5. ¿_Sus_ familia está en Puerto Rico? (*your*, formal)

B. 1. ¿Hay muchos teatros en _esta_ ciudad? (*this*)

2. ¿Son amables _aquellos_ señores? (*those, over there*)

3. _Este_ libro es de Manuel. (*this*)

4. No conozco a _esas_____ mujeres. (*those, by you*)

5. _Esa_____ chica es chilena. (*that, by you*)

IV. OBJECT PRONOUNS

Answer the following questions in the affirmative, replacing the words in italics with the appropriate direct or indirect object pronoun.

Modelo   ¿*Me* puedes dar *la entrada*?
     Sí, te la puedo dar. (*or* **Sí, puedo dártela.**)

1. ¿Tú llevas *la guitarra*?   Sí, yo la llevo.

2. ¿*Me* puedes esperar unos minutos?   Sí, yo te puedo esperar a tí

3. ¿*Les* habla usted *a ellos*?   Sí, yo les hablo a ellos.

4. ¿Quieres preguntar*les* *eso* a estos pasajeros? *that*   Sí, yo quiero preguntárselo a ellos.

5. ¿*Me* quieres?   Sí, yo te quiero.

6. ¿Puede decir*nos* *el nombre del restaurante*?

7. ¿Quiere usted dar*le* *los papeles*?   Sí, yo quiero darse los a usted

8. ¿*Les* escribe Anita mucho *a ustedes*?   Sí, Anita nos escribe (a nosotros).

9. ¿*Te* puedo visitar mañana?   Sí tú me puedes visitar mañana

10 ¿*Le* vas a dar *tu número de teléfono*?
     going to give him   No yo no se lo voy a dar   a (usted)

V. VERB PAIRS

Choose the appropriate verb in each pair to complete the following sentences. Use the appropriate form of the present tense or the infinitive.

1. (saber/conocer) ¿ Conoce_____ usted la ciudad? Yo quiero
   saber_____ cómo llegar al teatro.

2. (hablar/decir) ¿Qué dice_____ Enrique?
   ¿ Habla_____ *about* de los Fernández?
   to/for you/him/her/it

3. (pedir/preguntar) Yo le ____ pido_____ dinero. Y él me *and he*
   pregunta_____ para qué lo quiero.
   (why) I want it

4. (ser/estar) ¿Dónde _estan_ _____ Manuel y Silvia?

Son _____ las cinco.

VI. USEFUL EXPRESSIONS

Give the Spanish equivalent of the following expressions.

1. Glad to meet you. 2. Good morning. 3. Thank you. 4. Please. 5. What time is it?

6. What day is today? 7. I'm hungry. 8. Good afternoon. 9. Do you have a room with a

bath? 10. How much does this watch cost? 11. I'll take it. 12. The weather is warm.

13. Are you warm? 14. Do you feel like going? 15. Welcome! 16. Can you tell me where

the restaurant "La Cazuela" is? 17. See you tomorrow. 18. What a shame! 19. Be careful!

1. Mucho gusto
2. Buenos días
3. Gracias
4. Por favor
5. ¿Qué hora es?
6. ¿Qué día es hoy?
7. Yo tengo hambre.
8. Buenas tardes
12 Hace calor.
13. ¿Tienes tú calor?/¿Tiene usted calor?
14. ¿Tienes tú ganas de ir?

9. ¿Tiene un cuarto con baño?
10. ¿Cuánto cuesta este reloj?
11. Yo lo llevo.

15. ¡Bienvenido!
16. ¿Me puede decir dónde está el restaurante "La Cazuela"?
17. Hasta mañana/Nos vemos mañana.
18. ¡Qué lástima!
19. ¡Cuidado!

CAPÍTULO
siete

LA ROPA, LOS COLORES Y LA RUTINA DIARIA

VOCABULARIO

A. ¿Qué llevan? *Label the articles of clothing in the following pictures.*

B. En "La Elegancia". *The clerk in the shop "La Elegancia" is trying to encourage customers to buy some clothing. Complete the sentences he might say with the names of the appropriate items.*

1. ¿Va a un lugar donde llueve mucho? ¿Por qué no se compra un

   _____ y un _____?

2. Para ir a un restaurante elegante, señor, debe usar

   _____ y corbata.

3. Para el frío del invierno usted necesita este _____.

4. Para una fiesta, señorita, puede comprarse una

   _____ larga (*long*) o un

   _____ elegante.

5. No, señor, ésas son blusas para señoras; pero aquí hay

   _____ para usted.

I. THE REFLEXIVE

A. ¿Cuál es la frase...? *Circle the letter of the reflexive sentence.*

1. a. Nos acostamos a las diez.

   b. Acostamos a los niños a las diez.

2. a. Me voy a lavar ahora.

   b. Voy a lavar las ventanas ahora.

3. a. ¿Le pones el vestido nuevo a ella?

   b. ¿Te pones el vestido nuevo?

4. a. La compañía me muda a Barcelona.

   b. La compañía se muda a Barcelona.

5. a. Los niños se divierten mucho.

   b. Los niños nos divierten mucho.

B. La rutina diaria de los Balboa. *Complete each sentence about the Balboas with the appropriate form of one of the verbs below.*

acostarse	ponerse
despertarse	quedarse
divertirse	quitarse
irse	vestirse
lavarse	

1. A las siete y media de la mañana Alberto y Alicia

   _____.

2. Después de levantarse, Alicia _____ y

   _____.

3. Después del desayuno Alicia y Alberto _____ al trabajo.

4. Cuando Alberto llega al trabajo, _____ el abrigo y empieza a trabajar.

5. Por la noche ellos _____ en casa para mirar televisión.

6. Alicia y Alberto ven un programa cómico y _____ mucho.

7. A las once y media ellos _____ el pijama y

   _____.

C. En mi familia. *Choosing from among the verbs below, write five sentences describing the relationship among members of your family. Use the reciprocal reflexive.*

MODELO **Mis primos y yo no nos vemos mucho porque ellos viven en Chile.**

ayudar	escribir
hablar	visitar
comprender	llamar
querer	ver

1. _____

2. _____

3. _____

4. _____

5. _____

II. THE PRETERIT OF REGULAR AND STEM-CHANGING VERBS

A. ¿Presente o pretérito? *For each sentence, write **presente** or **pretérito** in the space provided, according to the verb tense.*

1. Anoche asistimos a un concierto. _____

2. Ella nos visitó después de volver de Lima. _____

3. Jugamos al vólibol todos los domingos. _____

4. Ayer nos quedamos en casa. _____

5. Volvimos a la tienda. _____

6. Anoche dormimos ocho horas. _____

7. Compro un vestido nuevo cada mes. _____

8. Ella compró unas sandalias muy bonitas. _____

9. Te acostumbraste pronto a la comida española, ¿no? _____

10. Te levantas temprano todos los días. _____

B. Completar las frases. *Complete each sentence with the appropriate form of the preterit tense.*

MODELO   Yo compré una blusa y Ana __**compró**__ un suéter.

1. Volvimos temprano pero Pedro _____ tarde.

2. Primero llamó Carlos y después nos _____ tú.

3. Mucha gente dice que Cristóbal Colón descubrió América, pero los indios la

    _____ primero.

4. ¿Vosotros vivisteis cerca de la Plaza de Seu? Juanita y yo también

    _____ allí cerca.

5. Mis padres nacieron en Sevilla, pero yo _____ en Barcelona.

6. Perdí el paraguas y Felipe _____ el sombrero.

7. ¿Ustedes salieron ayer? Jorge y yo no _____.

8. Me _____ allí por dos horas. ¿Por qué no te quedaste tú también?

C. El gato y yo... *Complete the passage with the appropriate forms of the following verbs. Some verbs may be used more than once.*

empezar   llamar   preferir   visitar
escuchar   llegar   salir
hablar   llevar   sentarse

Ayer yo _____ a mi abuela en el hospital.
(1)

Le _____ unos chocolates y (nosotros)
(2)

_____ de la familia.
(3)

Yo _____ del hospital muy triste (*sad*) y cuando
(4)

_____ a mi casa, _____
(5)   (6)

a mi amiga Dolores y la invité a cenar. Nosotros _____
(7)

a una mesa en un lugar agradable del restaurante. Durante la cena yo

_____ a hablarle de mi abuela, pero ella no me
(8)

_____ . _____
(9)   (10)

hablar de sus problemas. ¡Qué egoísta! Después de cenar, la

_____ a su casa. Si en el futuro estoy deprimido
(11)

(*depressed*) otra vez, pues ¡me quedo en casa con mi gato! Él sí sabe escuchar.

III. COMPARISONS; THE SUPERLATIVE

A. ¿Cómo te fue en Galicia? *You have returned to Barcelona from your stay in Galicia, where you visited the Universidad de Santiago and the towns of Vigo and Pontevedra. Tell about your experiences; circle the correct words to complete the sentences.*

1. Vigo no es (tan / tanto) grande como Barcelona.

2. En Galicia no hay (tanto / tantos) restaurantes (como / que) aquí.

3. ¡El paisaje (*landscape*) de Galicia es (tan / tanto) lindo!

4. La catedral de Santiago de Compostela es (tan / tanto) interesante (que / como) Notre Dame de París.

5. Pontevedra no es una ciudad (tan / tanta) famosa (como / que) Barcelona.

6. Yo no escribí (tantas / tanto) tarjetas postales (*postcards*) (como / que) los otros estudiantes.

B. El Barrio Gótico de Barcelona. *Complete the sentences with the Spanish words for the English cues in parentheses.*

1. Este barrio es _____ (*older than*) los otros barrios de Barcelona.

2. La Vía Laietana es una de _____ (*the biggest streets in*) Barcelona.

3. El Museo Frederic Marés está _____ (*closer to*) la catedral que el Museo Picasso.

4. La catedral es uno de _____ (*the oldest buildings in*) toda Cataluña.

5. El Museo Frederic Marés es _____ (*less famous than*) el Museo Picasso.

C. ¡En español, por favor! *Give the Spanish equivalent of the following questions. Then answer them in Spanish.*

1. Are you the youngest person in your family?

_____

_____

2. Who's the oldest person in your family? The tallest?

_____

_____

_____

3. Do you have an older brother? A bigger brother?

_____

_____

_____

4. What's the best season of the year? The worst? Why?

_____

_____

_____

5. What's the most interesting place that you know?

_____

_____

FUNCIONES Y ACTIVIDADES

A. ¿Y la ropa? *Describe the type of clothing you might wear for each occasion.*

1. una cena formal en casa de su profesor(a)

_____

_____

2. un partido (*game*) de fútbol americano

_____

_____

3. una fiesta en la playa

_____

_____

B. ¡No recuerdo cómo se llama!   *You are shopping in a department store when you forget the Spanish word for the item you need. The clerk is very helpful. Complete the conversation.*

LA SEÑORITA: En general, ¿ _____ *(what color is it)?*

USTED: Pues, _____ (*it depends*).
Podría ser negro o...

LA SEÑORITA: ¿ _____ *(What's it [made] of)?*

USTED: Es de nilón.

LA SEÑORITA: ¿ _____ *(When or where do you need it)?*

USTED: _____*(I need it when it rains.)*

LA SEÑORITA: ¡Ah!... ¡Usted necesita un paraguas!

PARA ESCRIBIR

Describe the daily routine of a student at your school whose life is very different from yours (e.g., an athlete, a computer type, a social butterfly, etc.). Mention what type of clothing this person wears.

_____

_____

_____

_____

_____

_____

_____

_____

_____

CAPÍTULO
ocho

COMIDAS Y BEBIDAS

VOCABULARIO

Menú para ocasiones especiales. *You're in charge of planning the hotel's menu for special occasions. Choose foods from the list below and add others you know to create interesting combinations like **ensalada de frutas tropicales, arroz con pollo, helado de vainilla,** etc.*

arroz	bistec	carne	cerdo
ensalada	flan	frijoles	fruta
hamburguesa	helado	huevos	jamón
jugo	lechuga	maíz	mantequilla
manzanas	naranjas	pan	papas
torta	pescado	piña	plátano
pollo	postre	queso	sándwich
sopa	tomates	verduras	

Para el primero de enero:

_____

_____

_____

_____

_____

_____

Para el Día de las Madres:

_____

_____

_____

_____

_____

_____

Para una fiesta de cumpleaños:

_____

_____

_____

_____

_____

_____

Para el Día de los Padres:

_____

_____

_____

_____

_____

_____

I. THE PRESENT TENSE OF _ENCANTAR, FALTAR, GUSTAR, IMPORTAR, INTERESAR;_ THE VERBS _OÍR_ AND _TRAER_

A. ¿Qué comemos? _Two roommates can't seem to agree on the evening meal. Complete their conversation with the correct forms of the verbs indicated._

CARMEN: ¡Hola! (Yo) _____ (1. traer) los huevos para hacer un omelet.

CLARA: ¿Un omelet? Pero Fernando viene a cenar, Carmen. No le

_____ (2. gustar) mucho los huevos. Vamos a preparar arroz con pollo, ¿de acuerdo?

CARMEN: Pero el pollo es caro, y ahora nos _____ (3. faltar) arroz.

CLARA: No me _____ (4. importar). Voy a la tienda a

comprar las cosas que nos _____ (5. faltar).

¿No te _____ (6. gustar) mi idea, Carmen?

Carmen... Carmen, ¿me _____ (7. oír)?

CARMEN: Sí, te _____ (8. oír)... Está bien. Si vas de compras, ¿por qué no compras leche y azúcar para hacer flan? ¡A mí me

_____ (9. encantar) el flan!

CLARA: ¡Qué buena idea! Y a Fernando también le

_____ (10. gustar) el flan, estoy segura.

CARMEN: ¿Y por qué te _____ (11. interesar) tanto la opinión de Fernando, Clara?

CLARA: Pues, ¿no lo puedes imaginar...?

B. Traducción. *Give the Spanish equivalent.*

1. I love rice and beans.

   _____

2. My family likes soup.

   _____

3. Do you hear the children?

   _____

4. Are you bringing the wine?

   _____

5. Do you (**tú**) need potatoes?

   _____

6. To me, friends are important.

   _____

7. They're interested in philosophy.

   _____

C. Gustos. *Make three statements about things you like, three about things you don't like, three about things you like to do, and three about things you don't like to do.*

MODELOS   Me gusta el helado.
No me gustan las verduras.
Me encanta cocinar.
No me gusta tomar exámenes.

Cosas que me gustan:

1. _____

2. _____

3. _____

Cosas que no me gustan:

1. _____

2. _____

3. _____

Cosas que me gusta hacer:

1. _____

2. _____

3. _____

Cosas que no me gusta hacer:

1. _____

2. _____

3. _____

II. THE PRETERIT OF IRREGULAR VERBS

A. ¿Ser o ir? *Decide whether the preterit form in each sentence refers to ser or ir and mark your choice.*

1. La película fue buena, pero después no pudimos encontrar un taxi. ____ ser ____ ir

2. Ayer fue jueves, ¿no? ____ ser ____ ir

3. Beatriz fue a la tienda para comprar una blusa. ____ ser ____ ir

4. Fueron a cenar. ____ ser ____ ir

B. ¿Cuál es el verbo?   *Circle the verb that best completes each sentence.*

1. Oscar, me _____ que César Chávez murió en 1993, ¿verdad? (dijiste / hiciste / trajiste)

2. Ayer Luisa nos _____ más manzanas. ¿Por qué no hacemos una deliciosa torta de manzanas? (hizo / tuvo / trajo)

3. _____ una cena en casa de los Ochoa el sábado. Estuvimos allí hasta las dos de la mañana. (Fue / Puso / Hubo)

4. ¿Cuándo _____ ustedes la verdad? (fueron / supieron / estuvieron)

5. Señora Reyes, la paella que usted _____ anoche estuvo muy sabrosa. ¿Me puede decir qué ingredientes le puso? (hizo / quiso / vino)

6. A mí me gustó el pollo con piña, pero mi esposo no

   _____ comerlo. (puso / dio / pudo)

7. Miguelito necesita comer. Yo le _____ un sándwich pero todavía tiene hambre. (di / fui / estuve)

C. El «picnic».   *Consuelo is describing a picnic she and several of her friends had last Sunday. Complete each sentence with the appropriate preterit form of the verb in parentheses.*

1. (ir) Nosotros _____ a un parque lindísimo para comer.

2. (hacer) Las hermanas de Ramón _____ una ensalada muy rica.

3. (traer) José y Ramón _____ vino y queso.

4. (venir) Mamá _____ con nosotros y preparó el postre.

5. (poner) José _____ una pequeña mesa cerca del lago.

6. (poder) Yo no _____ comer toda la comida que me dieron.

7. (tener) (Nosotros) _____ que descansar (*to rest*) un poco después de comer tanto.

8. (dar) (Nosotros) _____ un paseo antes de regresar a casa.

III. PREPOSITIONS; *POR* VS. *PARA*

A. Preposiciones. *Circle the word or word segment that most appropriately completes each sentence.*

MODELO   Antonio no quiere ir sin _____.
(**mí** / me / yo)

1. Cenamos con _____. (él / lo / ti)

2. Señor Samaniego, quiero almorzar con _____ y su esposa. (-tigo / usted / mí)

3. Ella siempre era muy buena con_____.
(-migo / ti / tú)

4. Él es cortés _____ tigo, pero no con otras personas.
(sin / con- / por)

5. ¿Por qué fuiste a comer _____ mí? (con / sin / antes)

6. Decidimos irnos sin _____ más. (esperar / esperó / esperábamos)

7. Yo la vi después de _____ del teatro.
(salir / salió / tomar)

8. Antes de _____ a este país, no sabía nada de la cultura española. (vengo / venía / venir)

B. ¿Verdadero o falso? *Look at the picture Cumpleaños de Lala y Tudi on the cover of your textbook and answer V (verdadero) or F (falso).*

_____   1.   Hay dos tortas en la mesa.

_____   2.   Debajo de la mesa hay un perro (*dog*).

_____   3.   Hay trece vasos detrás de la mesa.

_____   4.   Una torta está entre los vasos y los regalos.

_____   5.   Varias mujeres están cerca de la mesa.

_____   6.   Todos están tristes (*sad*) excepto la niña que recibe los regalos.

_____   7.   La piñata está sobre el árbol (*tree*).

_____   8.   Dos niños juegan con canicas (*marbles*).

C. Memorándum. *Here is a list of things Marisa wants to accomplish before she goes to bed tonight. Complete her phrases with **por** or **para**, as appropriate.*

MODELO   estudiar / la mañana
                estudiar por la mañana
                leer la lección de física / las once
                leer la lección de física / para las once

1. llamar a Susana / teléfono

   llamar a Susana por teléfono

2. escribir la composición / la clase de francés

   escribir la composición para la clase de francés

3. ir de compras / la tarde

   ir de compras por la tarde

4. ir al centro / autobús

   ir al centro por autobús

5. comprar una torta / David

   comprar una torta para David

6. buscar una falda / llevar a una fiesta

   buscar una falda para llevar a una fiesta

7. volver a casa / las nueve y media

   volver a casa para las nueve y media

D. En acción. *Describe the following drawings, using **por** or **para**, as appropriate. Make more than one sentence if possible.*

MODELO   **No va a comprar el suéter por el color.**

1. _____

_____

_____

2. _____

_____

_____

3. _____

_____

_____

No voy a salir. Llueve mucho.

Miércoles, 5 de diciembre: Leer Capítulos 6 y 7

4. _____

_____

_____

5. _____

_____

_____

Tengo dolor de cabeza. Necesito comprar aspirinas.

FARMACIA

6. _____

_____

_____

NOMBRE_____ FECHA_____ CLASE_____

FUNCIONES Y ACTIVIDADES

A. En el restaurante La Golondrina. *Arrange the conversation below in order.* Continues on next page

_____ — Pues es la primera vez que estamos aquí. ¿Qué nos recomienda?

_____ — ¿Qué tal la comida?

_____ — El bistec picado está muy bueno... Las costillas en adobo y el pescado a la parrilla también están deliciosos.

_____ — Excelente. Volvemos mañana con unos amigos.

Entremeses

Quesadillas...4.95
Two tortillas, corn or flour filled with creamy cheese.

Chicharrones...4.25
Crispy morsels of pork, deep fried, served with salsa picante, pico de gallo and homemade tortillas.

Ceviche...4.25
Diced white fish marinated in lime juice with fresh herbs.

Nachos...4.50
Crispy corn tortilla chips topped with refried beans, creamy Jack cheese, salsa, guacamole and sour cream.

Ensaladas

Ensalada Verde 2.00
A crisp dinner salad served with the house dressing.

Ensalada de Verduras 5.95
A combination of fresh garden vegetables served with the house dressing.

Especialidades

All our specialties are served with handmade flour or corn tortillas.

Bistec Picado 11.95
Strips of steak sauteed with onions, tomatoes, bell pepper, served with Spanish rice and refried beans.

Fajitas 11.95
Strips of tender steak or chicken grilled with fresh vegetables and sliced onions, served with pico de gallo, grated cheese and sour cream.

Carne Asada 11.95
Tender fillet of beef, cut in the traditional Mexican style, charbroiled to perfection and served with Spanish rice and refried beans.

Mole Poblano 9.95
Tender pieces of chicken simmered in a rich, spicy, red chile based sauce, served with Spanish rice.

Costillas en Adobo 10.95
Tender pork ribs baked in a mild red chile sauce, served with Spanish rice and beans.

Pescado a la Parilla 9.95
Grilled Sea Bass with fresh herbs and cilantro butter, served with rice

Copyright © 1994 by Holt, Rinehart & Winston, Inc. All rights reserved.   77

_____ — Para mí el bistec, entonces.

_____ — No, sólo la cuenta, por favor.

____1____ — Buenas noches, señores. ¿Qué desean comer?

_____ — El pescado a la parrilla y una ensalada, por favor.

_____ — ¿Qué les servimos de postre? ¿Les servimos café?

B. Su opinión, por favor. *After your meal at La Golondrina, you are asked to respond to a questionnaire on the food and service. Answer each question in a complete sentence. Use your imagination.*

1. ¿Cuál de nuestros platos le gusta más?

_____

2. ¿Podría usted recomendar otros platos que debemos servir?

_____

3. ¿Qué podemos hacer para mejorar (*improve*) nuestro servicio?

_____

4. ¿Le servimos la comida pronto o tuvo que esperar mucho tiempo?

_____

5. ¿Qué bebida prefiere tomar usted con la cena?

_____

6. En general, cuando va a un restaurante, ¿va solo(-a) o con otras personas?

_____

7. ¿Piensa usted que nuestra comida cuesta demasiado (*too much*)?

_____

8. ¿Qué otros comentarios y sugerencias (*suggestions*) tiene?

_____

_____

C. Y así es el mundo. *Everyone has different likes and dislikes, interests and aggravations. Complete the statements appropriately.*

1. A mí me encanta(n) _____

2. A mi familia le gusta(n) _____

3. A mis profesores les interesa(n) _____

4. Al presidente de Estados Unidos le interesa(n) _____

5. Me importa(n) mucho _____

PARA ESCRIBIR

*You and a friend are having dinner at La Golondrina restaurant. You discuss the **platos principales** and then order. Write a conversation among yourselves and the waiter that begins when you and your friend arrive.*

_____

_____

_____

_____

_____

_____

_____

_____

CAPÍTULO

nueve **NOVIOS Y AMIGOS**

VOCABULARIO

A. Manolo y Pilar. *Circle the words that best complete the following passage.*

Manolo conoció a Pilar en una fiesta. Él (1. se llevó / se enamoró) de ella

inmediatamente, pero ella no le prestó mucha atención. Durante la fiesta él le pidió una

(2. cita / moda) para el sábado siguiente. Cuando llegó el día, decidieron ir al cine. Allí

Pilar vio a su ex-novio Miguel con otra chica. Miguel saludó (*greeted*) a Pilar y le dio un

(3. beso / mano). Esto no le gustó a Manolo. —¿Tuviste (4. rojo / celos)? —le preguntó

Pilar después. Manolo contestó que sí y se (5. abrazaron / parecieron). Después de ver la

película, Manolo la llevó a un restaurante donde cenaron con un grupo de amigos. Luego

él la (6. vino / acompañó) a su casa. Los dos salieron juntos muchas veces hasta el 21 de

octubre, día de su (7. boda / amistad). (8. Se casaron / Se rompieron) en una iglesia muy

linda. Hubo más de doscientos invitados y entre ellos muchos amigos y (9. parejas /

compañeros) de los dos. Unos meses después, Manolo le preguntó a su esposa: —Mi

amor, ¿siempre nos vamos a (10. llevar / tener) bien...? —Y ella le respondió que sí, pero

por un instante pensó en Miguel...

B. El matrimonio perfecto. *Name five characteristics of the perfect marriage.*

1. _____

2. _____

3. _____

4. _____

5. _____

C. Me caso pronto... *Imagine that you are getting married in two months. Make a list of the things you and your future bride (groom) need to do to prepare for your wedding.*

1. _____

2. _____

3. _____

4. _____

5. _____

6. _____

I. THE IMPERFECT OF REGULAR AND IRREGULAR VERBS (*IR, SER, VER*)

A. En el sur de España. *Leticia's grandmother is recalling her honeymoon in southern Spain in the 1930s. Supply the correct imperfect-tense forms of the verbs given in parentheses.*

Pepe y yo (1. ser) _____ muy jóvenes. Él (2. tener)

_____ veintiséis años y yo sólo veintidós. Nos casamos

en julio y decidimos pasar nuestra luna de miel (*honeymoon*) lejos de Madrid. Fuimos al

sur, a un pequeño pueblo que (3. estar) _____ cerca de

Málaga. Recuerdo que (4. ser) _____ un lugar muy

tranquilo y que (5. hacer) _____ mucho calor. Tu abuelo

y yo (6. estar) _____ en una pensión (*inn*) y allí nosotros

también (7. desayunar) _____, (8. almorzar)

_____ y (9. cenar)

_____. Todas las mañanas, Pepe y yo (10. despertarse)

_____ cuando la cocinera (*cook*), doña Antonia,

(11. volver) _____ del mercado (*market*). Ella

(12. ir) _____ allí muy temprano y

(13. traer) _____ frutas y verduras frescas para las

comidas del día. Recuerdo que doña Antonia nos

(14. querer) _____ mucho y siempre nos

(15. preparar) _____ algo especial para el almuerzo.

En realidad, creo que la vida era más simple entonces, ¿no...?

B. Mi amiga Eulalia. *Rewrite the following paragraph, using the imperfect tense.*

Eulalia estudia ingeniería en la Universidad de Sevilla. Ella no es muy responsable y no saca muy buenas notas, pero es muy popular y tiene muchos amigos que la quieren mucho. Vive con sus padres y sus dos hermanos menores que la admiran mucho. A nosotros nos gusta su compañía y nos vemos frecuentemente: vamos a la playa, al cine, a algún baile, o simplemente nos quedamos en casa a conversar. Siempre nos divertimos cuando estamos juntos.

_____

_____

_____

_____

_____

_____

_____

_____

_____

_____

_____

II. THE IMPERFECT VS. THE PRETERIT

A. ¿Lo sabías? *Complete the following dialogue with the appropriate imperfect or preterit forms of **saber** or **conocer**.*

LAURA: Tu amigo Jorge es muy simpático.

SORAYA: ¡Yo no _____ que tú lo
                                    (1)

_____ !
              (2)

LAURA: Yo lo _____ ayer en la biblioteca. Descubrí
                              (3)

que a él le gusta la ciencia ficción tanto como a mí.

SORAYA: ¿Y cómo lo _____? ¡Jorge no me dijo eso!
                                      (4)

LAURA: Buscaba los mismos libros que siempre leo yo.

SORAYA: Y cuando le dijiste tu nombre, ¿ _____ él
_____ (5)

que eras mi compañera de cuarto?

LAURA: No, ...Parece que tú no le hablas de mí. Yo no

_____ eso, Soraya. Bueno, con permiso, voy
_____ (6)

a la biblio...a la cafetería.

B. Un sábado aburrido. *Carlos is describing his weekend. Help him by completing this paragraph with the appropriate preterit or imperfect forms of the verbs given in parentheses.*

El sábado pasado yo (1. querer) _____ ir a esquiar.

(2. Llamar) _____ a mi amigo José para saber si él

(3. querer) _____ ir conmigo. Él me

(4. decir) _____ que

(5. tener) _____ que estudiar y que no podía ir. Entonces

(6. llamar) _____ a Juan, otro amigo. Él me dijo que

(7. ir) _____ a jugar al básquetbol y me

(8. preguntar) _____ si yo

(9. querer) _____ acompañarlo. (Yo) le

(10. decir) _____ «Gracias, pero hoy no...» Como (yo)

no (11. tener) _____ ganas de ir a esquiar solo,

(12. quedarse) _____ en casa a mirar televisión...

C. Una carta de Marisa. *This paragraph is part of a letter from an American college student in Spain to a friend in the United States. Circle the verb in parentheses that correctly completes each sentence.*

El domingo pasado (1. fui / iba) a escuchar un concierto. Mientras (2. hablé / hablaba)

con mis amigos allí, (3. llegó / llegaba) otro estudiante universitario y (4. se sentó / se

sentaba) a mi lado. Se (5. llamó / llamaba) Pedro y los dos (6. hablamos / hablábamos)

de muchas cosas. Al salir, nos (7. abrazamos / abrazábamos). Después yo (8. fui / iba) a casa. Durante la noche, mientras yo (9. estudié / estudiaba), Pedro me (10. llamó /

llamaba) por teléfono y me (11. pidió / pedía) una cita. Yo le (12. dije / decía) que sí

porque él realmente me (13. gustó / gustaba).

III. *HACER* WITH EXPRESSIONS OF TIME

A. Un viaje a España. *You have told your professor about a trip you plan to take to Spain. Answer her questions according to the cues provided, using **hace** + time expressions.*

> **MODELO**   Usted está en mi clase, ¿verdad? (Sí, tres meses)
> **Sí, hace tres meses que estoy en su clase.**

1.   ¿Cuánto tiempo hace que usted estudia español? (dos años)

   _____

2.   Usted le escribió a su amigo en Granada, ¿no? (Sí, unos días)

   _____

3.   ¿Cuánto tiempo hace que prepara usted este viaje? (cuatro meses)

   _____

4.   ¿Usted ya tiene su pasaporte? (Sí, seis meses)

   _____

5.   ¿Tiene usted el boleto para su vuelo? (Sí, cinco semanas)

   _____

B. Historia de un amor triste. *Complete the following sad story with appropriate expressions containing **hace, hacía, hace... que**, and so on. Then answer the questions.*

Conocí a Martín _____ doce años. Estábamos en
   (1)

Granada. Él me dijo que _____ dos años
   (2)

_____ esperaba conocer a una mujer tan inteligente

como yo.

_____ mucho tiempo
   (3)

_____ (yo) quería salir con un hombre interesante, y

como estaba aburrida, decidí darle la oportunidad a Martín. Por eso salí con él.

Bueno, para decirlo en pocas palabras, dos meses más tarde me casé con Martín y tres años depués el casamiento (*marriage*) terminó en un divorcio. Pasaron los años y no pensé más en él hasta que lo vi en un restaurante francés en Madrid

_____ tres años. No nos hablamos. Ahora otra vez
(4)

_____ mucho tiempo
(5)

_____ no pienso más en Martín. Así es la vida,

¿verdad...?

Now answer the following questions.

1. ¿Cuánto tiempo hacía que la mujer conocía a Martín cuando se casaron?

   _____

2. ¿Y cuánto tiempo hacía que estaban casados cuando el casamiento terminó en un divorcio?

   _____

3. ¿Cuánto tiempo hace que la mujer vio a Martín en Madrid?

   _____

4. ¿Y cuánto tiempo hacía que ella no pensaba más en él cuando lo vio allí en Madrid?

   _____

IV. THE RELATIVE PRONOUNS *QUE* AND *QUIEN*

A. Que o quien. *Circle the correct relative pronoun for each sentence.*

1. El explorador a (quien / que) Isabel y Fernando le dieron el dinero para un viaje famoso a América fue Cristóbal Colón.

2. El rey (*king*) español a (quien / que) llamaron «el Santo» fue Fernando III.

3. El explorador (que / quien) descubrió el Océano Pacífico fue Vasco Núñez de Balboa.

4. El rey (que / quien) vive en Madrid ahora se llama Juan Carlos de Borbón.

B. Combinaciones lógicas. *Combine each pair of short sentences into one, using either* **que** *or* **quien(es)** *and the appropriate preposition.*

MODELO   Juan es un amigo italiano. Siempre te hablo de él.
Juan es el amigo italiano de quien siempre te hablo.

1. Espero el autobús. Siempre llega a las nueve.

_____

2. Ese presidente visitó España. Él es un buen político.

_____

3. Maribel y Joaquín son amigos. Vamos a almorzar con ellos.

_____

4. Pedro es estudiante de biología. Tengo que pedirle un favor.

_____

5. Córdoba es una ciudad muy interesante. Quiero visitarla en diciembre.

_____

6. ¿Éste es el amigo de Silvia? ¿Va a quedarse con nosotros?

_____

FUNCIONES Y ACTIVIDADES

La expresión apropiada. *Complete the speech balloons in the drawings with the expression that best fits each situation. Use expressions from the list below.*

¡Gracias!   Mucho gusto.   Con permiso.
¡Felicitaciones!   ¡Bienvenido!   Perdón.
¡Salud!   No hay de qué.   ¿Y qué pasó después?
¡Buen provecho!   De nada.   ¡Adiós! Hasta mañana.
Me llamo Luis Durán.

MODELO   Doña Carmen: <u>¡Gracias!</u>
          Roberto: <u>De nada.</u>

Roberto

Doña Carmen

1.

Señor Durán: _____

Don Carlos: _____

2.

Camarero: _____

Señores Díaz: _____

3.

Pedro: _____

Señor Bonilla: _____

4.

Alicia: _____

5.

Los López: _____

6.

Pepito: _____

7.

8.

Ramón: _____

Señor Cabrera: _____

PARA ESCRIBIR

Mi mejor (peor) cita...   *Write a paragraph describing the best (worst) date you have ever had. (Fibs are permitted!)*

_____

_____

_____

_____

_____

_____

_____

_____

_____

_____

_____

_____

_____

_____

_____

CAPÍTULO

diez **VIAJES Y PASEOS**

VOCABULARIO

A. ¡A México! *You are planning a trip to Mexico. Use the words provided to prepare two lists: one of places you want to visit and one of things you will want to take along. Add places or items of your own.*

el boleto	la estación de trenes	la agencia de viajes
las ruinas	el pasaporte	el monumento
el dinero	el parque zoológico	las pirámides
el mapa	las maletas	la aduana
el puerto	el Museo Nacional de Antropología	

Lugares   **Cosas**

_____   _____

_____   _____

_____   _____

_____   _____

_____   _____

_____   _____

_____   _____

_____   _____

_____   _____

B. Histeria de viaje. *A friend is traveling with you and doesn't know much Spanish. Help him by selecting the correct word or phrase to complete his sentences. Write the answers in the blanks.*

1. Para tomar un tren tenemos que ir a _____.
   (la estación de trenes / la agencia de viajes / el negocio)

2. La señorita perdió el pasaporte en el aeropuerto y va a informar

   _____. (a la aduana / al banco / al puerto)

3. Ya es de noche y tenemos que buscar un lugar donde

_____. (calmarnos / tomar sol / quedarnos)

4. Antes de entrar a México, hay que pasar por _____.
(la ruina / la aduana / el correo)

5. Salíamos de México y cuando subimos al avión todos nos dijeron

_____. («¡Bienvenidos!» / «¡Buen viaje!» /
«¡Arriba las manos!» [*Hands up!*])

6. Cuando el profesor estuvo en Guadalajara, se quedó en un

_____ muy pequeño. (estación / hotel / cuadra)

7. Según la información que tengo en mi _____,
el vuelo sale a las diez y veinte. (pasaje / mapa / equipaje)

8. Las ruinas de Palenque son muy _____.
(modernas / últimas / hermosas)

I. FORMAL *USTED* AND *USTEDES* COMMANDS

A. Decisiones. *Determine which of the following sentences are formal commands and mark the corresponding space.*

MODELO	Visita ese museo. _____	Visite ese museo. ___x___

1. Busca el libro. _____   Busque el libro. _____

2. Van con ella. _____   Vayan con ella. _____

3. Espere cinco minutos. _____   Espera cinco minutos. _____

4. Sale de la catedral. _____   Salga de la catedral. _____

5. Empiezan a las ocho. _____   Empiecen a las ocho. _____

6. Llegue temprano. _____   Llega temprano. _____

7. Escriben pronto. _____   Escriban pronto. _____

8. No digan eso. _____   No dicen eso. _____

B. Práctica. *For each of the verbs listed, provide first the yo form and then the command forms for both **usted** and **ustedes**. Follow the example given for **comer**.*

	Verb	*Yo* form	Command forms usted	ustedes
1.	comer	como	coma	coman
2.	escribir	_____	_____	_____
3.	contar	_____	_____	_____
4.	salir	_____	_____	_____
5.	llegar	_____	_____	_____
6.	traer	_____	_____	_____
7.	poner	_____	_____	_____
8.	pedir	_____	_____	_____
9.	ir	_____	_____	_____
10.	venir	_____	_____	_____

C. Mandatos y más mandatos. *Rewrite the following statements as direct commands.*

MODELO Deben llevar el equipaje.
Lleven el equipaje.

1. Deben volver al avión ahora.

_____

2. Si quiere ir al Zócalo, debe caminar dos cuadras más.

_____

3. Tiene que llamar al agente de viajes.

_____

4. No necesitan sacar más fotos de esas ruinas.

_____

5. Debe traer su pasaporte.

_____

D. Respuestas lógicas. *Respond to the following situations with an usted or ustedes command form, as appropriate. Follow the models.*

MODELOS   Tengo que viajar mañana.
                 Pues, haga sus maletas esta noche.
                 Queremos visitar algún museo.
                 Pues, visiten el Museo Nacional de Antropología.

1. Tenemos ganas de ir al cine.

   _____

2. Quiero divertirme este fin de semana.

   _____

3. Queremos cambiar cien dólares.

   _____

4. Estoy cansada.

   _____

5. Quiero comprar algunos regalos interesantes.

   _____

6. Estamos un poco aburridos.

   _____

II. *TÚ* COMMANDS

A. Decisiones. *Determine which of the following verbal forms are informal commands and which are formal. Write tú next to the informal command and Ud. next to the formal command.*

MODELO   vuelves _____   vuelva __**Ud.**__   vuelve __**tú**__

1. venga_____   vienes_____   ven_____

2. haz_____   haga_____   hace_____

3. tenga_____   ten_____   tiene_____

4. no pongas_____   no ponga_____   no pones_____

5. no salga_____   no sales_____   no salgas_____

6. no vaya_____   no vayas_____   no va_____

B. Solo(-a) en casa. *Imagine that your parents are going on vacation and leaving you at home alone. What do they tell you before they leave? Write five affirmative or negative tú commands they might give you.*

MODELO **No hagas fiestas.**

1. _____

2. _____

3. _____

4. _____

5. _____

C. Ahora, mandatos para todos. *Using familiar or formal commands as required by the situation, combine the following elements to make sentences. Add any other necessary words.*

MODELO Doctor Melgarejo, / por favor, / ir / el banco / hoy
Doctor Melgarejo, por favor, vaya al banco hoy.

1. Mateo, / no / llevar / esos pantalones blancos

   _____

2. Señores García, / no / ir / el parque / ahora

   _____

3. Profesor, / repetir / ese nombre, / por favor

   _____

4. Muchachos, / doblar / a la izquierda / en esa esquina

   _____

5. Teresa, / no / subir / el autobús / con ese paraguas

   _____

6. Muchachos, / no / caminar / por esa calle

   _____

7. Pablo, / ir / el centro / esta tarde

   _____

8. Por favor, / Marta, / no / leer / esa carta / ahora

   _____

III. POSITION OF OBJECT PRONOUNS WITH COMMANDS

A. Decisiones. *Mark the choice that correctly identifies what the object pronouns refer to and whether the command is formal or informal.*

MODELO   Déjelas aquí.
       __x__ maletas; Ud.   _____ maletas; tú   _____ cheques; Ud.

1. No lo hagas ahora.
    _____ trabajo; tú   _____ canción; tú   _____ trabajo; Ud.

2. Démelos.
    _____ boletos; tú   _____ mapas; Ud.   _____ fotos; Ud.

3. No la cierres.
    _____ puerta; Ud.   _____ puerta; tú   _____ banco; Ud.

4. No la busque.
    _____ estación; tú   _____ zapato negro; tú   _____ catedral; Ud.

5. Cómpreselos.
    _____ calcetines grises; Ud.   _____ calcetines grises; tú   _____ chaquetas; tú

6. Dáselo.
    _____ camisa; tú   _____ vestido; Ud.   _____ sombrero; tú

7. Explíquelo.
    _____ programa; Ud.   _____ foto; Ud.   _____ problema; tú

B. Contradicciones. *Change the following commands to the negative form. Make all other necessary changes.*

MODELO   Cuéntamelo.   **No me lo cuentes.**

1. Siéntese allí. _____

2. Dínoslo. _____

3. Tráiganmelas. _____

4. Míralos. _____

5. Pídesela. _____

6. Váyanse. _____

C. Hasta mañana. *In each of the following sentences, someone tells you about an intention to perform an action. Tell the person not to do it until tomorrow, substituting object nouns with pronouns. If you are addressed as Ud., answer with the Ud. form; use the tú form in the same way.*

MODELO   Quiero darte <u>consejos</u>.
               No me <u>los</u> des hasta mañana.

1. Pienso comprarte <u>otra maleta</u>.

   _____

2. Les voy a llevar <u>los pasajes</u> a tus amigos.

   _____

3. Tengo que buscarle <u>otro regalo</u> (a usted).

   _____

4. Debo decirles <u>la verdad</u> pronto (a usted y a su esposa).

   _____

5. Necesito escribirle <u>una carta</u> a José.

   _____

6. Te quiero hacer <u>una fiesta</u>.

   _____

FUNCIONES Y ACTIVIDADES

A. En el Zócalo. *Continue exploring Mexico City using the following map. Answer the tourists' questions by circling the correct phrase in parentheses. Remember that you are at the Zócalo.*

MODELO — Perdón. ¿Me puede decir cómo llegar al Palacio de Bellas Artes?
— Vaya (derecho, a la derecha) por la Avenida Juárez hasta llegar a la Avenida Lázaro Cárdenas. Doble a la derecha y camine media cuadra. Va a ver el Palacio a su (derecha, izquierda).

1. — Por favor, señor(a), busco la Plaza de las Tres Culturas.

— Vaya por la Avenida Brasil hasta llegar a la esquina. Doble a la (derecha, izquierda) en la Avenida Hidalgo. Camine una cuadra. Doble a la (derecha, izquierda) en la Avenida Lázaro Cárdenas. Siga por esa avenida hasta llegar a la Plaza; va a estar a su (derecha, izquierda).

2. — Discúlpeme, ¿por dónde va uno a la Plaza de la República?

— Vaya (derecho, a la derecha) por la Avenida Juárez. Cruce el Paseo de la Reforma y siga (derecho, a la izquierda). Va a ver la Plaza de la República enfrente de usted.

3. — Perdón. ¿Me puede decir cómo llegar al Monumento de la Independencia?

— Tome la Avenida Juárez hasta llegar al Paseo de la Reforma. Doble a la (derecha, izquierda) y siga derecho hasta ver un monumento. Es el monumento a Cuauhtémoc. Siga en la misma dirección, (este, oeste), y el Monumento de la Independencia va a estar (enfrente, derecho) de usted.

4. — Perdóneme. ¿Dónde está el Jardín Morelos?

—Vaya (derecho, al este) por la Avenida Juárez y tome la primera izquierda después de (la Avenida Lázaro Cárdenas, la Avenida Brasil). El jardín va a estar a su derecha.

5. —Por favor, ¿está cerca de aquí el Museo Nacional de Antropología?

—No, está bastante lejos. Tome la Avenida Juárez hasta llegar al Paseo de la Reforma. Doble a la (izquierda, derecha). Vaya derecho hasta llegar (a la Fuente de la Diana Cazadora, al Parque España). Allí no doble. Siga por el Paseo de la Reforma hasta llegar a un gran edificio a su derecha. Es el museo.

B. Planes de viaje. *You have just received $3,000 to take a trip to South America this summer. You go to the nearest Spanish-speaking travel agent for assistance, but she does not handle trips to South America, only to Mexico. She refers you to her friend at a nearby agency. With that situation in mind, complete the dialogue below supplying the Spanish equivalents of the English verbs and expressions indicated in parentheses.*

USTED: Buenos días, señorita.

AGENTE: Buenos días... ¿En qué puedo servirle?

USTED: Quiero hacer un viaje a Sudamérica.

AGENTE: Pues..., en esta agencia no tenemos información sobre Sudamérica; sólo

organizamos viajes a México. (*Go*) _____ a hablar con mi

amiga Clara en la agencia «Estrella».

USTED: Pero..., ¿(*How do I get to*) _____ esa agencia?

AGENTE: (*Go straight ahead*) _____ . (*Walk five blocks*)

_____. (*Turn left*) _____

en la calle 23. (*Cross*) _____ la calle. (*It's next to the*)

_____ banco central.

USTED: Muchas gracias, señorita.

C. Consejos a un amigo. *A friend of yours is going to Mexico for two weeks. Give him advice on how to act so that people will not think he is ill-mannered or impolite. Use affirmative or negative tú commands.*

MODELO No hables en voz alta en los museos.

1. _____

2. _____

3. _____

4. _____

5. _____

6. _____

PARA ESCRIBIR

No te quedes sin... *(Don't be left without...).* Write three short ads similar to the "Post-it™" ad below that tells you not to be left without Post-it™s. Choose three things that you can't do without. Be sure to use familiar command forms.*

1. _____

_____

2. _____

_____

3. _____

_____

CAPÍTULO

once **LAS NOTICIAS**

VOCABULARIO

A. Categorías. *News items vary in content. Classify the following list according to the categories offered. Some items may fit into more than one category. Add other items of your own.*

la reunión de las Naciones Unidas
el maratón de Boston
las elecciones en Costa Rica
el concierto de piano
el aumento de precios
el costo de la vida
la manifestación
la superpoblación

el partido (*match*) internacional de fútbol (*soccer*)
las elecciones nacionales
la visita del Papa
la huelga de trabajadores
el anuncio de las mejores películas del año
el terremoto en Guatemala
los Juegos Olímpicos

1. noticias internacionales: _____

2. noticias políticas: _____

3. noticias socio-económicas: _____

4. noticias culturales: _____

B. Preguntas y respuestas. *Answer the following questions in Spanish.*

1. ¿Participó usted alguna vez en una manifestación? ¿Por qué sí o no?

_____

2. ¿A usted le interesa la política? ¿Por qué sí o no?

_____

_____

3. ¿Prefiere usted leer las noticias en el periódico, escucharlas por radio o mirarlas por televisión? ¿Por qué?

_____

_____

4. Según su opinión, ¿es mejor leer una novela o ver la película inspirada en esa novela? ¿Por qué?

_____

_____

5. ¿Por qué son populares las películas de ciencia-ficción como *Star Trek*? ¿Las ve usted?

_____

_____

I. THE IMPERSONAL *SE* AND THE PASSIVE *SE*

A. Decisiones. *Mark the word that best completes each of the following sentences.*

MODELO   No se _____ un cuadro de Picasso por veinte dólares.

____x____ compra _____ven _____dice

1. En algunas ciudades latinoamericanas, ya no se _____ los negocios durante el almuerzo.

_____ cierran   _____ abren   _____ suben

2. Señora, vaya usted al Banco Internacional. Allí se _____ cheques de viajero.

_____ hacen   _____ cambian   _____ oyen

3. Para llegar a ese mercado se _____ tener auto porque está muy lejos.

_____ pierde   _____ debe   _____ dobla

4. Se _____ «Gracias» cuando alguien nos da un regalo.

_____ habla   _____ prende   _____ dice

5. Se _____ algunos cuadros muy buenos de Picasso en el Museo de Arte Moderno de Nueva York.

_____ ven   _____ aprenden   _____ ganan

6. Mario me dijo que se _____ reportero(-a) hispano(-a) para el programa de los sábados.

_____ pensaba   _____ necesitaba   _____ resolvía

B. Correspondencias. *Choose a phrase from the second column to complete appropriately each phrase in the first column.*

_____ 1. Se hacen

_____ 2. Antes se veía

_____ 3. Se dice

_____ 4. En el mercado se puede encontrar

_____ 5. En su país se cree que

_____ 6. En el mundo hispano se celebran

a. menos televisión que ahora.

b. el arte y la literatura son tan importantes como la tecnología, ¿verdad?

c. huelgas frecuentemente.

d. muchas fiestas diferentes a las nuestras.

e. todo más barato.

f. «Hasta luego» cuando se va a ver a alguien más tarde.

II. THE PAST PARTICIPLE USED AS AN ADJECTIVE

A. Selecciones lógicas. *Complete the following sentences by selecting a verb from the list below and deriving an adjective of the appropriate gender and number from it. You may use some verbs more than once, others not at all.*

abrir	describir	morir	prender
cerrar	escribir	oír	resolver
comprar	hablar	perder	romper
creer	hacer	poner	traer

MODELO   Las tazas están __rotas__ .

1. Los bancos están _____.

2. La televisión está _____.

3. Ese periódico está _____ en español.

4. Esas guitarras están _____ en Guatemala.

5. Las farmacias están _____ hasta las 11:00 P.M.

6. Tengo unas revistas _____ de Panamá.

7. En el avión, encontramos un pasaporte_____.

8. Ese problema no está _____.

9. Mi tienda ya está _____.

10. El vaso está _____.

B. Últimos preparativos. *Professor Monsanto is going over a final checklist prior to the departure of the summer students for Puebla. Reassure him that everything has been taken care of.*

    MODELO   Enrique, ¿resolviste los problemas con los boletos?
                       Sí, profesor, los problemas están resueltos.

1. ¿Ya pusieron todas las maletas en el autobús?

    _____

2. Carlos, ¿compraste los periódicos para leer en el avión?

    _____

3. ¿Cerraron las ventanas y las puertas?

    _____

4. Rosa, ¿escribiste los números de los pasaportes en mi cuaderno?

    _____

5. Enrique, ¿hiciste la lista de los números de teléfono de emergencia?

    _____

    Pues entonces, ¡en marcha!

III. THE PRESENT AND PAST PERFECT TENSES

A. Variedad en el pasado. *Change each sentence from the preterit to the present perfect.*

    MODELO   Yo comí en el restaurante del aeropuerto.
                       Yo he comido en el restaurante del aeropuerto.

1. Los trabajadores pidieron aumento de sueldo.

    _____

2. La profesora visitó ese museo.

    _____

3. Tú y yo viajamos a Nicaragua.

_____

4. Empezó la huelga de los maestros.

_____

5. Me quedé en el Hotel París.

_____

6. Antonio no dijo casi nada en la reunión.

_____

7. Todos vimos el noticiero de las once.

_____

B. Preguntas y respuestas. *Answer each of the following questions in the affirmative. Make all necessary changes and use object pronouns when possible.*

1. ¿Han visto ustedes algunos volcanes de la región?

_____

2. ¿Ya han visitado ustedes esos bosques tropicales?

_____

3. ¿Has oído ese reportaje especial sobre Nicaragua?

_____

4. ¿Han traído ustedes la cámara?

_____

5. ¿Ya ha comido usted en ese restaurante que está cerca de la plaza?

_____

6. Amigos, ¿nos han preparado ustedes la cena?

_____

C. El viajero experto. *The expert traveler left for Costa Rica on Saturday. Using the pictures as a guide, tell what things he had done early and when he did them.*

MODELO

Ya había ido a una agencia de viajes. Fue allí el año pasado.

1. _____

_____

2. _____

_____

3. _____

_____

4. _____

_____

5. _____

_____

FUNCIONES Y ACTIVIDADES

A. Reacciones lógicas. *React to the following statements with an expression of agreement or disagreement. Then state a reason for your reaction.*

MODELOS   ¡Nuestro presidente es fantástico!
              ¡Qué va! Este año ha perdido mucha credibilidad.

1. Todos los actores son ricos.

   _____

   _____

2. Los canales privados de televisión son mejores que los públicos.

   _____

   _____

3. La violencia es un gran problema en Estados Unidos.

   _____

   _____

4. En Estados Unidos no hay ningún tipo de problemas económicos.

   _____

   _____

5. Necesitamos controlar la producción de armas nucleares.

   _____

   _____

6. Los estudios universitarios no nos preparan bien para la vida práctica.

   _____

   _____

B. Crucigrama.

Horizontales

1. presente de **ver**
4. en inglés se dice *magazine*
9. _____ de televisión, por ejemplo
10. en inglés se dice *if*
12. adjetivo posesivo
14. infinitivo de **somos**
16. en inglés se dice *because*
20. opuesto a **no**
21. artículo indefinido
22. dos autores que escriben el mismo libro son _____-autores
23. pronombre reflexivo (**tú** *form*)
24. en inglés se dice *gold*

25. pronombre recíproco
26. presente de **aumentar**
30. en inglés se dice *meeting*
32. singular de épocas (*epochs*)
36. el _____ Colón, por ejemplo
38. persona que se dedica al arte
39. ciudad del sur de España; allí está la Giralda
43. presente de **saber**
44. nota musical
46. opuesto a **noche**
47. adjetivo demostrativo (*pl.*)
48. presente de **leer**

Verticales

1. presente de **ir**
2. preposición
3. artículo definido
5. presente de **ser**
6. pretérito de **ver**
7. (*afternoon*) *nap*, en español
8. se usa como *alas!, ouch!,* or *woe!* en inglés
11. opuesto a **mucho**
13. abreviación de **usted**
15. presente de **reír** (*to laugh*)
16. verbo cognado de *to protest*
17. pronombre relativo
18. abreviación de *United Nations*
19. en inglés se dice *with*
22. en inglés se dice *to celebrate*
25. plural de **santo**
27. abreviación de *United States*
28. hermano del padre o de la madre
29. pronombre sujeto
31. opuesto a **sí**
33. opuesto a **soltero**
34. imperfecto de **ver**
35. sinónimo de **ocurrir**
37. fruta usada para hacer vino; plural de **uva**
38. contracción de preposición y artículo
40. adjetivo demonstrativo
41. imperfecto de **ir**
42. pronombre de objeto indirecto
45. pronombre sujeto

PARA ESCRIBIR

En el aire. *You are a reporter for the university newspaper. Give a summary of the day's major news stories according to the categories in the vocabulary exercise at the beginning of the chapter.*

1. _____

_____

_____

2. _____

_____

_____

3. _____

_____

_____

4. _____

_____

_____

SELF-TEST II*

I. COMMANDS

React to the following statements with commands, as in the models. Use object pronouns whenever possible.

Modelos   Tú no haces tu trabajo. **Hazlo.**
Usted me lo pide. **No me lo pida.**

1. Ustedes no hablan de su viaje.
2. Tú no estudias hoy.
3. Tú comes los chocolates.
4. Tú no te vas ahora, Rosa.
5. Usted es pesimista.
6. Usted no me pasa la sal.
7. Ustedes pierden la dirección.
8. Tú no le dices la verdad.
9. Tú me llamas muy temprano.
10. Tú no vienes a clase.
11. Usted no me trae una cerveza.
12. Tú no tienes cuidado.
13. Ustedes no me esperan.
14. Usted no se viste a la moda.

II. THE PAST TENSES

A. Change the verbs in the following sentences from the present to the preterit.

Modelo   Felipe va al centro. **Felipe fue al centro.**

1. Tienen que aprender inglés.
2. ¿Qué pides?
3. Ya los veo.
4. Se lo damos a ellos.
5. ¿Quién pierde? ¿Quién gana?
6. No tienes tiempo de ver la película.
7. Simón Bolívar quiere unir (*unite*) toda Sudamérica.
8. Los árabes traen a España una rica cultura.
9. Salgo temprano.
10. Fernando se va a casa a dormir.
11. Se divierten mucho.
12. No nos quiere ver.
13. Conocen a María.
14. Sabe la verdad.
15. Me levanto a las ocho.

B. Change the verbs in the following sentences of Exercise A to the imperfect: 1, 5, 6, 7, 11, 12, 13, 14, and 15.

Modelo   Felipe va al centro. **Felipe iba al centro.**

*For this self-test, write your answers on a separate sheet of paper if necessary.

C. Change the verbs in the following sentences of Exercise A to the present perfect: 2, 3, 4, 5, 6, 10, and 11.

Modelo   Felipe va al centro. **Felipe ha ido al centro.**

D. Complete the paragraph with the appropriate past-tense (i.e., preterit, imperfect, present perfect, or past perfect) form of the verbs in parentheses.

Ayer, mientras yo (esperar) _____ el autobús, (ver)

_____ a Juan, un amigo muy querido. Recuerdo que en 1980, cuando

él y yo (conocerse) _____, los dos (querer) _____

ser pintores (*painters*) famosos. Él (admirar) _____ profundamente a

Goya y (tener) _____ un cuadro que heredar (*inherit*)

_____ de una tía rica. No (ver) _____ a Juan desde

1987. Cuando lo (ver) _____, (llevar) _____ un

traje elegante y zapatos muy caros. Yo le (decir) _____ que (estar)

_____ muy contento de verlo y le (preguntar)

_____ si (seguir) _____ obsesionado por las obras

de Goya. Me (decir) _____ que ya no, que ahora (viajar)

_____ y (visitar) _____ casinos por todo el mundo.

Juan me (contar) _____ que en 1986 (conocer)

_____ a una mujer admirable, (enamorarse) _____

de ella y en menos de un mes ellos (decidir) _____ casarse. La mujer

(tener) _____ mucho dinero porque (ser) _____

hija de un millonario italiano. Me contó mi amigo que él y su esposa (vivir)

_____ muy felices hasta la semana pasada, cuando el doctor de la

familia (descubrir) _____ que su esposa (tener)

_____ cáncer. La tragedia de mi amigo me (dejar)

_____ muy triste (*sad*) pero (inspirar) _____ este

cuadro, que yo (empezar) _____ hace unas horas y cuyo título (*whose title*) va a ser «Los dólares todavía no (poder) _____ curar todos los dolores del mundo».

III. THE REFLEXIVE

Restate the following, changing the pronouns and verbs from the plural to the singular.

Modelo ¿Nos sentamos aquí? **¿Me siento aquí?**

1. Siempre nos divertimos con Andrea y Tomás.

2. Ellos se van de aquí mañana.

3. ¿Se lavan ustedes la cara? (*Give both singular forms.*)

4. Nos levantamos de la mesa.

5. ¿Cómo se llaman tus mejores amigos?

6. Siéntense, por favor. (*Give both singular forms.*)

7. Nos acostamos a las once.

8. Ustedes se despiertan temprano. (*Give both singular forms.*)

IV. USEFUL EXPRESSIONS

Give the Spanish equivalent of the following expressions.

1. What nonsense! **2.** Of course! **3.** Congratulations! **4.** Can you tell me how to get to the Hotel Internacional? **5.** Go straight ahead. **6.** Cheers! **7.** You're welcome. **8.** Where are shoes sold? **9.** What time do the stores open? **10.** Bring me a (cup of) coffee, please. **11.** What do you wish to order? **12.** The check, please. **13.** Excuse me (I beg your pardon). **14.** Enjoy the meal! **15.** What do you recommend (to us)?

CAPÍTULO
doce **FIESTAS Y ANIVERSARIOS**

VOCABULARIO

A. Fiestas y celebraciones. *In what month are the following holidays and special days celebrated?*

MODELO   Las Posadas   **en diciembre**

1. el Día de la Madre   _____

2. el Día de Acción de Gracias   _____

3. la Navidad   _____

4. la Independencia de Estados Unidos _____

5. el Año Nuevo   _____

6. el Día del Padre   _____

7. el Día de los Reyes Magos   _____

8. su cumpleaños (de usted)   _____

B. Ocasiones especiales. *Answer the following questions naming the occasions on which these activities are customary.*

MODELO   ¿Cuándo se dan regalos en el mundo hispánico?
               el 6 de enero, Día de (los) Reyes

1. ¿Cuándo cocinan ustedes un pavo?

    _____

2. ¿Cuándo hacen una torta?

    _____

3. ¿Cuándo usan un candelabro especial?

    _____

4. ¿Cuándo envían tarjetas a sus amigos?

    _____

115

5. ¿Cuándo ponen adornos en un árbol?

_____

6. ¿Cuándo se dan regalos usted y sus parientes?

_____

I. THE PRESENT SUBJUNCTIVE OF REGULAR VERBS

A. Frases para completar. *Complete the following sentences with the most appropriate choice and mark the corresponding space.*

MODELO   ¿Qué piensas de mí? Bueno, prefiero que no...

_____   a.   lees más libros.

___x___   b.   contestes esa pregunta.

_____   c.   aprendes la canción.

1. No quiero que ustedes...

_____   a.   olviden el concierto de violín de Kathleen.

_____   b.   doblan en la calle Huerta.

_____   c.   toman todo este vino antes de la fiesta.

2. La doctora Méndez me pide que...

_____   a.   voy a su casa esta noche.

_____   b.   le compra un boleto de ida y vuelta.

_____   c.   la ayude el próximo fin de semana.

3. Voy a prohibir que...

_____   a.   esos muchachos fumen en la clase.

_____   b.   comen todo el queso antes del baile.

_____   c.   celebran mi cumpleaños en la oficina.

4. ¿Mandas que Amparo y yo...

_____   a.   compremos el árbol de Navidad hoy?

_____   b.   hablamos con los vecinos?

_____   c.   caminamos al correo?

5. Queremos que ellos...

_____   a.   nos mandan tarjetas por nuestro aniversario.

_____   b.   pasen sus vacaciones con nosotros.

_____   c.   escriben la composición para mañana.

6. Gabriel, te pido que...

_____ a. se lo preguntas al profesor.

_____ b. no corres después de almorzar.

_____ c. no hables durante el concierto.

7. Te prohíbo que...

_____ a. preparas una torta de chocolate para Javier.

_____ b. regreses allí después de ver esa película.

_____ c. vendes la guitarra.

B. Más práctica. *Complete each of the following sentences with the correct subjunctive form of an appropriate verb listed below.*

enseñar / ayudar / reunirse / asistir / quejarse / mandar / fumar / celebrar

1. Ojalá que este profesor _____ mejor que el otro.

2. Tal vez Natalia y yo _____ de la comida de la cafetería. Es realmente muy mala.

3. Quizás ella no _____ tarjetas de Navidad este año.

4. Tal vez ellos _____ aquí después de ver la obra.

5. El doctor le prohíbe que _____ más de dos cigarrillos (*cigarettes*) por día.

6. Ernesto prefiere que tú no _____ al desfile de Año Nuevo.

7. Mis padres quieren que yo _____ con ellos el día de mi santo.

8. Ana me pide que la _____ a poner los adornos en el árbol.

C. Los padres mandan. *Although Pepe is a freshman in college, his mother can't believe he has grown up. Complete the responses that Pepe's mother makes to each of her son's statements or questions, putting the verb in the subjunctive. Follow the model.*

MODELO — Mamá, no voy a <u>estudiar</u> más hoy.
— **Pero hijo, quiero que <u>estudies</u> una o dos horas más.**

1. —Creo que voy a <u>llamar</u> a Gabriel y a...

—Tu padre y yo preferimos que no _____ a tus amigos cuando tienes mucho que estudiar.

2. —O tal vez debo <u>comprarle</u> un regalo a Graciela.

—Eso es peor. No queremos que le _____ regalos a esa chica.

3. —Tengo otra idea. La voy a <u>invitar</u> a la fiesta de cumpleaños de Jorge, y Jorge puede <u>invitar</u> a la hermana de Graciela.

—Sabes muy bien que no queremos que ustedes _____ a esas muchachas a la fiesta.

4. —Pero, mamá, no tengo ganas de <u>escribir</u> mis ejercicios ahora.

—Hijo, te pido que los _____ antes de la cena.

5. —¿Está bien si <u>como</u> la torta que está en el refrigerador?

—No, te prohíbo que la _____ antes de la cena.

6. —Pero... ¡esto es ridículo! Hoy día los padres no <u>comprenden</u> a sus hijos...

—Pepe, si quieres que nosotros te _____, haz las cosas que mandamos.

II. THE PRESENT SUBJUNCTIVE OF IRREGULAR, STEM-CHANGING, AND SPELLING-CHANGING VERBS

A. Selecciones lógicas. *Complete the following sentences with the present subjunctive of the most appropriate verb.*

MODELOS (ver / valer / poder)
Te prohíbo que <u>veas</u> esa película.

1. La directora no quiere que nosotros le _____ más favores. (saludar / pedir / acompañar)

2. Le voy a pedir que me _____ a bailar. (enseñar / morir / dormir)

3. Ella no permite que Rafael _____ más sillas en la sala. (presentar / conocer / poner)

4. Fabio te va a pedir que _____ más puntual. (ser / traer / entender)

5. Quiero que ustedes _____ en sus planes para el futuro. (pensar / salir / pagar)

6. Alfredo prefiere que yo _____ la fiesta el sábado. (almorzar / hacer / descansar)

7. Queremos que tú _____ al concierto con nosotros. (quejarse / ir / saber)

8. Prefiero que los miembros del club _____ en tu casa hoy. (fumar / reunirse / oír)

B. Infinitivos y formas irregulares.   *Write the infinitive form of the verb in the first statement. Then complete the response with the present subjunctive of that same verb.*

MODELO   — No le traje el regalo de cumpleaños a tía Alicia.   **traer**
              — Pues, quiero que le **traigas** el regalo ahora mismo.

1. — No tenemos entradas para el concierto. _____

    — Quiero que (ustedes) las _____. Se las voy a comprar esta tarde.

2. — Juan no viene más a nuestra casa. _____

    — ¿Por qué no le pides que _____ mañana?

3. — No he conocido a tu novio. _____

    — Quiero que lo _____. Esta tarde te lo presento.

4. — Maribel e Inés van al desfile mañana. _____

    — No me gusta esa idea. Les voy a prohibir que _____.

5. — Pues, yo las llevo en el auto, mamá... _____

    — ¡Pero tú debes estar loco! Simplemente no te voy a permitir que las

    _____, hijo...

6. — Señor Campos, ¿asistió usted a la recepción antes de la exposición?

    _____

    — Sí. ¿Quiere que (yo) _____ a la recepción final también?

C. Exposición de arte.   *You are attending an art exhibit at the Museo Rufino Tamayo in Mexico City and walk in as the director is introducing a guest artist. Complete the sentences with the correct subjunctive forms of the verbs in parentheses.*

«...y quiero que ustedes (1. saber) _____ quién es este

joven pintor, que (2. conocer) _____ la importancia de

su obra, que (3. comprender) _____ esto: quizás su obra

no (4. poder) _____ ser descrita como hermosa, pero es

original, diferente y muy actual. La calidad (*quality*) de sus pinturas permite que

nosotros (5. ver) _____ en su autor al más importante de

los artistas de hoy. Quiero que todos ustedes (6. venir) _____ al museo otra vez en las próximas semanas para ver cómo el público recibe a este joven

artista.

Ahora, espero que a ustedes les (7. interesar) _____

ver esta exposición tanto como a nosotros, que (8. sentirse) _____

cómodos en este museo y que (9. pasar) _____ una

tarde agradable entre estas pinturas tan magníficas. Muchas gracias por su atención.»

(*Aplauso*)

III. ADDITIONAL COMMAND FORMS

A. **Después de la función.** *The cast is tired and generally uncooperative after the evening performance of a long-running play. Complete the responses by changing the* **vamos a** *form to a* **nosotros** *command, as in the model.*

MODELO Vamos a <u>ir</u> al centro ahora.
Estoy cansado. No **vayamos** allí ahora.

1. Vamos a <u>tomar</u> un café ahora.

   Buena idea. _____ un café en esa cafetería.

2. Vamos a <u>sentarnos</u> aquí.

   Está bien. _____ aquí.

3. Vamos a <u>hacer</u> varios cambios.

   Bueno, sí, _____ los cambios necesarios.

4. Vamos a <u>explicarle</u> los cambios al autor.

   No, no _____ eso ahora.

5. Vamos a <u>ayudar</u> a mis amigos después del ballet, ¿de acuerdo?

   De acuerdo. _____ a tus amigos, pero después del
   ballet.

6. Vamos a <u>decirles</u> a los músicos que va a haber dos representaciones de la obra el
   sábado.

   No _____ eso ahora. Esperemos hasta mañana.

B. Que lo haga otra persona. *Complete the response to each of the following statements using the underlined verb in an indirect command. Use object pronouns when possible.*

MODELO — No <u>hiciste</u> el trabajo que te pedí.
— No he tenido tiempo. Que **lo haga** Pablo.

1. — No <u>acostaste</u> a Ana María.

— Ya sé, pero tengo que salir. Que _____ Carmen.

2. — No le <u>hemos escrito</u> a Pilar.

— Yo no puedo. Que _____ Raúl.

3. — Juan quiere que <u>vayamos</u> a su fiesta de cumpleaños.

— Arturo tiene más tiempo que nosotros. Que _____ él.

4. — La tía de Emilia quiere venir por unos días. ¿La <u>llamas</u>?

— ¿Por qué yo? Que _____ Emilia.

5. — Tú tienes que <u>recibir</u> a los padres de Adela.

— Pero no voy a estar aquí. Que _____ José.

FUNCIONES Y ACTIVIDADES

A. La fiesta de Javier. *Describe what is happening at Javier's party with as many details as possible. Also include what some of them are or might be telling others to do.*

MODELO Javier toca el piano y le dice a su hermana Anita que vaya a dormir. Es obvio que ella todavía no tiene sueño.

_____

_____

_____

_____

_____

_____

_____

_____

_____

_____

B. Pares lógicos. *Match each element from column B with the most appropriate question or comment from column A by writing the corresponding letter in the blanks provided.*

A	B
1. _____ ¿Me acompañas a casa?	a. Hoy no puedo; tal vez mañana.
	b. ¡Y el tiempo para gastarlos!
2. _____ ¿Quieres ir al cine?	c. Sí, con mucho gusto.
	d. Me gustaría ir, pero tengo que trabajar.
3. _____ Este es mi hermano...	e. Sí, ¡qué buena idea!
	f. Mucho gusto.
4. _____ ¿Cenamos juntos hoy?	
5. _____ ¡Salud, amor y dinero!	
6. _____ Mañana es mi fiesta, ¿vienes?	

C. Con mucho gusto. *Respond to the following invitations from your friends. You may either accept or decline, but you should give a reason for your decision.*

MODELO ¿Te interesa ir conmigo a ver una película de ciencia ficción?
Tengo mucho que hacer hoy. Mañana, tal vez.

1. ¿Quieres ir a «La casa de las hamburguesas» conmigo esta noche?

_____

2. ¿Qué te parece si vamos a bailar el sábado por la noche?

_____

3. Si hoy estás libre, podemos jugar al tenis. ¿Qué te parece la idea...?

_____

4. ¿Quieres ayudarme a preparar la cena? Puedes preparar el pavo o...

_____

5. ¿Me acompañas al museo de arte mañana?

_____

6. ¿Te interesa ir a la playa este fin de semana?

_____

PARA ESCRIBIR

Situación difícil. *Compose a dialogue around the following problematic situation. You and your friend Maribel are on the way to the symphony when you run into José Blanco, someone Maribel knows. Maribel introduces you to José who suggests that you change your plans and go to hear Gritoloco, the famous rock singer. You decline the invitation politely. Try to incorporate at least two of the following expressions in your dialogue: ¿Qué les parece si...?; ¿Quieren ir a...?; Me gustaría (mucho), pero...; ¡Qué lástima! Ahora...; Es que tengo (tenemos)...; Otro día tal vez, hoy...*

_____

_____

_____

_____

_____

_____

_____

_____

_____

_____

_____

_____

_____

_____

_____

_____

CAPÍTULO
trece **LA SALUD Y EL CUERPO**

VOCABULARIO

A. El cuerpo. *Write in the blanks the name of each part of the body indicated by the lines.*

1.	_____	9.	_____
2.	_____	10.	_____
3.	_____	11.	_____
4.	_____	12.	_____
5.	_____	13.	_____
6.	el (dedo) pulgar	14.	_____
7.	_____	15.	_____
8.	_____	16.	_____

B. Doctora, me duele... *You are in Little Havana, Miami, and have gone to the office of Dr. Ofelia Castroviejo with a variety of aches and pains. Translate the following statements into Spanish so that the doctor can understand you. Add some other ailments.*

1. My head hurts. _____

2. My throat hurts. _____

3. My stomach hurts. _____

4. I have a fever. _____

5. My back hurts. _____

6. My eyes hurt. _____

7. _____

8. _____

9. _____

El diagnóstico. *What might Dr. Castroviejo say to you? Write a few sentences giving her diagnosis.*

1. _____

2. _____

3. _____

I. OTHER USES OF THE DEFINITE ARTICLE

Un poco de todo... *Some of the following sentences contain a misuse or absence of the definite article, or a possessive adjective where an article is called for. Mark each incorrect sentence and write it correctly in the space provided.*

MODELO   No me gusta aspirina. __x__ **No me gusta la aspirina.**

1. Salud es muy importante. _____

   _____

2. Me duele mi cabeza. _____

   _____

3. Quiero que te pongas los zapatos. _____

   _____

4. Ahora la gasolina está a más de un dólar el galón. _____

_____

5. Lávate tu cara, Pepito. _____

_____

6. Ellos creían que español era más fácil que francés. _____

_____

7. Prefiero que estudies italiano este semestre. _____

_____

8. Póngase algo en la cabeza; hace mucho frío. _____

_____

9. Dame tu mano, hija. _____

_____

10. Le gustan personas sofisticadas. _____

_____

11. Miguel enseñaba inglés en el barrio chicano. _____

_____

12. Doctora, ¿cuándo voy a poder abrir los ojos? _____

_____

II. THE SUBJUNCTIVE WITH CERTAIN VERBS EXPRESSING EMOTION, NECESSITY, WILL, AND UNCERTAINTY

A. ¿Cómo empezar...? *Mark the phrase that most appropriately begins each of the following sentences.*

MODELO   _____ llames a la enfermera; necesito levantarme de la cama.

        _____ a. Dudo que

        ___x___ b. Te pido que

        _____ c. Creo que

1. _____ usted está muy bien. Mañana puede salir del hospital.

    _____ a. Sé que

    _____ b. Ojalá que

    _____ c. Deseo que

2. _____ Carmela se ponga un vestido elegante para la fiesta.

    _____ a. Veo que

    _____ b. Estamos seguros que

    _____ c. Preferimos que

3. _____ ustedes no se sientan bien. ¿Llamamos a un médico?

    _____ a. Ojalá que

    _____ b. Siento que

    _____ c. Espero que

4. _____ nos quedemos en este hotel.

    _____ a. Alicia recomienda que

    _____ b. Alicia tiene que

    _____ c. Alicia cree que

5. _____ vengan con nosotros.

    _____ a. Sé que

    _____ b. Ojalá que

    _____ c. Oigo que

6. _____ a ti te parezca interesante esta ciudad.

    _____ a. Estamos seguros que

    _____ b. Pienso que

    _____ c. Me sorprende que

7. _____ se pongan de acuerdo tan fácilmente.

    _____ a. Sabemos que

    _____ b. Dudamos que

    _____ c. Piensan que

8. _____ nos olviden y que no nos escriban más.

  _____ a. Tenemos miedo que

  _____ b. Veo que

  _____ c. Creemos que

9. _____ David llegue esta noche. ¡Mira cómo llueve...!

  _____ a. No creo que

  _____ b. Pienso que

  _____ c. Sabes que

10. _____ Laura esté embarazada. ¡Hace tanto que quiere un bebé!

  _____ a. Veo que

  _____ b. Me alegro que

  _____ c. El médico dice que

B. Una fiesta para doña Jacinta. *The Márquez family is busy with preparations for great-grandmother's 99th birthday party. Complete the following statements or questions in a way that would be appropriate for a festive occasion.*

MODELO   Enrique, mamá quiere que tú **vayas con Elena a comprar más bebidas**.

1. Niños, insisto en que (ustedes) _____

_____

2. Mamá, prefiero que tú _____

_____

3. Los García nos piden que (nosotros) _____

_____

4. Nos alegramos tanto que los abuelos _____

_____

5. Tengo miedo que la cena _____

_____

6. ¿Me aconsejan que (yo) _____

_____ ?

7. ¿Dudas que Teresa _____

_____ ?

8. Queremos que usted _____

_____

9. ¿No permites que los niños _____

_____ ?

C. **Traducción.** *Translate the following pairs of sentences into Spanish.*

1. a. I want to study Spanish. _____

   b. I want you to study Spanish. _____

   _____

2. a. I hope to go to the party. _____

   b. I hope she goes to the party. _____

   _____

3. a. I am sorry I cannot be there. _____

   _____

   b. I am sorry that she cannot be there. _____

   _____

4. a. I like to travel with them. _____

   b. I like them to travel with me. _____

   _____

5. a. He tells me he is leaving tonight. _____

   _____

   b. He tells me to leave tonight. _____

   _____

6. a. I'm glad I'm not sick. _____

   _____

   b. I'm glad they are not sick. _____

   _____

III. THE SUBJUNCTIVE WITH IMPERSONAL EXPRESSIONS

A. Decisiones. *Mark the most appropriate choice to complete each of the following sentences.*

MODELO   Es cierto que...

_____x_____   a.   ya no celebro mis cumpleaños.

_____   b.   tengas una fiesta mañana.

_____   c.   ellos vivan allí.

1.   Es importante que...

_____   a.   el médico me vea inmediatamente.

_____   b.   encontramos la medicina que necesitamos.

_____   c.   fumamos menos cigarrillos.

2.   Es mejor que ustedes...

_____   a.   no pierdan más tiempo.

_____   b.   se alegran de su buena suerte.

_____   c.   se interesan por sus pacientes.

3.   Elena dice que es mejor que...

_____   a.   se quedan en el hospital dos días más.

_____   b.   busquen otra farmacia.

_____   c.   arreglan el auto.

4.   Creo que es preferible que ellos...

_____   a.   se sienten felices.

_____   b.   no se enfermen.

_____   c.   descansan unos días.

5.   Es posible que usted...

_____   a.   tiene una boca muy pequeña.

_____   b.   sufre de «examenitis», una enfermedad que ataca periódicamente a muchos estudiantes.

_____   c.   esté pálido porque no toma vitaminas.

6.   Es cierto que...

_____   a.   el amigo de Arturo tenga SIDA.

_____   b.   todo se arregle pronto.

_____   c.   Lorraine está embarazada.

B. Pobre doña Isabel. *Doña Olga and Doña Sofía are discussing Doña Isabel's sad situation. Complete the dialogue with the correct forms of the verbs given in parentheses.*

OLGA: Oiga, doña Sofía, ¿es verdad que Roberto, el hijo mayor de doña Isabel, no le

(1. escribir) _____ ni la llamó ayer, por el Día

de la Madre...?

SOFÍA: Ay, no sé. Quizás (2. ser) _____ cierto, quizás

no. Prefiero no (3. hablar) _____ de eso, pero

dudo que ella (4. alegrarse) _____ de que su

hijo «el doctor» no la (5. recordar) _____.

OLGA: Pues, creo que es mejor no (6. tener) _____

hijos. Siempre es posible que (ellos) (7. irse) _____

de casa cuando uno más los necesita...

SOFÍA: Doña Olga, ¡es terrible que usted (8. decir) _____

esas cosas...!

OLGA: ¿Por qué? ¡Es la verdad...!

SOFÍA: No, no siempre es así.

(En ese momento llega doña Isabel.)

ISABEL: ¡Doña Olga! ¡Doña Sofía! ¡Qué contenta estoy! Quiero que ustedes

(9. leer) _____ la carta que recibí hoy de mi

hijo Roberto y también quiero que (10. ver) _____

el regalo que me mandó por el Día de la Madre: ¡un cheque por mil dólares!

¿Sabían ustedes que Roberto está trabajando en Estados Unidos, en una clínica

de Miami? La carta debió llegar ayer, pero como era domingo...

C. Cambios de opinión. *Change the following sentences to the negative.*

      MODELO   Es seguro que Felipe viene.
                      No es seguro que Felipe venga.

1. Es verdad que los enfermeros ganan mucho dinero.

    _____

2. Es seguro que se casan en junio.

    _____

3. Es obvio que tú estás enferma.

    _____

4. Es cierto que lo van a operar del corazón.

    _____

5. Creo que la tensión es una de las causas del dolor de cabeza.

    _____

6. Piensan que el abuelo de Marina tiene cáncer.

    _____

FUNCIONES Y ACTIVIDADES

A. Yo, el detective infalible... *Imagine you are a detective trying to track down the notorious Luis Delgado de la Rocha, whom you believe is using the name Fernando López. Fill in the blanks in the dialogue from the list below.*

cabeza	pelo	es
difícil	pedir	salud
dudo	pequeña	camina
sea	pie	

AGENTE: Doctora, usted me dice que está segura que la persona de esta foto no

    _____ Fernando López, su paciente.
             (1)

DOCTORA: Sí, estoy casi segura... Creo que el hombre de esa foto no es él porque

    Fernando tiene una nariz mucho más _____,
                               (2)

    digamos, más normal. Y además, Fernando tiene el

    _____ negro, no rubio.
             (3)

AGENTE: Y...¿qué problemas de _____ (4) ha tenido

su paciente? ¿Alguna enfermedad seria...?

DOCTORA: No, nada muy serio: resfríos, dolores de _____, (5)

algunos problemas no muy serios de la garganta... Nada extraordinario.

Pero hay algo que siempre me ha parecido interesante: Fernando tiene un

_____ (6) mucho más grande que el otro. Por

eso, probablemente, he observado que _____ (7)

muy despacio. Claro que tiene zapatos especiales y, cuando los tiene

puestos, es _____ (8) que uno pueda notar el

problema.

AGENTE: ¡Gracias, doctora! Ahora yo no _____ (9) que

Fernando López y Luis Delgado de la Rocha son la misma persona.

¡El secreto está en el pie...! Doctora, le voy a _____ (10)

un gran favor: que usted me ayude a capturarlo...

DOCTORA: ¿Yo...? Es que todavía me parece imposible que Fernando López

_____ (11) el famoso bandido Luis Delgado de

la Rocha... Pero si usted dice que es él, pues lo voy a ayudar.

B. Dudas y más dudas... *Respond to the following statements using the expressions of doubt on pages 303–304 of your text.*

MODELO   La comida de los hospitales es horrible.
               No creo que toda la comida sea horrible.

1. Es malo para el estómago nadar después de comer.

   _____

2. La vitamina C cura todos los resfríos.

   _____

3. Correr es malo para el corazón.

   _____

4. No es bueno lavarse el pelo todos los días.

_____

5. Las verduras frescas tienen más vitaminas que las cocidas.

_____

6. Todas las mujeres embarazadas comen pepinos con azúcar.

_____

C. **Un caso de nervios.** *Hospitals and doctors have always made Timoteo Miedoso very nervous. When he arrives at his doctor's office for his regular checkup, Señor Miedoso is so nervous that he asks the receptionist for permission to do everything! Help him formulate his requests and have the receptionist respond with expressions of permission. Consult your textbook for expressions to use when asking for, granting, or denying permission.*

MODELO   entrar en la sala de espera
        — **¿Me permite entrar en la sala de espera?**
        — **Sí, está bien... Entre, por favor.**

1. sentarme en esa silla

_____

_____

2. mirar algunas revistas mientras espero

_____

_____

3. salir para hacer una llamada de teléfono

_____

_____

4. pedirle un vaso de agua para tomar un tranquilizante

_____

_____

5. hacerle una o dos preguntas

_____

_____

   135

PARA ESCRIBIR

A. Una carta. *Write a letter telling your friends Pablo and María that you are going to spend a few days in the hospital and that you want them to call you, but not to come if they do not want to. You do not want them to bring you anything. Also mention that your doctor prefers that you not talk too much, and she thinks that you are going to be perfectly well next Tuesday or Wednesday. Tell them that you hope they both feel fine and that you do not want them to worry.*

Queridos Pablo y María:

_____

_____

_____

_____

_____

_____

_____

_____

_____

_____

_____

_____

_____

Besos y abrazos de (*and your signature*)

B. Problemas de aquí... *You are a medical student working as a Peace Corps volunteer in a small village somewhere in Latin America. Following the drawing below, write a brief report describing the village's main problems, and suggesting ways to improve health services for the villagers.*

VOCABULARIO ÚTIL:

vivienda
housing

chapas
(*metal or wood*) *sheets*

Ni se moleste.
Don't even bother.

_____

_____

_____

_____

_____

_____

_____

_____

_____

_____

_____

_____

_____

_____

_____

_____

_____

CAPÍTULO
catorce EN CASA

VOCABULARIO

A. ¿Verdadero o falso? *If the following statements are true, mark V (verdadero). Otherwise, mark F (falso) and rewrite them correctly.*

MODELO Generalmente se lava las manos en el dormitorio. _____V ___x___F
Generalmente se lava las manos en el baño.

1. Uno debe dejar el auto en la alcoba. _____V _____F

_____

2. Aunque se desayune en la cocina,
siempre se cena en la entrada. _____V _____F

_____

3. Cuando llueve, es mejor pasar la noche en el jardín. _____V _____F

_____

4. Una casa con once dormitorios es pequeña. _____V _____F

_____

5. Las cocinas siempre tienen alfombras. _____V _____F

_____

6. Normalmente se guarda la ropa en la alcoba y no en la sala. _____V _____F

_____

7. Es más común encontrar un sillón en la sala que en el baño. _____V _____F

_____

8. Si su casa no tiene techo, es probable
que tenga problemas muy serios. _____V _____F

_____

B. ¿Qué es y dónde está? *Describe the following items and tell where each is in a typical home.*

MODELO

Un escritorio. Es un mueble que usamos para escribir y estudiar. En general, cada estudiante tiene uno en su dormitorio.

1. _____
_____
_____

2. _____
_____
_____

3. _____
_____
_____

4. _____
_____
_____

5. _____
_____
_____

6. _____
_____
_____

I. THE FUTURE TENSE

A. Cambios al futuro. *Change the verbs in the following sentences to the future tense.*

1. Usted se queda en casa, ¿no?

_____

2. Ellos viven cerca de la universidad.

_____

3. Yo limpio mi cuarto.

_____

4. Ella pone el sofá aquí.

_____

5. Salgo mañana para Quito.

_____

6. Ustedes vienen en tren, ¿verdad?

_____

7. ¿Cuándo venden la casa?

_____

8. Tenemos un garage para dos autos.

_____

B. **Consejos de una madre.** *A mother is talking to her daughter the day before her wedding. Complete the sentences with the appropriate future tense forms of the verbs given in parentheses.*

Hija, mañana (1. casarse) _____. Tu padre y yo

(2. estar) _____ muy felices por ti. Toda nuestra familia

(3. venir) _____ a tu boda. Después de la ceremonia, tus

amigos y nosotros (4. ir) _____ al «Club Atahualpa».

Allí (5. haber) _____ una fiesta magnífica en honor de

ustedes. Tu tía Filomena les (6. hacer) _____ la torta de

boda. Todos nosotros (7. divertirse) _____ mucho y

ustedes (8. recibir) _____ muchos regalos. ¿Ya saben

adónde (9. ir) _____ de luna de miel? Después de

algunos años, ustedes (10. tener) _____ tres o cuatro

hijos y tu padre y yo (11. jugar) _____ con los nietos,

como lo hicimos contigo hace algunos años. Estoy segura de que tú (12. ser)

_____ muy feliz en tu nueva vida.

C. Diálogos breves... *The following exchanges are common references to upcoming events. Complete the responses, putting the verb in the future tense.*

MODELO ¿Ya hablaste con Arturo?
No, y creo que nunca **hablaré** con él.

1. — ¿Ya has visto los muebles que compró Lidia la semana pasada?

— No, no he tenido tiempo. Los _____ la semana que viene.

2. — ¿A qué hora sale el avión para Cuzco?

— Pues, parece que ese avión _____ pronto, a las 3:25 P.M.

3. — Tus amigos no se han puesto de acuerdo...

— No, todavía no..., pero creo que _____ de acuerdo muy pronto.

4. — Ricardo, lo siento mucho, pero no he hecho el trabajo que me pediste.

— No te preocupes. ¿Cuándo lo_____?

5. — Ahora es muy caro pintar una casa tan grande.

— Lo sé. Por eso Marta y yo la _____ este verano.

6. — Esta casa es magnífica... ¡y los dormitorios son enormes! ¿Pueden comprarla...?

— ¡Claro que no! Creo que nosotros jamás _____ comprar una casa como ésta.

D. ¿Futuro seguro o presente probable...? *Determine if each italicized verb expresses future time or probability in the present time, and mark the corresponding space. Then choose the most appropriate response to the statement.*

	Future Time	Probability
MODELO ¿Qué *hará* Tomás esta noche?	x	_____
_x_ a. Irá al cine.		
_____ b. Vendré aquí.		
_____ c. En el patio.		

1. Hace mucho tiempo que no veo a Rosa. ¿Dónde *estará*? _____ _____

_____ a. En el garaje.

_____ b. De viaje.

_____ c. A las ocho.

2. No tengo reloj. ¿Qué hora *será*?   _____ _____

      _____ a. No lo sé.

      _____ b. Serán las chicas.

      _____ c. Ella y su primo.

3. Víctor está furioso. *¿Será* por algo que dije...?   _____ _____

      _____ a. No te preocupes.

      _____ b. En el comedor mañana.

      _____ c. Estoy contento.

4. Paco, te *mandaré* el cheque ahora mismo.   _____ _____

      _____ a. Les daré dos cheques.

      _____ b. ¡Gracias! Lo necesito...

      _____ c. La llevarán el sábado.

5. ¿No se *dará* cuenta de lo que hace?   _____ _____

      _____ a. Claro que pagará la cuenta.

      _____ b. ¿Cómo se dice?

      _____ c. Tú lo sabrás mejor que yo; lo conoces bien.

II. THE CONDITIONAL MOOD

A. Decisiones. *Mark the verb form that is in the conditional mood.*

MODELO _____ hacía _____ había **x** habría _____ haremos

1. _____ vendría _____ vendía _____ trabajaba _____ seguiré

2. _____ hecho _____ hubo _____ habíamos _____ harías

3. _____ serías _____ era _____ iré _____ irán

4. _____ sepa _____ supe _____ sabría _____ saldrán

5. _____ dio _____ dábamos _____ digan _____ daría

6. _____ pusieron _____ pongan _____ pondrán _____ pondrían

7. _____ irían _____ fue _____ íbamos _____ vendré

B. Visión desde el pasado. *Rewrite each sentence in the past according to the cue, changing the second verb to the conditional.*

MODELO Creo que venderán la casa despúes del divorcio. (Creía)
Creía que venderían la casa despúes del divorcio.

1. Siempre me dice que comprará una lámpara más grande.   (decía)

   _____

2. Creemos que es preferible una boda tradicional.   (Creíamos)

   _____

3. Le digo que no haremos nada.   (Le dije)

   _____

4. Creo que el autobús parará en esa esquina.   (Creía)

   _____

5. Sé que habrá mucha gente en la reunión.   (Sabía)

   _____

6. Dicen que Arequipa es un lugar ideal para una luna de miel.   (Decían)

   _____

C. En busca de apartamento. *Complete the following dialogue using the appropriate conditional form of the verb in parentheses.*

MODELO JAVIER: Luis, ¿**podrias** acompañarme a buscar apartamento?   (poder)

LUIS: Ya te dije que _____ a tu casa a las cuatro.

(llegar)

JAVIER: ¿Pero no _____ venir un poco antes, a la una,

por ejemplo...?   (poder)

LUIS: Pues..., Raúl y Susana me dijeron que ellos _____

por aquí a esa hora.   (pasar)

JAVIER: ¡Pero ellos no _____ de tu casa ni a las seis!

Sabes cómo les gusta hablar...   (salir)

LUIS: Mira, yo con mucho gusto te _____, pero

como ves, no puedo ir a esa hora. Tal vez Fernando y yo te ayudemos

mañana... por la tarde. (acompañar)

JAVIER: ¿Mañana por la tarde? Pero yo le prometí a Dolores que la

_____ al cine. (llevar)

LUIS: Javier, _____ decidir qué es más importante:

encontrar apartamento o ver una película... (deber)

D. El amor no paga las cuentas. *Raúl and Enrique are sharing an apartment in downtown Lima when some problems arise. Complete the following dialogue by translating the portions in English and using the conditional to express probability in the past.*

MODELO   *What would you do in Raúl's place?*
   ¿Qué haría usted en el lugar de Raúl?

(Suena el timbre.)   Rrrrriiiiinnnnnn, rrriiiinnnn.

Enrique le dice a su amigo Raúl, — ¡No contestes!

(Suena otra vez.)   Rrrriiiiinnnn. *(Nadie contesta.)*

RAÚL: *Who could that have been?*

_____
(1)

ENRIQUE: *It was probably*

_____ el dueño (*landlord*).
(2)
No pagué el alquiler (*rent*) este mes.

RAÚL: *You probably forgot*

_____, ¿verdad?
(3)

ENRIQUE: No, no olvidé pagarlo.

RAÚL: Entonces el banco... *was probably closed*

_____ cuando fuiste por el dinero.
(4)

ENRIQUE: No, el banco no estaba cerrado cuando fui a buscar el dinero.

RAÚL: Entonces, el cheque... *was probably in the mail*

_____ .
(5)

ENRIQUE: No, el cheque no estaba todavía en el correo.

RAÚL: No comprendo. Yo te di mi parte hace tres semanas..., ¿no?

ENRIQUE: Sí..., pero... yo le compré un anillo a mi novia.

RAÚL: ¡¡Ayyy!! El amor no sólo es ciego (*blind*): ¡también es estúpido!

¿Qué haría usted en el lugar de Raúl? Describe your reaction.

_____

_____

_____

III. THE PRESENT PARTICIPLE AND THE PROGRESSIVE TENSES

A. El gerundio. *Mark the gerund or present participle in each series.*

MODELO _____ comido __x__ comiendo _____ trajeron _____ traían

1. _____ decían   _____ digan   _____ trayendo   _____ traído

2. _____ siguiendo   _____ seguido   _____ creído   _____ creen

3. _____ andan   _____ andando   _____ oigan   _____ oyeron

4. _____ leen   _____ leían   _____ jugado   _____ jugando

5. _____ habrán   _____ miraría   _____ besaba   _____ esperando

6. _____ dando   _____ descubierto _____ costaban   _____ ido

B. En este momento. *Rewrite the following sentences, changing the verbs in the present tense to the present progressive.*

MODELO Raúl lee un libro de español.
En este momento Raúl está leyendo un libro de español.

1. Esteban saca el auto del garaje.

   _____

2. Anita y Pepito duermen en el dormitorio de Susana.

   _____

3. Tú le escribes una carta a Ramona.

   _____

146

4. Nosotros limpiamos la cocina.

_____

5. Yo estudio para un examen.

_____

C. En la residencia universitaria. *Describe where each person in the picture is and what each of them is doing right now. Use the following verbs in the present progressive tense:* ***leer, comer, hablar, mirar, tomar, escribir.***

MODELO **Carmen y Marta están en la sala. Ellas están sentadas en un sofá y en este momento están hablando de su clase de filosofía.**

Carmen y Marta   Elena   Eduardo

Juana y Roberto   Felipe

_____

_____

_____

_____

_____

_____

_____

_____

_____

_____

147

D. Un fin de semana en casa. *You often don't have time to simply enjoy the daily activities of your home, but last weekend you had a chance to relax. Complete the sentences with the past progressive of the indicated verbs to tell your friend of the pleasant days spent.*

MODELO (jugar)   Los niños **estaban jugando** en el jardín.

1. (cocinar)   Mamá _____ para el domingo.

2. (tocar)   Juana _____ el piano.

3. (mirar)   La familia _____ televisión.

4. (leer)   Yo _____ el periódico.

5. (divertirse)   Todos nosotros _____ sin salir de casa.

6. (hacer)   Y dime, ¿qué _____ tú...?

FUNCIONES Y ACTIVIDADES

A. ¿Qué será, será? *Use these expressions of possibility and probability to write sentences about what your life will be like after you graduate.*

1. Seguramente _____

_____

2. Por cierto _____

_____

3. Es poco probable que _____

_____

4. Tal vez _____

_____

5. Creo que _____

_____

6. Es posible que _____

_____

7. No hay duda de que _____

_____

B. Problemas y pedidos. *Imagine what the people indicated in the pictures are saying. Complete their requests using the cues given below.*

1.   2.   3.   4.

1.   MARTA: Jorge, ¿me haces el favor de _____ ?

En realidad, _____

y quisiera _____ .

2.   CARLOS Y
GLORIA: Luis, ¿no quisieras _____

_____ ?

3.   ROBERTO Y
RAÚL: Ramón, ¿nos puede _____

_____ ?

4.   EDUARDO: Carolina, ¿te puedo _____

_____ ?

C. ¿Un típico apartamento estudiantil...? *Describe the following scene in Spanish.*
Is it typical or representative of dormitory living? Why? Explain.

_____

_____

_____

_____

_____

_____

_____

_____

_____

_____

_____

_____

_____

PARA ESCRIBIR

La casa de mis sueños... *Write a paragraph describing the type of apartment or house you would like to have in the future.*

_____

_____

_____

_____

_____

_____

_____

_____

_____

_____

_____

_____

CAPÍTULO
quince **SENTIMIENTOS Y EMOCIONES**

VOCABULARIO

A. Asociaciones. *We all experience a range of emotions and consider some unpleasant and others pleasant. Drawing from the verbs below, list on the left those that evoke pleasant feelings and on the right those that evoke unpleasant feelings. Add other verbs to the lists if you wish.*

asustarse	sentirse feliz	ponerse contento
estar avergonzado	reírse	estar orgulloso
matar	besar	aburrirse
viajar	llorar	estar deprimido
enamorarse	enojarse	sentirse triste
tener miedo	abrazar	

agradable   **desagradable**

_____   _____

_____   _____

_____   _____

_____   _____

_____   _____

_____   _____

_____   _____

_____   _____

B. Acciones y reacciones. *Ana is trying to help Rosa calm down. Complete the dialogue by circling the correct word for each case.*

ANA: ¿Qué te pasa, Rosa? ¡Estás tan pálida! ¿Estás (asustada / orgullosa)?

ROSA: Sí, no vas a creerlo; es que pasó algo increíble. ¡Qué (asustada / alegre) estoy!

ANA: Dime... ¿Qué pasó?

ROSA: Mirabel y yo íbamos al centro en su nuevo auto. Ella estaba muy (contenta / risa) y (se reía / conducía) muy rápidamente; por eso no vio a un señor que estaba en la esquina enfrente del correo; ¡casi lo mató (*killed*)! Claro, ella estaba (avergonzada / feliz); bajó del auto y le pidió perdón. Pero él estaba tan

153

(alegre / furioso) y le dijo cosas tan horribles que a Maribel le dio (risa / rabia) y (se enojó / se vio) muchísimo.

ANA: ¡Qué barbaridad! ¿Recuerdas lo que (*what*) dijo el hombre?

ROSA: ¡Cómo, no!, pero me da (vergüenza / orgullo) repetir sus palabras. A mí también me dio (vergüenza / rabia) la actitud de él, pero ahora que lo pienso, todo el incidente me parece un poco cómico y me da (noticias / risa).

I. USES OF THE INFINITIVE

A. **¿Sí o no?** *Answer the questions in either the affirmative or the negative using an infinitive.*

MODELO ¿Es necesario que yo sepa guaraní para estudiar en Asunción?
No, no es necesario saber guaraní para estudiar en Asunción.

1. ¿Es bueno que estés a dieta?

   _____

2. ¿Es necesario que compremos pasajes de ida y vuelta?

   _____

3. ¿Es importante que yo salga antes de las cinco?

   _____

4. ¿Es posible que durmamos en el tren expreso?

   _____

5. ¿Es malo que corran después de comer?

   _____

B. Decisiones. *Mark the most appropriate choice to complete each of the following sentences.*

MODELO _____ a la fiesta, vi que todos estaban contentos.

    __x__   a.   Al llegar

    _____   b.   Acabo de comprar

    _____   c.   Me gusta acompañar

1.   Usted debe descansar o tomar un poco de vino _____ por todo.

    _____   a.   para no preocuparse

    _____   b.   para recordar

    _____   c.   al acostarse

2.   El _____ a Leonor no es una buena idea en este momento.

    _____   a.   ponerse

    _____   b.   mentir

    _____   c.   tener prisa

3.   Vístete mejor _____ con ellos.

    _____   a.   para llorar

    _____   b.   si quieres matar

    _____   c.   antes de salir

4.   Es verdad que Pepito _____ y por eso no quiere que lo veamos.

    _____   a.   acaba de llorar

    _____   b.   tener suerte

    _____   c.   pensar mucho

5.   Por _____, Ud. no escuchó que yo lo llamaba.

    _____   a.   tener tanta prisa

    _____   b.   mentir

    _____   c.   vamos a ver

C. Letreros. *You are about to leave for a trip to Asunción, Paraguay, and want to know what kinds of signs you will encounter. A friend shows you these pictures. What do they mean? You might have to consult your dictionary.*

MODELO   1.   **Ladies and Gentlemen (restrooms)**

2. _____

3. _____

4. _____

5. _____

6. _____

7. _____

8. _____

Here are some additional signs you might see. Give their meanings.

9. NO FUMAR: _____

10. TIRAR: _____

11. EMPUJAR: _____

12. NO ESTACIONAR: _____

13. NO FIJAR CARTELES: _____

14. NO DOBLAR A LA IZQUIERDA: _____

II. THE SUBJUNCTIVE IN DEPENDENT CLAUSES THAT FUNCTION AS ADJECTIVES

A. Conclusiones lógicas. *Mark the response that most appropriately completes each of the following sentences.*

MODELO   Prefiero que me construyas una casa que...

    _____ a. es de estilo colonial.

    _____ b. está en el centro.

    __x__ c. tenga dos patios.

1. Me parece que Ud. debe buscar un amigo que...

    _____ a. la comprenda.

    _____ b. la visita.

    _____ c. tiene dinero.

2. Es importante casarse con alguien que...

    _____ a. se lleve bien con uno.

    _____ b. no tiene problemas económicos.

    _____ c. va a muchas fiestas.

3. No hay nada aquí que...

    _____ a. me ofende.

    _____ b. me guste.

    _____ c. me da vergüenza.

4. Gustavo está casado con una mujer que...

    _____ a. acaba de ganar la lotería.

    _____ b. lo salude todos los días.

    _____ c. esté deprimida.

5. No debes pensar en nada que...

_____ a. te gusta.

_____ b. te asusta.

_____ c. te ponga triste.

6. Yo sé que el amor es algo que...

_____ a. busquen los jóvenes.

_____ b. tenga la gente con buena salud.

_____ c. no se puede comprar ni vender.

B. Actitud negativa. *Change the following sentences to the negative. Remember to use* **alguno(-a)** *and* **ninguno(-a)** *in the singular.*

MODELO Hay alguien aquí que puede hacerlo.
No hay nadie aquí que pueda hacerlo.

1. Conozco a algunas personas que se enojan fácilmente.

_____

2. Tiene algunos amigos que son supersticiosos.

_____

3. Necesito a alguien que conozca al presidente.

_____

4. Venden algo que yo puedo comprar.

_____

5. Así ofendes a alguien que es inocente.

_____

C. Deseos de todos. *Something is always missing. Complete the following sentences in any way that seems appropriate.*

1. Buscamos una profesora que _____

2. Juanita quiere un novio que _____

3. Quiero encontrar un empleo que _____

4. Aquí no hay nadie que _____

5. Necesito a alguien que me _____

6. Quiero un libro de español que _____

III. THE SUBJUNCTIVE WITH CERTAIN ADVERBIAL CONJUNCTIONS

A. Conspiración en clase. *Some students are chatting before class. Express their thoughts by combining the sentences in each item with the conjunction in parentheses.*

MODELO   No puedo ir. Tú vienes conmigo. (a menos que)
                    No puedo ir a menos que tú vengas conmigo.

1. Vamos a hablar. El profesor nos llama.   (antes de que)

   _____

2. Debes volver pronto. El profesor empieza la clase más temprano.   (en caso de que)

   _____

3. No podemos casarnos. Nos queremos.   (sin que)

   _____

4. No te doy este anillo. Me das diez mil guaraníes.   (a menos que)

   _____

5. Soy puntual. El profesor no se enoja.   (para que)

   _____

6. Te mando este libro. Tienes algo que leer.   (para que)

   _____

B. ¡Cuidado con el monstruo! *Refer to the drawings to complete each of the accompanying sentences with the appropriate form of a verb from the following list. Do not use a verb more than once.*

ser / despertarse / estar / correr / poder / recibir / reírse / ver / llorar

1. El monstruo va a matarlos a menos que...

   a. todo _____ un sueño.

   b. _____ muy rápidamente.

   c. _____ ayuda.

2. Ella le da un regalo para que el niño...

   a. _____.

   b. no _____ más.

   c. _____ contento.

3. Tratan de salir de la casa sin que su tío...

   a. _____ enojarse.

   b. _____.

   c. los _____.

C. ¿Subjuntivo o indicativo? *Complete each sentence with the appropriate indicative or subjunctive form of the verb in parentheses.*

1. (llegar)   Voy a salir cuando ellos _____.

2. (ver)   El niño empezó a llorar tan pronto como _____ a su mamá.

3. (enojarse)   No me habló hasta que (yo) _____.

4. (decir)   No me iré hasta que usted me _____ la verdad.

5. (casarse)   Volverás aquí después de que tú y Luis _____, ¿no?

6. (hablar)   Siempre hago algo mientras _____ por teléfono.

D. Bruno el perfecto. *Complete the passage using the present indicative or subjunctive of the verbs given in parentheses.*

Bruno Figueroa es un hombre que siempre trata de reírse aunque (1. estar)

_____ enojado o (2. sentirse) _____

deprimido. Él casi siempre está contento, a menos que su esposa Julia (3. estar)

_____ triste por alguna razón. En ese caso se queda en

casa con ella por unas horas para que los dos (4. poder) _____

hablar y entenderse. También, si él ve que su hija se ha asustado por algo o tiene un poco

de miedo, juega con ella para que la niña no (5. empezar) _____

a llorar. Si alguien lo (6. ofender) _____, él se queda

muy tranquilo y espera hasta que la otra persona le (7. pedir) _____

perdón o lo deje en paz. Claro, si ustedes dudan que exista un hombre tan perfecto, les

presento a Bruno para que lo (8. ver) _____ y

(9. creer) _____ esto que les estoy diciendo.

FUNCIONES Y ACTIVIDADES

A. Reacciones lógicas. *Respond to the following situations, using one of the expressions on pages 351–352 of your text. Explain the reason for your reaction.*

1. Acabas de recibir un anillo de oro de tu novio(-a).

   _____

   _____

2. Tu compañero(-a) de cuarto encuentra el suéter que perdiste.

   _____

   _____

3. Tu hermano(-a) rompe tu disco favorito.

   _____

   _____

4. El padre de un amigo va a morirse pronto.

_____

_____

5. Te das cuenta de que tu novio(-a) sale con otra(-o).

_____

_____

6. Olvidaste el aniversario de tus padres.

_____

_____

7. El precio de la gasolina va a bajar a noventa centavos el galón.

_____

_____

B. Situaciones variadas. *Describe different situations appropriate for each of the following expressions.*

MODELO   ¡Qué alegría!
          Mi equipo favorito ganó un partido importante.

1. ¡Qué sorpresa!

_____

2. ¡Por fin!

_____

3. ¡Cuánto me alegro!

_____

4. ¡Esto es el colmo!

_____

5. ¡Qué suerte!

_____

6. Lo siento (mucho).

_____

7. No importa.

_____

C. Crucigrama.

Horizontales

1. interj., cognado de *ah!*
3. adjetivo posesivo (pl.)
6. femenino de **hijo**
10. grupo de doce elementos
13. en inglés se dice *shower*
15. artículo definido
16. imperfecto de **temer**
17. forma de llamar a la **madre**
18. terminación de infinitivo
19. mandato de **dar** (**tú** *form*)
20. en inglés se dice *lamp*
21. en inglés se dice *meat*
22. presente de **esquiar**
24. deporte que se practica en el invierno
26. profesión del que hace pan
30. en inglés se dice *oven*
32. futuro de **lavar**
34. mueble usado para dormir
35. preposición
36. presente de **ser**
39. en inglés se dice *already*
41. pronombre posesivo
42. cuarto donde uno duerme
43. mandato de **comer** (**tú** *form*)
45. contracción
46. opuesto a **venir**
49. presente de **leer**
52. en inglés se dice *anger*
54. participio pasado de **ir**
55. presente de **soñar**
56. sinónimo de **escuchar**
58. presente de **reír**
59. sustantivo (*noun*) relacionado con el verbo **reír**
60. pretérito de **dar**
61. cognado de *devout*
64. subjuntivo presente de **pasar**
65. adjetivo demostrativo
66. en inglés se dice *decoration*

Verticales

1. en inglés se dice *besides*
2. en inglés se dice *hello*
3. futuro de **ser**
4. artículo indefinido
5. abreviación de **Sociedad Anónima**
7. mandato de **ir** (**vosotros** *form*)
8. femenino de **judío**
9. abreviación de **antes de Cristo**
11. Sin _____, equivalente de *However*
12. lugar donde se pone el auto
14. presente de **abrir**
16. forma afirmativa de **tampoco**
18. antigua civilización indígena del Perú
19. parte de la mano
20. en la casa, lugar donde uno lava la ropa (pl.)
23. futuro de **usar**
25. terminación de participio pasado (**-er** *verbs*)
27. femenino de **conservador**
28. sirve para escuchar música
29. en inglés se dice *shirts*
30. en inglés se dice *there is (are)*
31. nota musical
33. presente de **ver**
36. el nombre *Emma*, en español
37. plural de **sillón**
38. futuro de **doler**
40. variante de **aquí**
44. adjetivo posesivo
47. plural de **pobre**
48. plural de **libro**
50. en inglés se dice *review*
51. lugar donde se cultivan flores y plantas de adorno
53. en inglés se dice *other* o *another*
57. pasaje de _____ y vuelta
62. mandato de **ir** (**tú** *form*)
63. pronombre reflexivo

PARA ESCRIBIR

Querida Ramona... *Every week you read the* **Querida Ramona** *column of your local paper because you find there good, solid, very practical advice. Today you have a problem of your own... So, write a short letter (8–10 sentences) addressed to* **Querida Ramona** *explaining your problem and asking for advice.*

PROBLEMAS POSIBLES:

1. La semana pasada conoció a alguien y cree que está enamorado(-a) de esa persona. No sabe cómo decírselo a su novia(-o)...

2. Sabe que la novia (el novio) de su mejor amigo(-a) es una persona deshonesta, mentirosa y oportunista. Su amigo(-a) está muy enamorado(-a) y no quiere hacerlo(-la) sufrir...

3. La novia (El novio) de su hermano(-a) asiste a la misma universidad que usted. Hace 3–4 semanas que usted la (lo) ve frecuentemente con un(a) compañero(-a) de su clase de español y anoche los sorprendió besándose... No sabe si debe o no contárselo a su hermano(-a)...

4. Usted siente mucha atracción por un(a) estudiante de su universidad pero como es muy tímida(-o) no sabe cómo hacer para hablar con él (ella) o para invitarlo(-a) a ir a algún lugar juntos...

5. Usted está locamente enamorado(-a) de la novia (del novio) de su compañero(-a) de cuarto. Se pregunta si debe tratar de "robarle" la novia (el novio) a su compañero(-a) o si es mejor tratar de olvidarla(-lo)...etc., etc., etc.

_____

_____

_____

_____

_____

_____

_____

_____

_____

_____

NOMBRE_____ FECHA_____ CLASE_____

CAPÍTULO *dieciséis* DE COMPRAS

VOCABULARIO

A. Tiendas y más tiendas. *Guess what is sold in each of the following stores.*

MODELO librería   books

1. frutería _____
2. pescadería _____
3. florería _____
4. zapatería _____

5. lechería _____
6. panadería _____
7. carnicería _____
8. mueblería _____

B. ¿A qué tienda vamos? *Select from the list below the things you buy in each of the following stores. Some words might fit into more than one category.*

abrigo	alfarería	arroz	azúcar
termómetros	bananas	blusa	bolso
medicinas	cama	camisa	carne
cerámica	vitaminas	falda	huevos
leche	lechuga	manzanas	mesas
naranjas	pan	pantalones	pescado
piña	pollo	poncho	queso
silla	sofá	aspirina	sombrero
suéter	tapices	tomates	torta
vestido	cosméticos	vino	zapatos

1. tienda: _____

_____

_____

2. mercado: _____

_____

_____

3. farmacia: _____

_____

_____

4. almacén: _____

_____

_____

5. mueblería: _____

_____

_____

I. THE IMPERFECT SUBJUNCTIVE

A. Decisiones. *Mark the verb that is in the imperfect subjunctive.*

MODELO _____ regateaba _____ regateará __x__ valieran _____ valieron

1. _____ rebajaran _____ rebajaba _____ deberían _____ debieron

2. _____ pediría _____ pedido _____ gastáramos _____ gastábamos

3. _____ ahorraremos _____ ahorráramos _____ hicieron _____ harán

4. _____ estarán _____ estaban _____ sería _____ fueran

5. _____ valiera _____ valdrán _____ quisieron _____ querían

6. _____ saludaron _____ ayudará _____ naciera _____ aumentaron

B. Visión desde el pasado. *Change the following sentences from the present to the past tense. Note that the main clause may require the preterit or imperfect, according to the meaning of the sentence.*

MODELO Quiero que usted vaya con la dependiente.
Quería que usted fuera con la dependiente.

1. Me pide que le compre un poncho en el mercado.

_____

2. Dudamos que ellos paguen tanto por esa cerámica.

_____

3. Su madre le pide que no vea más a Ramón.

_____

4. Esperamos que Ana ahorre su dinero.

_____

5. Es mejor que pidan eso en una boutique del centro.

_____

6. Es necesario que regatees en el mercado.

_____

7. Busco un banco que me cambie este cheque.

_____

8. Quieren ver ese tapiz antes de que se lo des a tu amiga.

_____

C. Tía Ana, la sabelotodo.   *Tía Ana knows all there is to know about shopping. Complete Catalina's responses, changing the verbs to the imperfect subjunctive. Follow the model.*

MODELO   TÍA ANA: Quiero que compres donde haya ofertas y nos conozcan.
              CATALINA: Lo sé. Ayer ya me dijiste que **comprara donde hubiera ofertas y nos conocieran**.

1.   TÍA ANA: Mira, Catalina, te voy a pedir que vayas al mercado antes de que lo cierren.

    CATALINA: Claro, tía Ana. También ayer me pediste que _____

    _____

2.   TÍA ANA: Y recuerda, hija... Es mejor que manejes con cuidado y que no tengas prisa.

    CATALINA: Sí, el otro día ya me dijiste que era mejor que _____

    _____

3.   TÍA ANA: Espero que trates de regatear para que nos den los mejores precios posibles.

    CATALINA: Lógico, pero ayer también me dijiste que _____

    _____

4.   TÍA ANA: Es muy importante que no compres nada que no esté en oferta.

    CATALINA: Sí, mi querida tía, ayer también era importante que _____

    _____

5. **TÍA ANA:** Bueno, quiero que lleves más dinero en caso de que veas algo muy bueno en oferta.

    CATALINA: Recuerdo que la semana pasada también querías que _____

    _____

6. **TÍA ANA:** Es probable que vendan las mejores cosas muy temprano y que no quede nada interesante después.

    CATALINA: Siempre la misma historia. Ayer me dijiste que era probable que

    _____

    _____

7. **TÍA ANA:** Y te digo que no pares en ninguna parte para hablar con tus amigos, ¡aunque te pidan que tomes una cerveza con ellos!

    CATALINA: ¡Dios mío! ¿Otra vez con eso? ¡Nunca cambiarás, tía! Ayer también me

    dijiste que _____

    _____

8. **TÍA ANA:** Pero, Catalina, ¡sólo pienso en ti! Me parece increíble que no quieras seguir los consejos de una buena tía...

    CATALINA: Por supuesto. Ayer también te pareció increíble que _____

    _____

D. Con cortesía. *Write the sentences below in a more polite fashion by using the imperfect subjunctive.*

MODELO   Quiero mostrarle otros ponchos, señora.
             Quisiera mostrarle otros ponchos, señora.

1. Quiero cambiar estos boletos.

    _____

2. Tú debes llamar antes de salir.

    _____

3. Ella quiere que usted la acompañe.

    _____

4. Ustedes deben tener sus maletas preparadas.

    _____

II. *IF* CLAUSES

A. Si fuera posible... *Gabriela is determined to find out what Natalia would do in certain situations. Rewrite her original question according to the answer Natalia gives her, using the appropriate if-clause construction.*

MODELO — Gabriela, si tienes tiempo, ¿irás de compras conmigo?
— Es que no tengo tiempo. Lo siento mucho.
— Bueno, pero **si lo tuvieras, ¿irías...?**

1. —Natalia, si encuentras el suéter que me gusta, ¿me lo darás?

   —Pero Gabriela, yo sé que no lo encontraré.

   —Bueno, pero _____

2. —Si el poncho que vimos ayer en esa tienda vale menos de cuatrocientos bolívares, ¿lo comprarás?

   —Pero creo que vale mucho más.

   —Bueno, pero _____

3. —Si el señor Villa rebaja sus precios, ¿comprarás en su tienda?

   —Pero Gabriela, es probable que no los rebaje.

   —Bueno, pero _____

4. —Si Héctor se enamora de alguien que trabaja con él, ¿ustedes se divorciarán?

   —¡Qué idea más ridícula! Mi esposo nunca se enamoraría de otra mujer...

   —Claro..., pero quiero estar segura. Si _____

5. —Si le aumentan el sueldo a Héctor, ¿él te llevará a Europa?

   —Mira, no le van a aumentar el sueldo ni en mil años; siempre ganará poco.

   —Puedes creer eso ahora, pero si _____

   _____

6. —Este... Natalia..., si Héctor sabe que estoy diciendo estas cosas, ¿se ofenderá?

   —No te preocupes. No lo va a saber.

   —Bueno, pero en un caso hipotético, si él lo _____

7. —Si te hago más preguntas, podemos hablar toda la tarde, ¿verdad?

   —Ay, Gabriela, espero que no me hagas más preguntas.

   —Bueno, pero si _____

B. Meditaciones de un trabajador.   *Luis is thinking about his work situation. Complete the following passage by circling the appropriate forms of the verbs in parentheses.*

Si yo (paso / pasaría / pasaba) mucho tiempo en una tienda, me (puse / pongo / puesto) muy triste, porque sé que no puedo comprar nada. Si (pudiera / podré / pudo) encontrar un trabajo que pagara mejor, yo (dejaré / dejando / dejaría) este apartamento para que mi mujer y nuestros tres hijos (tendrán / tenían / tuvieran) una vida mejor. Claro, eso (paso / pasará / pasara) si me (aceptarán / aceptan / aceptarían) en el programa especial de ciencias de computación que me interesa, porque así (podré / pudo / pueden) aprender mucho y aumentar mis posibilidades. Pero no sé si eso será posible, pues si (tengo / tendría / tuviste) que trabajar día y noche por este sueldo miserable, ¿qué futuro nos (espera / esperara / esperó)?

C. Hipotéticamente.   *Complete the sentences, telling what you would do in the following hypothetical circumstances.*

1. Si yo tuviera una semana de vacaciones, _____

2. Si yo necesitara mucho dinero, _____

3. Si yo tuviera mil dólares en este momento, _____

4. Si hoy hiciera mucho calor, _____

5. Si ya hablara español perfectamente, _____

D. No me gusta porque...   *Marta doesn't like Lorenzo, who keeps asking her for a date. She is telling her friend Sara about him. Finish her sentences with critical statements as she might.*

1. Conduce el auto como si _____

2. Come como si _____

3. Habla como si _____

4. Fuma todo el día como si _____

5. Se viste como si _____

III. OTHER USES OF *POR* AND *PARA*

A. ¿Por o para?   *Complete the following sentences with **por** or **para**, as appropriate.*

1. Viajaron _____ toda América del Sur.

2. Esas flores son _____ mamá.

3. Pagamos cien dólares _____ esos tapices.

4. Vamos a salir _____ Colombia el jueves que

   viene; pensamos viajar _____ avión.

5. Caminamos _____ el parque

   _____ llegar a la universidad.

6. Elvira trabajó más de cinco años _____ el
   periódico *El País*.

7. La composición sobre Machu Picchu es _____ el
   miércoles.

8. _____ españoles, ellos hablan muy bien el inglés.

9. Raúl nos llama _____ teléfono todos los días.

10. Ayer salieron _____ Lima.

B. Frases lógicas. *Form logical sentences using the following expressions with* **por**.

   MODELOS (por lo general)
   Por lo general, papá no trabaja los fines de semana.

   (por lo tanto)
   Ayer no me sentía bien; por lo tanto no fui a clase.

1. (por lo menos)

   _____

2. (estar por)

   _____

3. (por ciento)

   _____

4. (por última vez)

   _____

5. (por casualidad)

   _____

C. Traducción. *Give the Spanish equivalent for the following sentences.*

1. I'll come for you (*tú*) after dinner.

   _____

2. They couldn't see through the window.

_____

3. The woman ought to call us on the telephone.

_____

4. She has to go to the pharmacy in order to buy some aspirin and vitamins for her mother.

_____

_____

FUNCIONES Y ACTIVIDADES

A. Reacciones positivas y negativas. *Study each of the following pictures where someone is reacting to a situation. Use an expression of satisfaction or dissatisfaction from the list below to give the reaction of the person pictured. Be sure to use all the expressions!*

¡Esto (Eso) es fabuloso!
¡Esto (Eso) es justo lo que nos faltaba!
¡Esto (Eso) es insoportable!

¡Esto es buenísimo!
Es demasiado. Esto (Eso) no es aceptable.
Esto (no) me gusta... porque...

MODELO ¡Esto es fabuloso!

1. _____

2. _____

3. _____

4. _____

5. _____

6. _____

B. En una super-tienda venezolana. *Your friend Ana is at a big department store buying a few items she needs for her trip back to the USA next week. Complete the dialogue she has with the salesperson by filling the blanks with the appropriate expressions for making a purchase (on page 374).*

ANA: Busco un vestido de verano y un par de pantalones blancos o azules.

VENDEDOR: Hoy tenemos una gran liquidación... ¿ _____ ?
(1)

ANA: Uso talla 36.

VENDEDOR: Pues mire, ahí mismo tiene varios vestidos y pantalones en tallas 36 y 38.

ANA: ¡Qué bien! Voy a probarme algunos... ¿Dónde está _____ ?
(2)

VENDEDOR: Allá a la izquierda, al lado de la «sección zapatería»...

ANA: ¡Ah! También necesito unas sandalias blancas...

VENDEDOR: ¡Hoy es su día de suerte! Todas nuestras sandalias están en oferta...

¿ _____ ?
(3)

ANA: Calzo 36.

VENDEDOR: Pues aquí tiene dos pares de sandalias muy elegantes en su número.

¿Por qué no se las _____ ?
(4)

ANA: Sí, voy a probármelas... Estas me quedan _____ (*big*) pero
(5)

estas otras me quedan bien y _____
(6)

con todos los vestidos que me gustan.

VENDEDOR: Entonces..., ¿se las _____ o las lleva _____ ?
(7)   (8)

ANA: Envuélvamelas mientras voy al _____
(9)

a _____ estas ropas..., ¿de acuerdo?
(10)

VENDEDOR: De acuerdo. Aquí la espero, señorita...

PARA ESCRIBIR

¡Tal vez fuera posible! *Choose one of the topics below and write a brief composition describing what you would do in that situation.*

1. Si pudiera vivir en otro siglo (*century*), ¿en qué siglo viviría? ¿Por qué?
2. Si fuera muy rico(-a) y no necesitara trabajar, ¿qué haría con su tiempo libre...? Explique.
3. Si tuviera cien mil dólares en este momento, ¿cómo los gastaría?
4. Si lo (la) eligieran presidente(-a) de su país, ¿cuáles serían los primeros tres cambios de su gobierno? ¿Por qué?

_____

_____

_____

_____

_____

_____

_____

_____

_____

_____

SELF-TEST III*

I. USE OF THE SUBJUNCTIVE

Cross out the words that a Spanish speaker would not be likely to say.

Modelo   ~~Es mejor~~ / *Es cierto* que yo estoy muy contento.

1. *Se alegró mucho de / No sabía* que se casaran.
2. *Sabe / Tiene miedo* que lleguemos tarde.
3. *Me sorprende / Creo* que ellos venden la casa.
4. *Dudo / Sé* que Susana vaya al cine hoy.
5. *Es cierto / No es cierto* que él tenga dolor de cabeza.
6. *No había nadie / Había alguien* allí que pudiera hacerlo.
7. *Supo / Esperaba* que ellos llegaron temprano.
8. El médico *cree / no cree* que Silvia esté enferma.

II. FORMS OF THE PRESENT SUBJUNCTIVE

Complete the following sentences with the present subjunctive of the verbs in parentheses. Remember that the subjunctive is used:

A. With verbs of expectations and feelings.

   1. Mamá tiene miedo que nosotros no _____
       (estar) allí a las doce.

   2. Ojalá que él _____ (tener) las entradas.

   3. Esperamos que ellos no _____ (volver) tarde.

   4. Siento que Gustavo no _____ (poder) venir.

B. With verbs expressing an order, request, or plea.

   5. Le prohíbo que _____ (mentir).

   6. Te pido que _____ (traer) a tu hermana
       a la cena.

C. With verbs expressing will, desire, or preference.

   7. Preferimos que él no _____ (venir).

   8. Quiero que tú _____ (conocer) a Anita.

*For this self-test, write your answers on a separate sheet of paper if necessary.

177

D. With verbs of approval, advice, or permission.

9. Me gusta que ellos _____ (ganar) mil pesos más por mes.

10. El médico no permite que yo _____ (fumar) y me aconseja que _____ (descansar) más.

E. With verbs of necessity.

11. Necesitan que el señor Villa les _____ (hacer) un favor.

F. With verbs expressing doubt or uncertainty.

12. Dudo que José _____ (comer) bien.

13. No estamos seguros de que _____ (ser) ellos.

G. With **creer** and **pensar** in the negative or interrogative, when doubt is implied, and with **quizás** and **tal vez** normally.

14. No pienso que Bárbara _____ (poder) ayudarte mucho.

15. ¿Cree usted que nosotros _____ (tener) razón?

16. Tal vez Eduardo _____ (alquilar) un auto cuando vaya a Toledo, pero lo dudo.

H. With certain impersonal expressions.

17. No es bueno que ellos _____ (trabajar) tanto.

18. Es necesario que nosotros _____ (acostarse) temprano.

19. Es mejor que yo _____ (irse).

I. With **es verdad** (**cierto, seguro, claro**) in the negative or interrogative, when doubt is implied.

20. ¿Es seguro que Elena _____ (salir) mañana?

21. No es cierto que Felipe _____ (recibir) dinero de su padre.

J. With descriptions of the unknown or indefinite.

22. Busco una bicicleta que _____ (ser) barata.

23. No veo a nadie que _____ (poder) ayudarme.

K. With certain adverbial conjunctions.

24. El señor Juárez piensa invitar a los Hernández sin que su esposa lo

_____ (saber).

25. Vamos a cenar a las nueve a menos que ellos

_____ (llegar) tarde.

III. *POR* AND *PARA*

Complete the following sentences with **por** or **para**. State the reasons for your choices.

1. Siempre camino _____ la Avenida Indepencia.

2. El señor Ramírez maneja a 70 millas _____ hora.

3. Mamá dice que los chocolates son _____ mí.

4. Me gustaría viajar _____ las montañas de Sudamérica.

5. ¿Es verdad que usted estará en Europa _____ más de dos meses?

6. Fue a la playa _____ tomar sol.

7. ¿_____ qué estás tan triste?

8. Eduardo fue a la panadería _____ pan.

9. _____ republicano, el señor Díaz es muy liberal.

10. ¿Cuánto pagaste _____ el poncho que compraste

_____ Isabel?

IV. THE FUTURE, CONDITIONAL, AND PROGRESSIVE TENSES

A. Change the following verbs from the present to the future tense.

Modelo   yo recuerdo   **yo recordaré**

1. yo doy
2. él escribe
3. nosotros viajamos
4. tú haces
5. ellos ponen
6. ella va
7. nosotros pedimos
8. tú dices
9. yo me levanto
10. él duerme

B.   Now change these same verbs to the conditional tense.

C.   Now change them to the present progressive.

V. THE IMPERFECT SUBJUNCTIVE; SEQUENCE OF TENSES

Complete the sentences with the indicative or subjunctive, as required.

A. Present indicative or present subjunctive:

1. Se cree que esa idea (venir) _____ de la época de los aztecas.

2. Es ridículo que ustedes (perder) _____ el tiempo así.

3. Sé que nosotros (ir) _____ a tener que vender la casa.

4. Si los Balbuena (llegar) _____ hoy, vamos al lago.

5. No creo que mi hermana (querer) _____ casarse todavía.

6. Díganme si ustedes (ir) _____ al cine hoy.

B. Past indicative or imperfect subjunctive:

1. En cuanto su marido (saber) _____ la noticia, se alegró mucho.

2. Si tú (tener) _____ mucho dinero, ¿qué harías?

3. No vi a ninguna joven que (llevar) _____ ropa decente.

4. Tenía miedo que nosotros (estar) _____ solos allí.

5. Olga se encontró con una persona que la (ayudar) _____ mucho.

6. No le dijimos eso a María hasta que (calmarse) _____.

VI. USEFUL EXPRESSIONS

Give the Spanish equivalent of the following expressions.

1. I want to go shopping. Would you like to come with me? **2.** Where is the post office?

3. "How did you like the city?" "It was wonderful!" **4.** How old is he? **5.** Good grief!

I've lost my three suitcases! **6.** Good-bye. May all go well with you. **7.** My head aches.

8. Is there a drugstore nearby? **9.** I want you to meet my friend Rafael Márquez.

10. What a surprise! We thought you'd be arriving tomorrow, not today. **11.** I'm very

sorry. **12.** What a relief! **13.** How can I help you? **14.** I recommend that you take the

train. **15.** It's not permitted to take photos.

CAPÍTULO *suplementario* LA NATURALEZA

VOCABULARIO

A. En pocas palabras. *Define the following words in Spanish.*

1. el pez:_____

_____

2. el pájaro: _____

_____

3. el valle: _____

_____

4. el amanecer: _____

_____

5. las hojas: _____

_____

B. Preferencias y opiniones. *Answer the following questions in Spanish.*

1. ¿Prefieres nadar en un lago o en un océano? ¿Por qué?

_____

_____

2. ¿Te levantas al amanecer? ¿Por qué sí o por qué no?

_____

_____

3. ¿Te gustaría vivir en las montañas? ¿Por qué sí o por qué no?

_____

_____

4. ¿Qué cosas se encuentran en un jardín?

_____

_____

5. ¿Qué hace o qué puede hacer uno cuando va a un lago?

_____

_____

C. Describir y corregir... *Describe what you see and indicate what is wrong with the following drawings.*

MODELO   La luna está cantando y tiene ojos, nariz y boca. En realidad, la luna ni canta ni tiene esas características humanas.

1. _____

_____

2. _____

_____

3. _____

_____

4. _____

_____

I. THE NEUTER *LO*

A. Decisiones. *Circle the choice that best completes each sentence.*

MODELO Lo (mejor/ contaminado / extremo) del campo es que allí se puede admirar la naturaleza.

1. Lo (importante / eterno / peor) es tener un poco de silencio y tranquilidad.
2. Su casa es linda; (lo que / poco / los que) no me gusta es el barrio.
3. (La que / Lo / Lo que) me preocupa es la contaminación del aire.
4. ¿Qué es (el que / lo que / lo) ustedes llaman «tranquilo»? A mí este lugar no me parece muy tranquilo.
5. Isabel dijo que esta casa era muy grande, pero ¡realmente no (el / lo que / lo) es!
6. — Es muy agradable poder caminar de noche sin tener miedo.

— Sí, (la / la que / lo) es, pero hay otros problemas...

B. Lo mejor del campo. *Margarita loves the country and detests every aspect of city living. Mark the most appropriate choice to complete each of her statements.*

MODELO Lo único bueno de esta ciudad es que...

___x___ a. está cerca del campo.

_____ b. tiene mucho tráfico.

_____ c. la gente no sabe manejar.

1. Lo que más me gusta del amanecer en el campo es...

_____ a. escuchar los pájaros.

_____ b. subir al autobús.

_____ c. llegar al aeropuerto.

2. ¡Mira lo alto que es...! ¡Qué magnífica obra de la naturaleza!

_____ a. ese árbol

_____ b. aquella piedra

_____ c. este edificio

3. Después de vivir diez años en un lugar..., me doy cuenta de lo horrible que es y tengo ganas de escaparme a las montañas.

_____ a. lleno de flores y de árboles

_____ b. con tanta gente y tanto tráfico

_____ c. sin cielo

4. A mis amigos les encanta venir a visitarme a Boston porque pueden apreciar..., es decir, la vida cultural bostoniana.

_____ a. el que vi

_____ b. lo que más me importa

_____ c. lo bueno que son los teatros aquí

5. Para mí, lo mejor sería...

_____ a. sacar el techo para que entre toda la lluvia y el frío.

_____ b. vivir y morir en el campo.

_____ c. vivir en un sótano (*basement*) y nunca ver ni el sol ni la luna.

C. Preguntas para usted.   *Now answer these questions addressed to you.*

1. ¿Qué es lo más aburrido de su vida universitaria?

_____

2. ¿Y qué es lo más interesante?

_____

3. ¿Qué profesión o qué tipo de trabajo le interesa más a usted?

_____

4. ¿Qué es lo que más le interesa de esa profesión (ese tipo de trabajo)?

_____

5. Según su opinión, ¿qué es lo más importante de una casa (apartamento)? ¿Por qué?

_____

II. LONG FORMS OF POSSESSIVE ADJECTIVES; POSSESSIVE PRONOUNS

A. Lo mío es mío y lo tuyo es tuyo... *Translate the following phrases, using short- and long-form possessive adjectives. Follow the model.*

MODELO my house: mi casa; la casa mía

1. their wedding: _____

2. my ring: _____

3. our people: _____

4. his work: _____

5. their relatives: _____

6. my cousins (*female*): _____

7. your (**tú**) friends: _____

8. our round-trip tickets: _____

B. Profesión: ladrón. *Your dormitory has been burglarized. The burglars have been caught three blocks away with a truck full of stolen articles. The police ask you to identify the contents of the truck and the owners of the articles.*

MODELO (los zapatos, Leopoldo)
**Los zapatos son de Leopoldo.
Son suyos.**

1. (los libros, yo)

2. (el televisor, Sonia)

_____

_____

3. (la bicicleta, él y Jorge)

4. (la motocicleta, nosotros)

_____

_____

_____

_____

5. (la máquina de escribir, tú)

6. (la radio, yo)

_____

_____

_____

_____

You recognize other items in the truck. Identify them and tell who they belong to.
Use two forms and your imagination. Follow the model.

MODELO   ¡El bolso! El bolso es de Sofía. ¡Es suyo!

1. _____

2. _____

3. _____

4. _____

5. _____

III. THE PASSIVE VOICE

A. De activo a pasivo. *To complete the following exchanges, circle the letter of the most appropriate verb in the passive voice.*

MODELO   — Tu padre construyó la casa, ¿verdad?
— No, _____ por mi abuelo.

   a. estuvo construida   ⓑ fue construida   c. es construida

1. — Enrique escribió este poema.
   — No, eso no es cierto; _____ por Teresa.

   a. fue escrito   b. será escrito   c. estuvo escrito

2. — ¿Ya mandaron las cartas?
   — Sí, creo _____ esta mañana.

   a. fueron mandadas   b. estuvieron mandadas   c. serían mandadas

3. — Rosa compró las flores, ¿verdad?
   — No, _____ por Verónica.

   a. son compradas   b. fueron compradas   c. estuvieron compradas

4. —Los Gómez van a alquilar esa casa.
   —Eso es imposible. Ya _____ por los sobrinos de Raúl Palacios.

   a. fue alquilada   b. estuvo alquilada   c. será alquilada

5. —¿Invitó Rafael a Susana y a Pilar?
   — No, _____ por Mario.

   a. son invitadas   b. fueron invitadas   c. están invitadas

B. ¿Cuál es la mejor traducción? *Choose the best translation for the underlined words in the following sentences.*

   MODELO   Those sculptures <u>were made</u> by the Mayas a thousand years ago.

   (a.) fueron hechas   b. estuvieron hechas

1. The cities of Cuzco and Machu Picchu <u>were built</u> by the Incas.

   a. fueron construidas   b. estuvieron construidas

2. Those portraits <u>were painted</u> by Velázquez.

   a. fueron pintados   b. fueron pintadas

3. The water pollution problem <u>was not solved</u> by the new law.

   a. no fue resuelta   b. no fue resuelto

4. Those pieces of furniture — the chair and the sofa — <u>were made</u> in South America.

   a. fueron hechos   b. estuvieron hechos

5. That movie <u>was seen</u> by four million people.

   a. estuvo vista   b. fue vista

C. ¡Han ocurrido tantas cosas! *When Juanita returned, her roommate told her what happened while she was out of town. Circle the letter of the appropriate phrases to restate the sentences using the passive se construction.*

   MODELO   Alguien fue atacado en el jardín, cerca de la biblioteca.
   _____ a alguien en el jardín, cerca de la biblioteca.

   (a.) Se atacó   b. Se atacará

1. El edificio central fue destruido.
   _____ el edificio central.

   a. Se destruía   b. Se destruyó

2. Los cigarrillos fueron prohibidos en la universidad.
   _____ los cigarrillos en la universidad.

   a. Se prohibieron   b. Se prohíben

3. Los sueldos de los profesores fueron aumentados.
   _____ los sueldos de los profesores.

   a. Se aumentó   b. Se aumentaron

4. La luna es vista al anochecer.
   _____ la luna al anochecer.

   a. Se vio   b. Se ve

5. Un árbol muy interesante fue plantado en el parque.
   _____ un árbol muy interesante en el parque.

   a. Se plantará   b. Se plantó

ACTIVIDADES

A. De la ciudad al campo. *Circle the words that best complete the following passage.*

Después de vivir casi toda su vida en la ciudad, Alejandro y su familia se mudaron al (campo / cielo) para disfrutar (*enjoy*) del aire puro y del (tema / clima) saludable. Siempre recordarán los primeros días que pasaron en su nueva casa, situada en un (valle / amanecer) muy tranquilo con una hermosa (hoja / vista) de imponentes montañas cubiertas de (nieve / afuera). Brillaba (*Was shining*) el (sol / pez) y no había ni una (flor / nube) en el cielo. La primera tarde fueron a un pequeño (lago / árbol) donde el agua clara y transparente les dejaba ver miles de (peces / estrellas). Casi no pudieron dormir esa noche, pues no estaban acostumbrados al ruido de (la luna / los insectos) ni al cantar de los (peces / pájaros)... Se levantaron temprano, al (anochecer / amanecer), y desayunaron inmediatamente. Esa mañana Alejandro y su esposa estaban tan cansados que pensaron volver a la capital. Pero sus hijos les trajeron unas (flores / nubes) tan lindas del jardín que ellos finalmente decidieron quedarse allí para siempre.

B. ¡Qué suerte! *You have just received $2,000, designated for taking a vacation this summer. You go to a travel agent for assistance. The agent asks how she can help and you ask where in Central or South America you can go to relax and enjoy your 2-week vacation away from home (or school). She asks about your preferences and then makes a recommendation. With that situation in mind, complete the following dialogue and add more lines and/or exchanges if necessary.*

USTED: Buenos días, señor(ita).

AGENTE: Buenos días, ¿ _____ ?

USTED: Pues, quisiera hacer un viaje a Centroamérica o a Sudamérica este verano,

¿ _____ recomendar un lugar agradable?

AGENTE: ¡Claro!, pero... primero tengo que hacerle algunas preguntas. ¿Qué prefiere

hacer durante sus vacaciones? ¿Cuáles son sus pasatiempos favoritos?

Y, ¿cuánto tiempo y dinero tiene para el viaje...?

USTED: _____

_____

_____

AGENTE: _____

_____

_____

USTED: _____

_____

_____

AGENTE: _____

_____

_____

PARA ESCRIBIR

Your family has just rented a very nice cottage in [name of place or location] *in which to spend most of the summer. Write a letter inviting a friend to come and join you for a couple of weeks or more as he/she pleases. Describe the cottage; include details about the location, activities you and your friend could enjoy doing during his/her stay, etc.*

_____

_____

_____

_____

_____

_____

_____

_____

_____

_____

EJERCICIOS DE LABORATORIO

CAPÍTULO

uno **LA FAMILIA**

1

VOCABULARIO

La familia de Juan

Teresa ——— José

Rafael Alicia   Antonio Ana

Eduardo Amalia   Carlos Carmen Juan

*Look at the drawing of Juan's family tree. Decide whether each statement is true or false and write V (**verdadero**) or F (**falso**), according to what you see in the drawing. Each statement will be repeated.*

1. *verdadero*   3. *verdadero*   5. *falso*   7. *falso*

2. *falso*   4. *verdadero*   6. *verdadero*   8. *falso*

PRONUNCIACIÓN

Listen to the names of the people in Juan's family and repeat each one after the speaker, concentrating on the vowel sounds.

Teresa	Antonio	Carlos	Amalia
José	Rafael	Carmen	Juan
Ana	Alicia	Eduardo	

*In Spanish, the soft **b** sound is pronounced without closing the lips completely. The written letters **b** and **v** both represent this sound, except after a pause or after the letters **l**, **m**, or **n**. Listen and repeat these words.*

abuelo	avión	Cuba	La Habana	llevar	la ventana
favor	hablar	Roberto	Eva	autobús	Esteban

*When the **b** or **v** is at the beginning of a word or after the letters **l**, **m**, or **n**, you close your lips completely. However, the sound is still softer than the English **b**. Listen and repeat these words.*

Víctor	buscar	viajar	Bilbao	también
Bogotá	vacaciones	Buenos días.	Alberto	invierno (*winter*)

*When the letter **c** appears before the letters **a**, **o**, **u**, or any consonant other than **h**, it is pronounced like the English **k**. Listen and repeat these words.*

Catalina	Carmen	Colombia	con
Ecuador	clase	Carlos	casa
costa	cuál	Cuzco	Cristina

Now repeat these words after the speaker. Pay attention to the pronunciation of vowels as well as consonants.

Acapulco	Estoy bien.	Víctor y Tomás	abuela
Venezuela	cuaderno	Estamos aquí.	Bolivia

I. THE PRESENT TENSE OF REGULAR *-AR* VERBS

A. *For each sentence you hear, mark the subject of the verb with an **x**. Each sentence will be repeated.*

MODELO You hear: Deseamos estudiar.
You mark: an **x** under **Carmen y yo** since the subject is **nosotros**.

	yo	tú	Juan	Carmen y yo	ellos
Modelo				x	
1.					✓
2.	✓				
3.			✓		
4.				✓	
5.		✓			
6.	✓				
7.					✓

[handwritten margin notes:]
hablan francés
estudio español
necesita el libro
trabajamos a México
buscas un lápis
escucho radio
llegan a casa

yegapala casa yega na casa

B. *Make a new sentence using the cue you hear as the subject. Then repeat the answer after the speaker.*

   MODELO   Juan estudia español. (yo)
   Yo estudio español.

C. *Look at the drawing of **La familia de Juan** below. You will hear false statements about the drawing. Disagree and give the correct information. Then repeat the answer after the speaker.*

   MODELO   Rafael está en casa, ¿verdad?
   No, está en un avión.

LA FAMILIA DE JUAN

mire por la puerta
mira por la ventana

lleva un libro
llevan regalo

D. *Imagine that you are Ana in the drawing. Answer each question with **Sí** or **No** and a complete sentence. Then repeat the answer after the speaker.*

   MODELO   ¿Está usted en el avión?
   No, estoy en la farmacia.

II. ARTICLES AND NOUNS: GENDER AND NUMBER

A. *Make a new sentence using the cue given. Then repeat the answer after the speaker.*

MODELO   La señora lleva el regalo. (señoritas)
          Las señoritas llevan el regalo.

B. *Write the singular form of each word you hear. Include the definite article. You will hear each word twice.*

1. *el señor*
2. *la hermana*
3. *la profesora*
4. *la silla*
5. *el pasaporte*
6. *el aeropuerto*

cincuenta y cuatro

III. CARDINAL NUMBERS 0–99; *HAY*

A. *Juan wants to invite some of your friends to a party, but he doesn't have their telephone numbers. Tell him what they are and then repeat the answers you hear.*

1. Aurora: 54-14-87
2. Daniel: 62-28-15
3. Inés: 34-12-46
4. Eduardo: 18-73-91
5. Dora: 13-11-59

B. *Juan has also lost the addresses for the following people. Tell him what they are and then repeat the answers you hear.*

1. Alberto: Avenida Bolívar, número 13-29.
2. Manuel: Calle 14, número 5-76.
3. Jorge: Avenida Martí, número 12-58.
4. Antonio: Calle 34, número 99.
5. Ignacio: Calle 23, número 94.

C. *You will hear a false statement, followed by a cue. Disagree with the statement and give the correct information. Then repeat the answer after the speaker.*

MODELO   Hay treinta y un días en septiembre. (treinta)
          No, hay treinta días en septiembre.

IV. INTERROGATIVE WORDS AND WORD ORDER IN QUESTIONS

A. *Look at the drawing of **La familia de Juan** again. For each question you hear, circle the correct answer. Each question will be repeated.*

¿Dónde está Ana?   *¿Adónde llega Amalia?*

1. a. En casa.   2. a. A casa.
   b. En el avión.   b. A Acapulco.
   c. En la farmacia.   c. A la farmacia.

¿Con quién está Alicia?

3. a. Con Amalia.
   b. Con Víctor.
   c. Con Rafael.

4. a. Acapulco.
   b. Español. *Qué estudia Juan?*
   c. Francés.

5. a. Amalia.
   b. Víctor.
   c. Alicia.

6. a. Nosotros. *¿Quién llega el regalo?*
   b. Víctor y Ana.
   c. Rafael y Alicia. *¿Quiénes viajan a Acapulco?*

1

B. *Look at the drawing of* **La familia de Juan** *again. You will hear a question, which will be repeated. Answer the question according to the drawing, then repeat the answer after the speaker.*

MODELO   ¿Quién escucha a Víctor?
Ana escucha a Víctor.

VIÑETA CULTURAL

A. *Listen to the following dialogue while you read along. Based on it, be prepared to do comprehension Exercise B.*

Janet and her cousin Susan have just arrived in Madrid from the United States. They are in **La Puerta del Sol,** *an important square in the heart of the old part of the city.*

JANET: Perdón, señor, deseamos visitar el Museo del Prado. ¿Qué autobús tomamos? *take*
SR. RUIZ: Pero hoy es lunes..., y los lunes todos los museos están cerrados. Muchos lugares turísticos están cerrados los lunes.
SUSAN: ¡Qué lástima...! Y también necesitamos un mapa de Madrid. Señor..., ¿hay una librería aquí cerca? *bookstore*
SR. RUIZ: Sí. Hay una muy buena en la Calle Mayor.
JANET: Necesitamos comprar unos libros..., un diccionario..., ¡y el mapa! *to buy*
SR. RUIZ: Yo también necesito comprar dos o tres libros...
SUSAN: ¿Es usted estudiante de la universidad de Madrid?
SR. RUIZ: No, señorita, yo no soy estudiante; soy profesor de la universidad de Salamanca.
JANET: ¿Y qué enseña usted en la universidad, señor...?
SR. RUIZ: Manuel Ruiz, a sus órdenes, señoritas. Enseño filosofía.

B. *You will hear a series of statements. If the statement is true based on the information in the dialogue, circle V for* **verdadero.** *If the statement is false, circle F for* **falso.** *Each statement will be read twice. First listen to the model.* *1. Janet y señor Ruiz son hermanos.*
2. Janet y Susan necesitan un mapa de Madrid

MODELO   You hear: Janet y Susan están en Salamanca.
You circle: **F** for falso. *3. El señor Ruiz también necesita un mapa.*
4. El señor Ruiz es estudiante.

1. V (F)
2. (V) F
3. V (F)
4. V (F)
5. (V) F
6. (V) F

5. Hay una librería muy buena en la Calle Mayor
6. El señor Ruiz enseña en la universidad de Salamanca

PARA ESCUCHAR Y ESCRIBIR

1

A. *Listen to the segments of conversation and determine who the speakers are. Write the number of the conversation (1-4) next to the appropriate names below.*

    3.   Raúl y doña Carmen

    2.   Roberto y Elena

    1.   Señor Castro y señorita Jiménez

    4.   Julio y Jorge

B. Dictado. *You will hear some information about the Rivera family. Each sentence or phrase will be read twice. During each pause, write down what you have just heard. The entire passage will then be repeated so that you can check what you have written.*

Carlos, el hermano de Luis y Luisa, estudia filosofía en la universidad de Salamanca. Luisa está en la farmacia busca aspirinas. Carlos y Luis están en casa. Ellos miran televisión. Ahora llega el señor Rivera de la oficina. Habla con la esposa. Llama por teléfono un amigo y mira televisión con los dos hijos.

CAPÍTULO *dos* DESCRIPCIONES

2

VOCABULARIO

Circle the letter of the word or words that best complete each sentence. Each phrase will be repeated.

el agente de viajes es (handwritten)

1. a. egoísta.
   b. realista.
   c. elegante. (circled)

   allí la comida es (handwritten)

2. a. difícil.
   b. deliciosa. (circled)
   c. optimista.

3. a. el museo. (circled)
   b. el reloj.
   c. el autobús.

4. a. contaminado.
   b. delicioso.
   c. cortés. (circled)

5. a. grande. (circled)
   b. sensible.
   c. perdida.

6. a. nuevos.
   b. bonitos.
   c. nerviosos. (circled)

   hoy a un examen en la clase de español ellos estudiantes están (handwritten)

PRONUNCIACIÓN

Listen to the following words and repeat each one after the speaker, concentrating on the vowel and diphthong sounds.

sociable	intelectual	idealista	nuevo
bueno	realista	altruista	egoísta

*In Spanish, the **t** and **p** sounds are pronounced like the English letters in **tease** and **postman**. There is no puff of air as you make the sound. As you say each word, hold the palm of your hand in front of your mouth. If you are making the sound correctly, you should not feel a puff of air. Listen and repeat these words.*

Tomás	interesante	típico	popular
intelectual	inteligente	plato	padre
tres	capital	pequeño	persona

*The letter **g** when followed by the letters **e** or **i** is pronounced like a strong **h** in English. Listen and repeat these words.*

argentino	agencia	inteligente	página	Gibraltar

*When the **g** is followed by the letters **a**, **o**, **u**, **r**, or **l**, it is pronounced like the **g** in **go**.
Listen and repeat these words.*

2

elegante	amigo	preguntar	progreso
llegar	gusto	grande	inglés

I. THE VERB *SER*

A. *Answer each question in the negative, then repeat the answer after the speaker.*

MODELO   ¿Eres mexicano?
No, no soy mexicano.

(handwritten: Tú, Yo)

B. *Change each sentence from the plural to the singular, then repeat the answer after the speaker.*

*(handwritten: Somos idealistas. Yo soy   Nosotros somos opti.
Yo soy)*

MODELO   Ustedes son realistas.
Usted es realista. (Tú eres realista.)

*(handwritten: Ellos son populares   Las niñas son   Los amigos de Marta son...
El es po;   La niña es   El amigo " es)*

II. ADJECTIVES

A. *Change each phrase from the singular to the plural, then repeat the answer after the speaker.*

(handwritten: unas agencias nuevas)

MODELO   la comida típica
las comidas típicas

B. *Change each phrase from the masculine to the feminine, then repeat the answer after the speaker.*

MODELO   el profesor famoso
la profesora famosa

C. *Answer each question in the negative, choosing an adjective from the list that is opposite in meaning to the one you hear. Follow the model.*

MODELO   You hear: Arturo es pesimista, ¿no?
You see: optimista / cortés / difícil
You say: **No, es optimista.**
You hear: No, es optimista.

1. pequeña / mala / amable
2. descortés / sensible / simpático
3. elegante / difícil / realista
4. idealista / irresponsable / pequeño
5. vieja / interesante / grande
6. bueno / importante / difícil

III. *SER* VS. *ESTAR*

A. *Decide whether you would use* **ser** *or* **estar** *with each phrase you hear and mark an* **x** *in the appropriate column in the chart below. Each phrase will be repeated.*

	ser	estar
1.	*amable*	
2.	*bien*	
3.	*de Argentina*	
4.	*inteligente*	

	ser	estar
5.	*de oro*	
6.		*perdido*
7.		*aquí*
8.		*en la Argentina*

B. *You will hear a sentence with the verb omitted. Check the appropriate verb below. Then repeat the sentence after the speaker.*

MODELO   You hear: Él y yo _____ colombianos.
You mark: _____ estamos _____ **x** _____ somos
You hear and repeat: **Él y yo somos colombianos.**

1. ___*Tu*___ estás *en la universidad.*
   _____ eres

2. _____ está
   Miguel es *de Chile.*

3. *El hotel* está *detras de teatro.*
   _____ es

4. _____ está
   El presio es *bueno.*

5. *Juan y Carmen* están *de vacaciones.*
   _____ son

6. ___*Yo*___ estoy *verdidad.*
   _____ soy

7. _____ estamos
   Juan y yo somos *optimistas.*

8. _____ estás
   Tú eres *inteligente*

266   *$35*
340

IV. THE CONTRACTIONS *AL* AND *DEL*

A. *Look at the drawing. Circle V (*verdadero*) or F (*falso*) for each statement you hear, according to what you see in the drawing. Each statement will be repeated.*

1. V (F)   3. (V) F   5. V (F)
2. V (F)   4. (V) F   6. (V) F

B. *Esteban is giving directions to his friend Héctor. Help him by completing each of the following sentences, using the information in the drawing. Repeat the answer after the speaker.*

MODELO   La agencia de viajes está a la izquierda _____.
La agencia de viajes está a la izquierda del Hotel Continental.

V. THE PERSONAL A

Change each sentence using the cue given.

MODELOS   Juan mira <u>el libro</u>. (Teresa)
Juan mira a Teresa.

Ana llama <u>a Silvia</u>. (un taxi)
Ana llama un taxi.

1. Felipe busca <u>el lápiz</u>. *al hombre.*
2. Laura mira <u>el reloj</u>. *Laura mira a un niño.*
3. La señorita Gómez mira <u>un papel</u>. *mira a una mujer.*
4. María visita <u>a los señores Márquez</u>. *visita Museo de Arte.*
5. La señora Márquez busca <u>un bolígrafo</u>. *busca a los niños.*

VIÑETA CULTURAL

A. *Listen to the following conversation while you read along. The Smiths are looking for the Natural History Museum. Based on the conversation, be prepared to do comprehension Exercise **B**.*

SR. SMITH:	¡Dios mío!, el tráfico está horrible y el aire está contaminado.
SRA. SMITH:	Es el precio del progreso. Pero los porteños son amables y la ciudad es bonita, ¿no?
SR. SMITH:	Sí, pero es muy grande. Estoy perdido... ¿Cómo llegamos al museo?
SRA. SMITH:	¿Por qué no preguntamos?
SR. SMITH:	Buena idea. (*Habla con un pasajero.*) Por favor... ¿dónde está el Museo de Historia Natural?
EL PASAJERO:	Está lejos. Ustedes no son de aquí, ¿verdad?
SRA. SMITH:	No, somos ingleses.
EL PASAJERO:	¡Ah!, son de Inglaterra. Pues... bienvenidos al París de Sudamérica. ¿Por qué desean visitar el museo?
SRA. SMITH:	Para mirar las exposiciones sobre los animales típicos del país, sobre la cultura de los indios y sobre...

2

EL PASAJERO: Un momento, por favor. Me llamo Emilio Discotto y soy agente de viajes. Por casualidad estamos enfrente de la agencia *Viajes Discotto*. ¿Por qué no bajamos?

SR. SMITH: ¿Para visitar el museo?

EL PASAJERO: No. Pero es posible visitar una estancia moderna, visitar a los gauchos y...

SRA. SMITH: Gracias, señor. Otro día, quizás. Hoy deseamos visitar el famoso Museo de Historia Natural.

EL PASAJERO: Bueno, adiós... adiós... ¡Y buena suerte!

B. *Decide whether each statement is probable or improbable and write **P** or **I** in the spaces below.* *Los señores Smith son turistas.*   *El señor Discotto desea llevar a los Smith a una estancia*

1. _P_   *Hay muchos porteños en París.*   4. _P_   *Los Smith desean visitar la agencia Viajes Discotto*

2. _I_   5. _I_

3. _P_   6. _I_   *Hay gauchos en el museo de Historia Natural*

Buenos Aires es una ciudad muy cosmopolitan.

PARA ESCUCHAR Y ESCRIBIR

A. *Listen to the following taped message, which contains Beatriz's description of herself for her friend Jenny. You will then hear some comments based on it. Circle **V** (**verdadero**) if what you hear is true or **F** (**falso**) if it is false. Each comment will be repeated.*

Beatriz 105

1. V (F)   4. V (F)

2. V (F)   5. (V) F   *alta y practica muchos deportes*

3. (V) F

/29

B. *Now listen to the taped description of herself which Jenny sent to her friend Beatriz. You will then hear some incomplete statements based on her description. Complete the sentences in the spaces provided. Each sentence will be repeated.*

131

1. Jenny está en __el programa de__ estudios latinoamericanos.

2. En la casa de Jenny hablan __francés__ porque los padres de ella __son__ de __origen francés__.

3. __La mamá__ es de París y __papá es de__ Montreal.

4. Según Jenny, ella es una _____ y __muy__ práctica.

5. Según la __profesora de__ español, Jenny es una __estudiante__ muy _____ ¡y muy _____!

Viajo mucho a francia y a canada para visitar mis abuelos y tios. Tú preguntas como soy yo. Bueno. Creo que soy una persona realista y prac.

padres:

profesora: bonita elegante inteligente y sociable

muy trabajadora

1. ¿Dónde están estas personas? Ellos están en librería universitaria.

2. ¿Con quién habla Sara? Sara habla con vendedora.

   Habla con vendedora

3. ¿Qué busca Gabriel?

   Busca libros de sociología.

4. ¿Qué necesita Sara?

   Necesita un diccionario.

5. ¿Son comerciantes Carlos y Gabriel?

   ¡No, son estudiantes!

Estas personas
These people

CAPÍTULO

tres ESTUDIOS Y PROFESIONES

3

VOCABULARIO

Study the drawing. You will hear some questions. Answer them according to what you see in the drawing. Each question will be repeated. Then repeat the answer after the speaker.

893   Sara

PRONUNCIACIÓN

Listen to the following words and repeat each one after the speaker.

antropología	historia
filosofía	medicina
ingeniería	ciencias sociales

*Notice that all the vowels, even the unstressed ones, are clearly pronounced. English speakers tend to shorten unstressed vowels. For example, they say **American** and **history**. Repeat the following words, taking care to avoid shortening any of the vowels.*

física	literatura	matemáticas
ciencias políticas	librería	psicología
historia	universitaria	comerciante

In Spanish, when the **d** appears at the beginning of a word or after the letters **l** or **n**, it sounds much like the English **d** in the word **dad**. When the **d** is between two vowels, it is pronounced like the **th** in the English word **although**. Listen to the following words and repeat each one after the speaker.

la doctora	Aldo	estupendo	la vendedora	el abogado
David	mundo	comprender	todavía	pasado

When the letter **r** appears in the middle of a word, it is pronounced like the double **t** in **bitter** or **butter**. Listen and repeat each word after the speaker.

para	programa	pero	historia	pared
cámara	librería	eres	aire	calendario

I. TELLING TIME

A. *Gonzalo wants to know when everyone is arriving in town for the class reunion. Tell him the times using the cues given. Then repeat the answer after the speaker.*

MODELO
You see: Dora: 9:20 A.M.
You hear: ¿A qué hora llega Dora?
You say: **Dora llega a las nueve y veinte de la mañana.**
You hear and repeat: **Dora llega a las nueve y veinte de la mañana.**

1. Isabel: 11:15 A.M. *Isabel llega a las once y quince de la mañana. o cuarto*
2. Héctor: 1:30 P.M. *llega a la una y media de la tarde*
3. Ana: 3:15 P.M. *llega a las tres y cuarto de la tarde*
4. Néstor: 4:55 P.M. *llega a las cuatro y cincuenta y quince de la tarde o cinco menos cinco*
5. Natalia: 9:25 P.M. *llega a las nueve y veinteycinco de la noche*

B. *You are waiting for your friend to pick you up at the airport. You phone and find your friend has not left his house. Tell him what time it is; then he will tell you what time he will arrive. Follow the model.*

MODELO
You hear: ¿Qué hora es?
You see: 3:30
You say: **Son las tres y media.** *4:00*
You hear: ¿Son las tres y media? Bueno, estoy allí a las cuatro.

1. 11:10 *Son las once y diez → doce*
2. 5:00 *Son las cinco → 5:45*
3. 7:45 *Son las siete y cuarenta y cinco o ocho menos cuarto → ocho y media*
4. 4:25 *cuatro y veinteycinco → 5:10*
5. 10:00 *diez → a las once menos diez*
6. 3:15 *tres y cuarto → 4:00*

3. Felipe recibe una carta hoy. recibimos
4. Carmen aprende italiano. aprendemos
5. Carlos escribe la lección en español escribimos

II. THE PRESENT TENSE OF REGULAR -ER AND -IR VERBS

A. *Your friend Tomás is telling you about different people in your class that he admires. You say that you and he are also doing the same things they are, following the model. Repeat the answer after the speaker.* *Tú y yo comprendemos a la*

1. Pedro y Paco   comprenden la profesora.

MODELO   Mario lee el Capítulo 3. *a profesora.*
Tú y yo también leemos el Capítulo 3.

2. Walter aprende muchas palabras nuevas. aprendemos

B. *You will hear a statement or a question. Choose the most likely response from the choices given below and read it aloud. Then listen to the answer.*

MODELO   You see: a.   Sí, mis hermanos escriben mucho.
                                  b.   Debes recibir vinos argentinos.
              You hear: Recibes muchas cartas.
              You say: **Sí, mis hermanos escriben mucho.**
              You hear and repeat: **Sí, mis hermanos escriben mucho.**

127 Estoy perdido de hablar con el profesor

1.   a.   Creo que comes mucho.
     b.   Comprendo. La situación es muy difícil.

Crees que la clase es buena?

2.   a.   No, la profesora vive en Monterrey.
     b.   Sí, muy buena. Aprendo mucho allí.

178 No debes comer en la cafetería. La comida allí no es buena.

3.   a.   ¿Comer en la cafetería? Sí, hoy nosotros comemos allí.
     b.   ¿Comer? ¡Yo no como! Leo y escribo allí pero ¡no como!

I don't eat

258
4.   a.   Sí, porque es buena y vivimos muy cerca.
     b.   Sí, debemos vivir en un apartamento.

Ustedes deben estudiar en la universidad nacional, no?

265 5.   a.   Sí, Julio y yo vivimos aquí.
     b.   ¿Cómo? ¿No vives con Gabriel y Alejandro?

Allí está el apartamento donde Julio Juan y yo vivimos

6.   a.   Creo que lee en la biblioteca.
     b.   Sí, pasa las vacaciones allí, ¿verdad?

Ella viaja a España

III. POSSESSIVE ADJECTIVES

288 1. Llamo a mis amigos. Llamo a mi profesor inglés.

A. *Repeat the following sentences, substituting the noun you hear at the end of each sentence. Be sure that the possessive adjective agrees with the noun it modifies. Then repeat the correct answer after the speaker. First listen to the model.*

290 2. No comprende nuestra pregunta. nuestros problemas

MODELO   You hear: Vendemos nuestros libros. (cámara)
              You say: **Vendemos nuestra cámara.**
              You hear and repeat: **Vendemos nuestra cámara.**

3. Deben llevar sus pasaportes. su comida

B. *Translate the following expressions into Spanish. Then repeat the correct answer after the speaker.*

298 4. De nuevo compran su casa.   5. Buscas tú reloj?

1. my watch   *mi reloj*   2.   our parents   *nuestros padres*

outside

5. Buscas tu reloj?

209

Buscas tus relojes

_tu_

nuestra familia

3. your family (*familiar*)

5. their school _su escuela_

7. your friends (*familiar*)

nuestros amigos
tus

sus problemas

4. his problems

6. our suitcase _nuestra maleta_

8. her brothers

sus hermanos

3

IV. THE PRESENT INDICATIVE OF *TENER*

A. *Answer each question you hear in the affirmative, using the cue below. Each question will be repeated. Then repeat the answer after the speaker.*

Tiene usted tiemp

MODELO   ¿Tiene usted tiempo de hablar con Luis? (quince minutos)
Sí, tengo quince minutos.

1. Tiene ideas Susana? Sí, tiene
_333_

1. muchas ideas buenas

2. Tienes clases hoy? Sí, tengo

2. clases todos los días

Ese librería tiene libros de medicina?

3. muchos
La librería tiene?

_343_

Tienes amigos mexicanos?
yo tengo

4. tres

Tienen ustedes dinero?

5. cien dólares
Nosotros Tenemos

B. *You will hear a series of sentences. In each one the verb is omitted. Circle the letter of the appropriate form of* **tener** *in the list. Then repeat the completed sentence after the speaker.*

Son las ocho y yo ganas de comer

1. a. tiene
   b. tengo

Esteban y yo 2. a. tenemos _muchos amigos_
   b. tienen

_258_
Juan tiene abuela que viven en Veracruz

3. a. tiene
   b. tienen

Barbara y yo

Ustedes que estudiar para examen

4. a. tiene
   b. tienen

Roberto ganas de estudiar anthro

5. a. tienes
   b. tiene

Tú un buen reloj

6. a. tienes
   b. tenemos

_150_

V. THE VERBS *HACER, PONER, SALIR,* AND *VENIR*

A. *Make a new sentence using the cue you hear as the subject. Then repeat the answer after the speaker.*

de la mañana.

_190_
2. Ellos sale las nueve de la mañana.
Tu sales a las

MODELO   Juan hace un viaje a Puerto Rico. (tú)
Tú haces un viaje a Puerto Rico.

B. *Listen to each question and answer it according to the cue you hear. Then repeat the answer after the speaker.*

3. Ellos vienen a la fiesta

cada

MODELO   ¿Sale usted de viaje cada semana? (no)
No, no salgo de viaje cada semana. _4. Haces las maletas cuando_
sales de viaje?

4. Paco pone las maletas en el auto.

5. Ponen ustedes los regalos en
la maleta?

1. Hace ejercicios todos los días?

210

2. Viene usted a la un. a los ocho

3. Pone usted los papeles en la mesa.

6. Hacen ustedes la comida?

VIÑETA CULTURAL

A. *Listen to the following letter as you read along. Based on it, be prepared to do comprehension Exercise B.*

Catalina, una estudiante de antropología, le escribe una carta a Raquel, una amiga de la universidad.

Querida Raquel:

Estoy en Ciudad de México para estudiar antropología. Aquí hay varios museos impresionantes y es posible aprender mucho sobre las civilizaciones indígenas del pasado. Las fotos que te envío aquí son: 1. de la famosa Piedra del Sol o calendario azteca; y 2. del Museo Nacional de Antropología, mi museo favorito. El Museo Nacional de Antropología es una maravilla. Muchos antropólogos y estudiantes de antropología vienen aquí sólo para visitar el museo. Siempre hay programas variados de conferencias y películas sobre la cultura y el arte indígenas. Es posible pasar todo el día en el museo porque hay una excelente librería y también una cafetería muy linda. La semana próxima espero visitar Teotihuacán, la antigua ciudad indígena donde está la famosa Pirámide del Sol. Prometo enviarte una postal después de mi visita.

Ahora deseo recibir noticias de los amigos y de tus clases. ¿Cómo están Susana, Guillermo, Carolyn y mi profesora favorita de español? México realmente es un lugar ideal para estudiantes de antropología como yo y estoy muy contenta de estar aquí. Espero carta tuya muy pronto.

Con cariño,

Catalina

B. *Each of the sentences that you will hear contains a vocabulary item that did not occur in the letter. Without referring to the written letter, write the word that is out of place in the left column below, and the correct word in the right column. Each sentence will be read twice. First listen to the model.*

MODELO   You hear: Catalina estudia filosofía en Ciudad de México.
You write: **filosofía** in the left column and **antropología** in the right.

INCORRECTO	CORRECTO
hay varios museos pequeño	
1. *pequeño*	*impresionantes*
hay doctores que vienen a Mexico solo para visitar	
2. *doctores*	*muchos antropólogos y estudiantes de antropología*
Siempre hay películas sobre la biología indígena	
3. *la biología*	*la cultura y el arte indígenas*
Catalina espera visitar las playas de Teotihuacán	
4. *las playas*	*Teotihuacán, la antigua ciudad indígena*
T. es una antigua ciudad Argentina	
5. *Argentina*	*México*
Catalina desea recibir noticias de los primos	
6. *primos*	*amigos*

PARA ESCUCHAR Y ESCRIBIR

A. *Listen to the following conversation (which will be read twice) between Teresa and the salesperson in a Mexico City bookstore. Then circle the appropriate endings to complete the sentences below.*

1. Teresa busca regalos para...
   sus hermanos / su amiga / sus amigos

2. Ella desea los precios en...
   dólares / pesos mexicanos / pesetas

3. Teresa decide comprar tres calendarios con fotos...
   de unas pirámides / del calendario azteca / de México

4. El precio total para ella es...
   75 dólares / 76,50 dólares / 175 dólares

(handwritten margin notes:)
treinta y un
treinta
veinticinco

setenta y seis
con cincuenta
centavos

B. Dictado. *Pablo López Molinas is talking about his experiences in a North American university. During each pause, write down what you have heard; some phrases are already written below. The entire passage will then be repeated so that you can check what you have written.*

674

Me *llamo* _____ Pablo *López* _____

Molinas. *Soy de* _____ un pueblo (*village*) *que está* _____

_____ a unos *setenta* _____ kilómetros

al sur *de Guadalajara, México* _____ .

Mi pueblo *es pequeño* _____

pero *tiene una biblioteca* _____

estupenda. *Ahora, vivo en* _____ *los* Estados Unidos, en

una *universidad* _____ que tiene

muchos estudiantes hispanos _____ .

Tomo *cursos* _____ de ingeniería. Los profesores

son muy buenos _____ , pero los

cursos *son muy ~~difíciles~~* _____

difíciles. Yo *estudio* _____ constantemente porque *deseo* _____

recibir _____ buenas notas (*grades*) y *porque* _____

también *deseo regresar pronto* _____ a mi país.

CAPÍTULO
cuatro LAS ESTACIONES Y EL TIEMPO

4

VOCABULARIO

A. *Decide which season each of the statements you hear about weather refers to. Mark an x in the chart under the corresponding season. Each statement will be repeated.*

	primavera	verano	otoño	invierno
1.				*hace frío.*
2.		*hace sol y calor.*		
3.			←	
4.	*hay mucha lluvia.*			
5.				*nieva.*

5. nieva

3. esta nublado hace viento y vamos a la universidad otra vez.

4. hay mucha lluvia.

B. *Decide which place each of the statements you hear refers to. Mark an x in the chart under the corresponding place. Each statement will be repeated.*

	montañas	trópico	Polo Norte (*North Pole*)
1.		*tomamos sol y*	
2.	✓		
3.		*hace calor y lluvia*	
4.			*las noches son de seis*
5.	*esquiamos allí*		

1. tomamos sol y nadamos

2. hace frío en invierno y calor en verano — seis meses.

nadamos

3. hace mucho calor y a en mucho lluvia
4. las noches son de seis meses
esquiamos allí en el invierno.

PRONUNCIACIÓN

Listen and repeat the following words, concentrating on the vowel sounds and diphthongs.

invierno	treinta
buen tiempo	noviembre
viento	diciembre
veinte	junio
julio	septiembre

In Spanish, the letter **h** is never pronounced. Listen and repeat these words.

hace	hora	hijo
hay	hombre	hotel
hambre	ahora	¡Hola!

The letter **l** is pronounced much like the **l** in the English word **lemon**. The tip of the tongue should touch the gum ridge behind the teeth. Listen and repeat these words.

salgo	lago	calor	escuela
salir	playa	sol	abril
mal	lunes	él	nublado

4

I. THE IRREGULAR VERB *IR;* ADVERBS WITH *-MENTE*

A. *Look at the drawings, which are lettered. For each sentence you hear, write the letter of the drawing that corresponds to it. Each sentence will be repeated.*

MODELO You hear: Los Jaramillo van de viaje; ahora pasan por el desierto.
You write: **d**

Estamos en la playa en viña del mar. Vamos a tomar sol, y mañana vamos a para iso

a.

b.

Es primavera y Juan va a la casa de su amigo Laura. Hace buen tiempo.

vas a lee el periódico pero hay mucho viento.

c.

d.

felipe va a la universidad. Está nublado y va mucha lluvia e.

f.

Carlos y Ana van esquiar en los montañas

4

1. _a_

2. _c_

3. _e_

4. _b_

5. _f_

B. *Change each statement to the immediate future, using the construction* **ir a.** *Add the cue you hear. Then repeat the answer after the speaker.* *1. Esquiamos en los montañas.*

    MODELO   Trabajo mucho. (mañana) *En enero, vamos a esquiar*
                Voy a trabajar mucho mañana. *2. Jose hace ejercicios*

En una hora, Jose va a hacer

C. *Respond to each question using the information you see and the appropriate form of* **ir** *or* **ir a** + *infinitive. Each question will be repeated. Then repeat the answer after the speaker.* *3. Antonio y Ana en el verano van a nadar. 5. Tú escribes dos cartas.* *4. Yo voy a escuchar radio. Tú vas a escribir mañana*

    MODELO   You hear: ¿Ustedes van a Santiago en junio? *6. Alberto y yo vamos estudiar*
                 You see: Valparaíso
                 You say: **No, vamos a Valparaíso.** *en el otoño*
                 You hear and repeat: **No, vamos a Valparaíso.** *¿Cuándo van ustedes de compras?*

No, yo voy estudiar   1. biología   5. los martes *Vamos de compras los martes.*

   2. Pilar *Con quién*   6. ocho días *No, va a Chile en ocho días.*
Voy a comer con Pilar.

   3. mucho calor   7. muy pronto *Cuando vas al museo?*
Va a hacer mucho calor

   4. Viña del Mar *No yo voy al museo muy pronto.*

Vas estudiar química ahora? moo-ee

Van a V.

D. *For each adjective you hear, form an adverb by adding the suffix* **-mente** *and write it below. Then repeat the correct adverb after the speaker. Each adjective will be read twice. First listen to the model.*

MODELO   You hear: probable
                  You write: **probablemente**
                  You hear and repeat: **probablemente**

Now begin.

1. *fácilmente*   4. *posiblemente*

2. *perfectamente*   5. *claramente*

3. *rápidamente*

II. DATES

Your friend Susana is telling you about the terrific travel opportunities she has as a flight attendant with an international airline. Listen to what she says. Then, next to the city mentioned, write in English the date she will be there. Each sentence will be repeated.

1. París   *el veinte de enero.*

2. San Juan   *el primero de marzo.*

3. Roma   *el quince de abril.*

4. Acapulco   *el treinta y uno de mayo*

5. Madrid   *el ocho de julio*

6. Santiago   *el dos de agosto*

7. Hong Kong   *el trece de octubre*

8. Buenos Aires   *el veinticinco de noviembre*

III. CARDINAL NUMBERS 100 AND ABOVE

A. *Rogelio is figuring out how much he spent on his skiing trip to Chile. For each item, write the number of dollars you hear. Each item will be repeated.*

150   maletas: *ciento cincuenta dólares*

680   el hotel: *seiscientos ochenta dólares*

212   traje *(suit)* nuevo: *doscientos doce dólares*

35   regalo para Daniela: *treinta y cinco*

216

40 libros sobre Chile: *cuarenta dólares*

430 comida: *cuatrocientos dólares treinta*

TOTAL: *mil quinientos cuarenti siete dólares* *1546*

¡Caramba! ¡Es mucho!

B. *Listen to the following information about national parks of Chile as you read along. Notice the numbers. The date given is the date of founding (fundación) of each park. Vocabulario:* **hectárea** = *hectare;* **kilómetro** = *kilometer.* *p. 97*

PARQUES NACIONALES

289

Alberto de Agostini, 1965, *1.*460.000 hectáreas, Región de Magallanes y Antártica Chilena, con las Islas de Tierra del Fuego y montañas de Darwin

Puyehue, 1941, 117.000 hectáreas, a 1.*4*026 kilómetros de Santiago, con lagos, aguas termales y actividad volcánica

RapaNui, 1935, 6.800 hectáreas, Isla de Pascua, a 3.760 *3.* kilómetros de las costas de Chile

Vicente Pérez Rosales, Región de los Lagos, 1926, *2.* 226.305 hectáreas, con montañas, ríos (*rivers*) y volcanes

Torres del Paine, 1959, 181.414 hectáreas, Provincia Última Esperanza (*Last Hope*), con montañas espectaculares como el Paine Grande, a 3.050 metros, y el Paine Chico, a 2.160 metros *5.*

Write out the following numbers in Spanish:

1. the size in hectares of the biggest of these parks

   un millón cuatrocientas sesenta mil hectáreas

2. the year when the oldest of these parks was founded

   mil novecientos veintiséis

3. the distance of RapaNui from the Chilean coast

   tres mil setecientos sesenta kilómetros

4. the distance of Puyehue from Santiago

   mil veintiséis kilómetros

5. the height of Mount Paine Grande

   tres mil cincuenta metros

3. Él toma aspirinas cuando
4. Voy a las montañas en invierno
5. Ellos van a nadar cuando

IV. IDIOMATIC EXPRESSIONS WITH *TENER; HAY QUE*

A. *Complete each sentence using an idiomatic expression from the list. Be sure to conjugate the verb. Then repeat the answer after the speaker.*

MODELO You hear: Ella necesita la chaqueta (*jacket*) porque...
You say: **Porque tiene frío.**

1. tomo coke
cuando tengo sed.   *5 cuando tienen calor*

4

tener sed   tener calor

Voy a doctor cuando tengo
6.
tener fiebre   tener frío

2 vamos a comer
porque tememos   tener hambre   *4.* tener ganas de esquiar

porque yo
tengo
tener dolor de cabeza

3.
cuando tiene

B. *Maricruz is always complaining. How would you respond to her? For each of her statements, mark the most logical response with an x. Then repeat the answer after the speaker.* *tengo hambre*

1. _____ Hay que nadar.
   ___✓___ Hay que comer.
   _____ Hay que escribir.

2. ___✓___ Hay que tomar agua (*water*). *tengo sed*
   _____ Hay que decidir.
   _____ Hay que hacer ejercicios.

3. ___✓___ Hay que buscar una chaqueta. *tengo frío*
   _____ Hay que abrir las ventanas.
   _____ Hay que ir a la playa.

4. _____ Hay que ir a una fiesta.   *tengo dolor de cabeza*
   _____ Hay que hablar con el profesor.
   ___✓___ Hay que tomar aspirinas.

5. _____ Hay que preparar la comida.   *dolor de estómago*
   ___✓___ Hay que tomar Alka-Seltzer.
   _____ Hay que escuchar la radio.

6. ___✓___ Hay que ir al doctor. *tengo fiebre*
   _____ Hay que ir a la playa.
   _____ Hay que ir al museo.

NOMBRE_____ FECHA_____ CLASE_____

V. AFFIRMATIVE AND NEGATIVE WORDS

A. *Change each sentence to the negative. Then repeat the answer after the speaker.*

    MODELO: Gustavo siempre hace ejercicios.
                      Gustavo nunca hace ejercicios.

B. *Your new roommate asks you a lot of questions. Answer each question in the negative. Then repeat the answer after the speaker.*

                     some relative

    MODELO: ¿Tienes algún pariente aquí cerca?
                      No, no tengo ningún pariente aquí cerca.

4

VIÑETA CULTURAL

A. *Listen to the following poem as you read along. Be prepared to do Exercise B, which follows.*

Álbum de fotografías
Marjorie Agosín

Aquí están nuestros álbumes;
éstas son las fotografías
de los rostros;
acérquese, no tenga
miedo
¿es verdad que son muy jóvenes? es mi hija
mire ésta [es]
Andrea y ésta
es mi hija Paola;
somos las madres de los
desaparecidos.
Coleccionamos
sus rostros
en estas fotografías;
muchas veces hablamos con ellos,
y nos preguntamos
¿quién acariciará
el pelo de la Graciela?
¿qué habrán hecho con el cuerpecito
de Andrés?
Fíjese que tenían nombres,
les gustaba leer,
eran muy jóvenes;
ninguno de ellos alcanzó a celebrar
sus dieciocho años;
aquí están sus fotografías,
estos inmensos álbumes;
acérquese,
ayúdeme;
a lo mejor usted

[handwritten: 1. El arcun de fotografias es su familia]

[handwritten: 2 Los madereo hablan con los fotografia]

[handwritten: Muchos son jovenes]

lo ha visto
y cuando se vaya al extranjero
lleve una de estas fotografías.

B. *You will hear three statements based on the Viñeta cultural. If the statement is true, write* **V** *for* **verdadero**. *If it is false, write* **F** *for* **falso**. *Each statement will be repeated.*

1. _____ 2. _____ 3. _____

4

PARA ESCUCHAR Y ESCRIBIR

[handwritten: En la capital nublado. 25]

A. *Listen to the weather report and be prepared to answer these questions:*

1. ¿Qué hora es?

   [handwritten: Son las ocho de la mañana]

   [handwritten: Where is it going to rain? la lluvia]
2. ¿Dónde va a llover?

   [handwritten: Punta Arenas   11]

3. ¿Dónde va a hacer calor y sol?

   [handwritten: Viña de Mar   30°]

[handwritten: En Punta arenas, juvca 11]

B. *Listen to the following conversation among Jessica, a Canadian student in Santiago,*
[handwritten: 22] *Chile, and her friends Andrea and Jorge. Then do Exercise* **C**, *which follows.*

JESSICA: *[handwritten: I'm very cold]* ¡Huy! Tengo mucho frío.

[handwritten: It's cold because it's the first of July. How is the weather now]
ANDREA: Hace frío porque es el primero de julio. ¿Qué tiempo hace ahora en Vancouver?

[handwritten: It's warm. On Sundays, everyone goes to the beach.]
JESSICA: Hace calor. Los domingos todo el mundo va a la playa.

JORGE: *[handwritten: 2]* En Chile vamos a la playa en diciembre, enero y febrero.

JESSICA: En esos (*those*) meses tenemos mucha *[handwritten: snow]* nieve en el Canadá. ¿Y ahora esquían ustedes aquí?

[handwritten: Certainly, because it's winter.]
ANDREA: Claro, porque es invierno, Jessica.

JESSICA: ¡Dios mío (*My goodness!*)! Aquí hacen todo al revés (*backwards*).

JORGE: Aquí somos normales; ustedes hacen todo al revés.

[handwritten: I think we are going to have rain. Why don't we go to drink eleven]
ANDREA: *[handwritten: 3]* Creo que vamos a tener lluvia. ¿Por qué no vamos a tomar once?

JESSICA: ¿Once qué?

ANDREA: Ah, no me comprendes... Es una expresión chilena, Jessica. Tomar té (*tea*), pues. Vamos a la Alameda, una avenida que está en el centro.

C. *You will hear six statements based on the preceding conversation. Mark each item V (verdadero) or F (falso). Each statement will be repeated.*

1. F   4. V
2. F   5. V
3. F   6. V

1. Jessica tiene mucho calor.

2. En chile, todo el mundo va a la playa en junio julio y agosto.

3. Andrea cree que va a hacer sol.

4. Tomar once es una epresion chilena

5. Los tres amigos van a tomar té en el centro

6. La Alameda es una avenida.

4

1. Hoy, hay muchos autos y autobuses en las calles.
2. Esos hombres no van a trabajar hoy; quieren más dinero.

CAPÍTULO
cinco LA CIUDAD Y SUS PROBLEMAS

3. a bolita no quiere salir por la noche

porque muchas robos.

VOCABULARIO
4. Much gente no tiene trabajo.

5. Hay papeles yo trascosas en la calle

In each blank, write the number of the statement that corresponds to the problem being discussed. Each statement will be repeated.

_5_	a.	la basura	_1_	e.	el tráfico
_3_	b.	el crimen	_7_	f.	la inflación
_6_	c.	el hambre	_2_	g.	la huelga
_4_	d.	el desempleo			

6. Hay gente no tiene   comida

PRONUNCIACIÓN
7. Ahora el precio de un auto nuevo es doce mil dólares

Listen and repeat the following words, concentrating on the vowel sounds and diphthongs.

la contaminación del aire	la huelga
la pobreza	la basura
el hambre	el crimen
el trabajo	la inflación
la discriminación	el desempleo

*In Spanish, the letters **r** (at the beginning of a word or after **l** or **n**) and **rr** are "rolled." This sound is produced by "trilling" the tongue against the roof of the mouth. Listen and repeat these words.*

el barrio	el perro (*dog*)	el reloj
el carro (*car*)	Rita	el robo
el puertorriqueño	raro	

*Now repeat the following tongue twister after the speaker. Practice this exercise and try to produce the trilled **r** sound correctly.*

Erre con erre, cigarro;
R with r for cigar;

Erre con erre, barril.
R with r for barrel.

Handwritten annotations at top:

That 1. Esas bicicletas son viejas   Those books 5. Esos libros de historia
These Éstas son nuevas.   These are   Éstos son
are That
  2. Ese pasaporte<del>s</del> frances.
This is Éste es   Rápido corren los carros
That bookstore 3. En esa librería venden libros de alemán.
              Rapidly run the cars
this   En ésta   Sobre los rieles del ferrocarril.
That calendar 4. Ese calendario es de Juan.   *Upon the rails of the railway.*
This is Éste es
              568

I. DEMONSTRATIVE ADJECTIVES AND PRONOUNS

5

Change each sentence using the cue given, then repeat the answer after the speaker.

MODELO   *That class is*
          Esa clase es aburrida. (interesante)
          Ésta es interesante.
          This is

II. STEM-CHANGING VERBS: *E* TO *IE*

A. *Answer each question using the cue you hear. Then repeat the answer after the speaker.*

MODELO   You hear: ¿Quieres trabajar ahora? (sí)
          You say: **Sí, quiero trabajar ahora.**

B. *Margarita is unhappy about living in New York. Ask her a question based on the words in your lab manual. Margarita will rephrase your question and give an answer. Listen to the model.*

MODELO   You see: ¿qué pensar de esta ciudad? *this*
          You say: **¿Qué pienso de esta ciudad?**
          You hear (but do not repeat): ¿Qué pienso de esta ciudad?
                                         Es grande; hay mucho crimen; es
                                         imposible vivir aquí.

Handwritten: "La gente es muy fría no tiene tiempo de tener amigos"

Qué pienso de la gente de
1. ¿qué pensar de la gente de Nueva York?
      Yo vengo   this
2. ¿venir mucho a este restaurante? Sí, porque la comida es buena
      Nieva
3. ¿nevar mucho aquí en Nueva York? Sí, hay mucho nieva en enero, febrero, y marzo.
      empieza
4. ¿cuándo empezar a hacer frío aquí? Pues, aquí empiezas a hacer frío en octubre, pero empiezas a hacer fresco en septiembre.
      Pienso
5. ¿pensar mucho en Puerto Rico? 5. ¡qué pregunta! Sí, pienso en puertorrico día y noche a ya y sol playas y mucho tiempo para estar conmigo

Handwritten bottom left:
6.06   159
A.
1. Cierra Juan la puerta?
   Sí, cierra.
2. Quieran ustedes ver una película?
   No, queremos ver
3. Entienden la lección?
   Sí, entiendo
4. Prefieren ellos café?
5. Empieza la clase ahora?
   Sí, empieza
6. Piensan ustedes regresar?
   pensamos
7. Prefieres ir de compras?
   No, prefiero

224

III. DIRECT OBJECT PRONOUNS

A. *You will hear a sentence with a direct object; the sentence will be repeated. Mark an **x** under the object pronoun that corresponds to the direct object you hear. Then restate the sentence using the object pronoun. Repeat the answer after the speaker.*

MODELO	You hear:	Mira a la mujer policía.
	You mark:	an **x** under **la** because it is the object pronoun that would replace **la mujer policía.**
	You say:	**La mira.**
	You hear and repeat:	**La mira.**

	lo	la	los	las
Modelo		x		
1.	*Lo vemos.* *Vemos edificio* X			
2.	*carmen escuchar reportero*	*Carmen lo escucha.*		
3.	*Alberto y Víctor esperan los amigos.*		X	*Al y Víc los esperan.*
4.	*Carlos ayuda el puertorriqueño* X			*Carlos lo ayuda.*
5.	*Ellos entienden los problemas.*		X	*Ellos los entienden.*
6.	*Carmen visita a nosotros*			*Carmen nos visita*
7.				

B. *Listen to each statement, which will be repeated. Then circle the letter of the appropriate response.*

MODELO	You hear:	¿Cuándo quiere usted visitarme?
	You see:	a. Lo quiero visitar mañana.
		b. Te quiero visitar mañana.
		c. La quiero visitar mañana.
	You circle:	**c**

Voy la visitar la hoy

1. MARÍA: a. ¿Qué? ¿La doctora?

    b. ¿A quién? ¿A Jorge?

    c. ¿A quién? ¿A Gloria?

Are you going to call us?
¿Nos vas a llamar?
Ana y yo corremos verte.

2. PABLO: a. Sí, las voy a llamar mañana.

    b. Va a llamarnos mañana.

    c. Pienso llamarlos en febrero.

¿Ahora entiendes el problema papá?
Now do you understand?

3. PADRE: a. Voy a entenderla esta tarde.

    b. Quiero entenderlo, pero... ¡no lo comprendo!

    c. Ahora empiezo a entenderlos. *no*

I don't intend to buy them (fem.)
No pienso comprarlas.

4. CARLOS: (a.) ¿Qué? ¿Las sillas?

    b. ¡Qué lástima! ¿No lo necesitas?

    You are going to miss   *Usted va perder muchas oportunidades.*   *I don't understand because you don't listen to me*   *no entiendo porque*

    c. ¿Qué? ¿La maleta?

5. DRA. RAMOS: (a.) Te escucho pero no tienes razón.   *no escucha.*   *me*

    b. Yo la escucho muy bien.

    c. Lo escucho pero no estoy de acuerdo.

C. *A woman has just been robbed and a policeman is on the scene asking her questions. Answer each question for her using a direct object pronoun and the cue you hear.*

1. ¿Quiere usted llamar a su esposo?   *Sí, lo quiero llamar.*

2. ¿Necesita estos veinte centavos?   *these*   *Sí, los necesito*

3. ¿Ve el teléfono allí?   *Sí, lo veo*

4. ¿Me espera aquí un momento?   *Sí, lo espero aquí.*

IV. THE PRESENT TENSE OF *SABER* AND *CONOCER*

A. *Decide whether you would use* **sé** *or* **conozco** *in each phrase you hear and circle the answer. Each phrase will be repeated. Then repeat the sentence after the speaker.*

MODELO   You hear: a Agustín
You circle: **conozco** because the answer would be **Conozco a Agustín.**

Sé que el está consado

1.	sé	conozco	5.	sé	conozco
2.	sé	conozco	6.	sé	conozco
3.	sé	conozco	7.	sé	conozco
4.	sé	conozco	8.	sé	conozco

Sé que ella regresa a Puerto Rico.
Conozco Buenos Aires.
Sé nadar.

Conozco buen restaurante.
Conozco a amigo de Paula.
Sé su número de teléfono.
Sé hablar francés.

5

B. *Listen to the conversation. Then answer the questions that follow. You will hear a possible answer after the pause.*

CRISTINA: Rosa, ¿*conoces* a mi primo Ramón?   *do you know my cousin*
ROSA: Sí, lo *conozco.*   *I know him*
CRISTINA: Va a perder el trabajo, pobrecito.
ROSA: ¡Qué mala suerte!   *I know*
CRISTINA: Además (*Besides*), *sé* que no está muy contento aquí. En el barrio donde vive hay crímenes, robos, basura...
ROSA: Sí, lo *sé*. ¡Qué lástima!   *know the city*   *know how to find*
CRISTINA: Pero no *conoce* bien la ciudad y no *sabe* buscar apartamento en otro barrio.
ROSA: Pues, si tú llevas a Ramón a buscar apartamento, yo voy a ayudarlo con el empleo. *Conozco a* un ingeniero y *sé* que ahora necesitan ayuda (*help*) en la compañía de construcción donde trabaja.   *he knows*

read
I know an engineer

1. *¿Quién es Ramón?*
2. *Lo conoce Rosa?*
3. *Que problema tiene?*
4. *Conoce bien la ciudad?*
5. *Qué va a hacer Cristina?*
Va a llevar a Ramón a buscar apartamento
6. *¿A quién conoce Rosa? Conoce a ingeniero.*
7. *Qué va a hacer Rosa?*
Va a ayudar Ramón con empleo.

VIÑETA CULTURAL

A. *Listen to the following poem as you read along and be prepared to do Exercise B, which follows.*

ay bendito
Tato Laviera

oh, oh, ¡ay virgen!
fíjese, oiga, fíjese.
ay, bendito.   *able*
pero, ¿qué se puede hacer?
nada, ¿verdad?
ave maría.
ah, sí, ah, sí, es así,
pues, oiga,
si es la verdad.
pero, ¿qué se puede hacer?
nada, ¿verdad?
fíjese, oiga, fíjese.
mire, mire.

oh, sí, ¡hombre!
oiga, así somos
tan buenos, ¿verdad?
bendito.
¡ay, madre!
¡ay, Dios mío!
¡ay, Dios santo!
¡me da una pena!
ay, si la vida es así, oiga.
pero, ¿qué se puede hacer?
nada, ¿verdad?
fíjese, oiga, fíjese
oiga, fíjese.

B. *Circle the letter of the correct answer.*

1. This poem conveys a feeling of...
   a. fatalism
   b. determinism
   c. humor

2. The poet feels...
   a. all powerful
   b. humorous
   c. helpless

3. In this poem, the speaker is...
   a. complaining
   b. praising God
   c. praising mankind

5

PARA ESCUCHAR Y ESCRIBIR

A. *Listen to the conversation and answer these questions:*

1. ¿Cuál es el problema de Berta?

   Berta tiene un gran problema con Eduardo.

2. ¿Qué necesita ella?

   Primero ella necesitas un buen abogado para un divorcio

B. *Listen to the following conversation between two Puerto Rican friends in an employment office in New York City. Then do Exercise C, which follows:*

RAFAEL: ¡Carlos! ¿Qué haces aquí?
CARLOS: Hola, Rafa. Yo trabajo en esta oficina. ¿Y tú?
RAFAEL: Busco empleo. Pero este formulario (*form*) es difícil.
CARLOS: ¿No lo entiendes? Te ayudo. Primero tienes que escribir tu nombre y apellido (*last name*).
RAFAEL: Bueno. Los escribo en esta línea (*line*). Escribo mi nombre completo... Rafael Álvarez Balboa. *Don't you know that*
CARLOS: ¡No, hombre! ¿No sabes que aquí prefieren los nombres fáciles? ¿Por qué no escribes simplemente Ralph Álvarez?
RAFAEL: Pero ése no es mi nombre. Todos me conocen como Rafael... Bueno, Ralph está bien. Sé que los americanos tienen todos los buenos empleos.
CARLOS: Pero ¡nosotros también somos americanos! Por lo menos no tenemos problemas legales como toda la gente que viene aquí por razones (*reasons*) políticas.
RAFAEL: Eso sí es verdad, y no tenemos problemas en regresar a la Isla...
CARLOS: Pero... ¿qué tipo de trabajo buscas, Rafa?
RAFAEL: Pues, un trabajo de ingeniero civil, por ejemplo.
CARLOS: Un momento... Hay un puesto (*position*) en Brooklyn y otro en Manhattan. ¿Cuál prefieres?
RAFAEL: No lo sé. ¿Qué piensas?
CARLOS: ¿Por qué no llamas a los dos lugares? Aquí están las direcciones y los números de teléfono.

RAFAEL: Buena idea. Gracias, Carlos.
CARLOS: ¡Buena suerte!

C. *Decide whether each statement you hear is true or false and write* **V** *(verdadero) or* **F** *(falso). Each statement will be repeated.*

[handwritten:] 1. Rafael trabaja en Nueva York en una oficina empleos. 4. Pero P.r. tienen problemas legales cuando quieren regresar a P.R.

1. *falso*   2. El verdadero nombre   5. *falso*   5. Rafael busca un trbajo de camarero.
2. *falso*   de Rafael es Ralph   6. *verdadero*   6. Carlos tiene trabajo ahora.
3. *verdadero* 3. Los p.r. no tiene problemas   7. *verdadero*   7. Rafael va llamar a dos lugares
4. *falso*   legales cuando quieren   8. *falso*   donde hay puestos.
                venir a Estados Unidos de P.R.   8. Rafael no quiere trabajar en Manhattan

5

D. *Ramón, an immigrant from the Dominican Republic who lives in Chicago, is describing the advantages and disadvantages of life in Chicago versus life in the Dominican Republic. Listen to what he says. You may not understand every word. Just listen for the main ideas.*

735

E. *Listen again. Make a list in English of the advantages and disadvantages of living in Chicago and the Dominican Republic.*

Advantages: Chicago
el empleo
no tenememos las comidas de deliciosa pizza chicago estila
tiendas elegantes
grandes museos, teatros, opera

Disadvantages: Chicago
no tenemos el sol, el calor
playas in ?
hace mucho frío en invierno,
robos, crimen y drogas
no tengo muchas oportunidades

Advantages: Dominican Republic
mis amigos y mi familia
las comidas típicas

Disadvantages: Dominican Republic
mucho desempleo
la pobreza

CAPÍTULO

seis

DIVERSIONES Y PASATIEMPOS

1. van a un concierta de musica classica (handwritten)

VOCABULARIO

*Decide whether each of the activities you hear described would take place at home, in a theater, or at a movie theater, and mark the appropriate column with an **x**. Each statement will be repeated.*

	la casa	el teatro	el cine
1.		concierta de musica *classica*	
2.	una fiesta		
3.	canta para sus amigos		
4.		tora violin en orchestra	
5.		obra de Shakespear	nueva pelicula
6.			
7.	escuchar discos		

PRONUNCIACIÓN

Listen to the following words and repeat each one after the speaker, concentrating on the vowel and diphthong sounds.

mientras	el béisbol	el consejo	el concierto
el vólibol	seguir	el almuerzo	el curso

*The letter **j** in Spanish is pronounced much like the English **h** in **history**. However, it is more exaggerated. Listen and repeat these words.*

José	Juan	Jorge	hija	viaje
bajar	trabajar	pasajero	lejos	ejercicios
mujer	jueves	junio	julio	joven

*In Spanish, when the letter **g** is before an **e** or an **i**, it is pronounced much like the Spanish letter **j**. Listen and repeat these sentences.*

El agente habla con un ingeniero argentino.

Este libro tiene muchas páginas sobre antropología.

Josefina estudia geología en Tejas.

Hay mucha gente en la agencia de viajes.

231

Le escriba una carta.
2. *Te compramos un regalo.*
3. *Nos hacen un favor.*
4. *Me piden cinco dólares*
5. *Le damos las gracias*
6. *Les dice la verdad.*
7. *Nos promete llegar temprano.*
8. *Les repita la lección.*

I. INDIRECT OBJECT PRONOUNS

A. *Make a new sentence, adding the indirect object pronoun that corresponds to the cue you hear. Then repeat the answer after the speaker.*

MODELO Preparo la comida. (a los chicos)
Les preparo la comida.

B. *Listen to the following conversation between Rosita and her mother, Mrs. Pérez.*

SRA. PÉREZ: Te quiero hablar, Rosita. ¿Me haces el favor de escribirles una carta a tus abuelos hoy? El jueves es el cumpleaños de tu abuela.

ROSITA: ¡Ay, mamá! Ahora no les quiero escribir. ¿Por qué no los llamamos por teléfono? Así tú también le deseas un feliz cumpleaños a tu mamá, ¿de acuerdo?

SRA. PÉREZ: No, Rosita, pero te prometo una cosa: si tú les escribes esa carta, yo te dejo (*let, allow*) ir al cine con Anita mañana.

ROSITA: ¿Vas a dejarme ir al cine con ella? ¡Qué bien! ¡Gracias, mamá! Bueno, ¿dónde hay un lápiz?

Now answer each question in a complete sentence. Each question will be repeated. You will hear a possible answer after the pause.

II. STEM-CHANGING VERBS: *E* TO *I*; THE VERB *DAR*

A. *Make a new sentence, changing the verb to the singular. Make any other necessary changes. Then repeat the answer after the speaker.*

MODELO ¿Cuántos cursos siguen ustedes?
¿Cuántos cursos sigue usted?

B. *Listen to the following conversation.*

ELISA: ¡Ay, qué problemas tengo con Gustavo! Te pido ayuda, Pilar, porque tus consejos siempre me sirven.

PILAR: Gustavo te sigue por todas partes (*everywhere*), ¿verdad?

ELISA: No, pero todos los días me llama por teléfono para ver si estoy en casa. Piensa que salgo con otros hombres y que no lo quiero.

PILAR: ¡Caramba! Y tú, ¿qué le dices?

ELISA: Le digo que él es el hombre ideal para mí. Pero, ¿qué hago, Pilar?

PILAR: ¿Por qué no lo llamas tú todas las noches para ver si él va de paseo?

ELISA: No puedo. Si estoy en casa todas las noches, ¿cuándo voy a ver a Jaime o a Miguel?

6

232

1. Elisa le pide ayuda a su amigo Gustavo.
2. El problema de Elisa es que Gustavo la sigue por todas partes.

3. Gustavo cree que Elisa sale con otros hombres y que no lo quiere.

Now decide whether each statement you hear is true or false and write **V** (**verdadero**) or **F** (**falso**). Each statement will be repeated.

1. __F__   4. __F__
2. __F__   5. __V__
3. __V__

4. Elisa va a seguir los consejos de Pilar.
5. Elisa quiere ir con Jaime y con Miguel también.

III. STEM-CHANGING VERBS: *O* TO *UE*, *U* TO *UE*

A. *Ask a question to which the sentence you hear is a possible response. Use* **tú** *rather than* **usted** *for* you *singular. Then repeat the answer after the speaker.*

MODELO   Sí, vuelvo a la biblioteca mañana.
          ¿Vuelves a la biblioteca mañana?

B. *Listen to the following conversation. Circle the correct answer to each question you hear. Each question will be repeated.*

1 Quiénes hablan
1. a. un vendedor y un señor
   b. un recepcionista de un hotel y un señor

2 Cuántas personas están de viaje
2. a. dos
   b. tres

3. Cuál es la pregunta del señor Morales
3. a. ¿Cuánto cuesta un cuarto en el hotel?
   b. ¿Cuándo sale el avión para San Antonio?

setenta dolares
4. Qué día van a volver a Cartagena el señor y sus familia
4. a. el martes *solamente*
   b. el miércoles

5. Qué quiere
5. a. llamar al aeropuerto
   b. completar un formulario

IV. DIRECT AND INDIRECT OBJECT PRONOUNS IN THE SAME SENTENCE

A. *You will hear a sentence with a direct object noun; the sentence will be repeated. Replace the noun with the corresponding direct object pronoun and make any other necessary changes. Then repeat the answer after the speaker.*

MODELO   Le enseño el boleto.
          Se lo enseño.

B. *Listen to the conversation between Arturo and Josefina.*

ARTURO: ¿Recuerdas la canción «Guantanamera»? Es parte de un poema del poeta cubano José Martí.

JOSEFINA: Los versos los recuerdo de memoria, pero no recuerdo la música. ¿Me la puedes tocar en la guitarra?

ARTURO: ¿La guitarra? La tiene Camilo. Se la doy los sábados porque toca en una orquesta.

Now answer each question in a complete sentence. Each question will be repeated. You will hear a possible answer after the pause.

6 VIÑETA CULTURAL

A. *Listen to the following article as you read along. Be prepared to do Exercise B, which follows.*

Un día muy especial para los colombianos es el 21 de septiembre, el Día del Amor y la Amistad. Varios días antes de la fecha oficial, la gente empieza a celebrar con el juego del «amigo secreto». Los estudiantes de una clase o los trabajadores de una oficina escriben sus nombres en papelitos y los ponen en una bolsa. Todo el mundo escoge un nombre: el nombre del «amigo secreto». El 19 o el 20, el grupo sale a una taberna, pizzería o restaurante. Allí hablan comen, bailan y dan regalos a los «amigos secretos».

B. *Complete the following statements based on the article you just heard. Listen to the phrases, which will be read twice, and then write the letter of the words that best complete the sentence.*

1. _e_
2. _c_
3. _a_
4. _f_
5. _b_
6. _d_

a. una bolsa
b. una taberna o restaurante
c. «amigo secreto»
d. regalos
e. el 21 de septiembre
f. un nombre

PARA ESCUCHAR Y ESCRIBIR

A. *Listen to the conversation and answer these questions:*

1. ¿Adónde va la señora?

   Cali

2. ¿Cuánto cuesta un boleto de primera clase? ¿de segunda clase?

   1. treinta mil pesos. 2. veintidos mil pesos

B. *Listen to the following conversation as you read along. Then do Exercise **C**, which follows.*

Vocabulario: **importadas** *imported*; **pagar impuestos** *pay taxes.*

LA AGENTE: Buenos días, señor. ¿En qué puedo servirle?

EL SEÑOR: Queremos ir a Isla San Andrés a pasar las vacaciones.

LA AGENTE: Oh, es un lugar muy bonito. ¿Cuándo quieren ir?

EL SEÑOR: En aproximadamente dos semanas.

LA AGENTE: ¿Cuántas personas son?

EL SEÑOR: Somos cuatro: yo, mi esposa y dos niños. ¿Me puede decir cuánto cuesta el viaje en avión?

LA AGENTE: De aquí, un boleto de ida y vuelta cuesta... unos treinta mil pesos.

EL SEÑOR: A ver... Está bien. ¿Me puede hacer las reservaciones?

LA AGENTE: Sí, con mucho gusto. ¿Cuándo quieren salir?

EL SEÑOR: Mmm... El catorce o el quince, si es posible, por una semana.

LA AGENTE: ¿Necesitan hotel? Conozco un hotel muy bueno allí. Se llama El Mediterráneo, y los precios son razonables.

EL SEÑOR: ¿Está en el centro?

LA AGENTE: Sí. La isla es muy pequeña.

EL SEÑOR: ¿Qué diversiones tiene?

LA AGENTE: Tiene muchas playas bonitas y muchos restaurantes buenos. Pueden nadar, tomar sol, jugar al tenis... También es un buen lugar para hacer compras, porque las tiendas tienen muchas cosas importadas. Y si usted compra algo allí, no tiene que pagar impuestos.

C. *You will hear six statements based on the conversation. Circle **V** (**verdadero**) if the statement is true or **F** (**falso**) if it is false. Each statement will be repeated.*

1. (V) F   4. V (F)
2. V (F)   5. (V) F
3. (V) F   6. (V)

D. *Julia is trying to decide whether to go out with Pablo or Felipe. They each have qualities she likes and dislikes. Listen to what she says. You may not understand every word; just try to get the main ideas.*

Listen again. List the positive qualities of Pablo and Felipe that Julia mentioned. (You don't have to remember every detail — just the main ideas.)

507   513

Pablo   **Felipe**

muy sociable y   muy inteligente; estudia mucho

tiene muchos amigos   " responsable y trabajador

juega al tenis toca la guitara   sensible,

y bailar bien   estudia medicina; quieres el doctor

235

CAPÍTULO

siete

LA ROPA, LOS COLORES Y LA RUTINA DIARIA

7

VOCABULARIO

A. *Circle the letter of the most logical word or phrase to complete each statement. Each statement will be repeated.*

1. a. el abrigo.
   b. el vestido.

2. a. el paraguas.
   b. la falda.

3. a. acostarme.
   b. mudarme.

4. a. cenar.
   b. almorzar.

5. a. pongo el suéter.
   b. quito el suéter.

6. a. queda en casa hoy.
   b. divierte mucho.

B. *Antonio is describing his daily routine. If what he says is logical, write* **Sí** *in the blank. If it is not logical, write* **No.** *Each statement will be repeated.*

1. _____
2. _____
3. _____

4. _____
5. _____
6. _____

7. _____
8. _____
9. _____

PRONUNCIACIÓN

Listen to the following words and repeat each one after the speaker, concentrating on the vowels and diphthongs.

el impermeable	el paraguas	amarillo	verde
marrón	grupo	diario	el suéter
divertirse			

The **ñ** *in Spanish is pronounced much like the* **ny** *in the English word* **canyon.** *Listen and repeat these words.*

señor	soñar	año	niño
mañana	montaña	cumpleaños	enseñar
español	otoño		

In Spanish, the letter x has several different sounds. Before a consonant, it is often pronounced like the English s. Listen and repeat these words.

texto	externo	expresión
exposición	Taxco	extra

When the x is between two vowels, it is pronounced like a ks in English. Listen and repeat these words.

exacto	existencia	examen

In the past, the letter x had the same sound as the Spanish j. In most cases the spelling has been changed, but a few words may be spelled with either an x or a j. Listen and repeat these words.

México	Xavier	Ximénez	Texas

I. THE REFLEXIVE

7

A. *Complete each statement, which you will hear twice, by reading aloud the more appropriate verb phrase from the choices given. Then repeat the entire sentence after the speaker.*

MODELO
You hear: Cuando tengo sueño...
You see: a.   me visto   b.   me acuesto
You say: **me acuesto**
You hear and repeat: **Cuando tengo sueño, me acuesto.**

1. a. mudarme
    b. lavarme

2. a. quedarse
    b. divertirse

3. a. me voy a quedar
    b. me voy a vestir

4. a. me acostumbro
    b. me despierto

5. a. ponértelo
    b. quitártelo

B. *Look at the drawings. Then answer each question you hear. The question will be repeated. You will hear a possible answer after the pause.*

C. *Listen to the following conversation.*

FERNANDO: ¡Hola, Natalia! ¿Qué tal?

NATALIA: Bien, Fernando. ¿Cómo estás?

FERNANDO: Bien, gracias. Escribo una obra nueva. Se llama *Luis y Luisa.*

NATALIA: ¿Sí? ¿Y qué pasa en la obra?

FERNANDO: A ver... Te lo digo en pocas palabras. Luis y Luisa se conocen en un baile. Se ven todos los días y por fin se dicen que se quieren. Pero el padre de Luisa dice que ella no puede ver más a Luis. Por eso, Luis se va... se muda a otra ciudad... y Luisa...

NATALIA: ¡Oh!, algo como la historia de Romeo y Julieta, ¿no?

FERNANDO: ¿Romeo y Julieta? Sí, pero esta obra es una comedia. Luis y Luisa se casan y viajan por todo el mundo...

Decide whether each statement you hear is true or false and write V (verdadero) or F (falso).

1. _____   3. _____   5. _____

2. _____   4. _____

II. THE PRETERIT OF REGULAR AND STEM-CHANGING VERBS

A. *Gustavo always forgets his roommate Ramón. Remind him to include him in what he says. Then repeat the sentence after the speaker.*

MODELO   Leí *Don Quijote* el año pasado.
Ramón también leyó *Don Quijote* el año pasado.

B. *Decide whether the verb in each sentence you hear is in the present or the preterit tense. Then mark the appropriate column with an **x**. Each sentence will be repeated.*

	Present	Preterit		Present	Preterit
1.	_____	_____	5.	_____	_____
2.	_____	_____	6.	_____	_____
3.	_____	_____	7.	_____	_____
4.	_____	_____	8.	_____	_____

C. *Answer each question in the negative, indicating that you performed the action yesterday. Use direct and indirect object pronouns when possible. Then repeat the answer after the speaker.*

MODELO   ¿Escribes a tus padres hoy?
No, les escribí ayer.

III. COMPARISONS; THE SUPERLATIVE

A. *Mario is comparing himself to his older brother Rodolfo. Tell what he says, using a comparison of equality and the cues given. Then repeat the answer after the speaker.*

MODELO   You see: ser / fuerte
You say: **No soy tan fuerte como Rodolfo.**

1. correr / rápidamente
2. seguir / cursos
3. nadar / bien

4. tener / amigas
5. ser / alto
6. practicar / deportes

B. *You and your friends are talking about school and the people you know. Respond to each of your friends' statements, using the superlative. Then repeat the answer after the speaker.*

> **MODELO** La clase de matemáticas es difícil, ¿no?
> **Sí, es dificilísima.**

C. *Decide whether each statement you hear is true or false and circle V (verdadero) or F (falso). Each statement will be repeated.*

1. V   F   3. V   F   5. V   F
2. V   F   4. V   F   6. V   F

D. *Listen to the conversation once all the way through. Then listen again and complete the sentences with the Spanish words you hear.*

> ADELA: Eduardo, soy _____ violinista de la orquesta, ¿verdad?
>
> EDUARDO: Claro, Adela, la _____.
>
> ADELA: ¿Y soy _____ que conoces?
>
> EDUARDO: _____.
>
> ADELA: ¿Y la más sensible y _____?
>
> EDUARDO: ¡Cómo no!
>
> ADELA: Oh, Eduardo. ¡Sólo tú puedes decir cosas _____
>
> _____!

VIÑETA CULTURAL

A. *Listen to the following passage as you read along. Be prepared to do Exercise B, which follows.*

La ciudad de Barcelona, el puerto principal de España y un importante centro económico y comercial, es la capital de Cataluña. Esta metrópoli, con más de dos mil años de historia, manifiesta influencias de los griegos, romanos, visigodos, moros y francos, entre otros.

Si usted va a Barcelona, puede dar un paseo por las Ramblas, la famosa avenida donde hay librerías y kioskos, restaurantes y cafés, tiendas elegantes y boutiques exclusivas. También puede escuchar catalán, la lengua de Cataluña, en la calle, en la radio o en la televisión, y puede ver letreros en catalán. En esta ciudad de gran tolerancia hay un sincero amor a la libertad y a la independencia. Cuando murió el dictador Francisco Franco en 1975, hubo una gran celebración en Barcelona; dicen que ¡no quedó ni una sola botella de champán en toda la ciudad!

B. *You will hear five statements based on the **Viñeta cultural**. If the statement is true, circle* **V** *(**Verdadero**). If it is false, circle* **F** *(**falso**).*

1. V F
2. V F
3. V F
4. V F
5. V F

PARA ESCUCHAR Y ESCRIBIR

A. *Listen to the following conversation and answer these questions:*

1. ¿Qué busca la señora?

_____

2. ¿Qué talla usa?

_____

B. *Listen to the following conversation, which takes place in a café in Barcelona. Then do Exercise* **C**, *which follows.*

SR. BLANCO:	Buenos tardes. ¿Ya pedisteis?
SR. MORENO:	Sí, pedimos jerez (*sherry*) para todos.
SR. BLANCO:	¿De veras? ¿No recordasteis que mi señora no toma bebidas (*drinks*) tan fuertes (*strong*) como el jerez? ¿Verdad, María?
SRA. BLANCO:	Pues, yo... solamente...
SR. BLANCO:	¡Camarero! Un vino blanco para la señora, por favor.
CAMARERO:	Se lo sirvo inmediatamente, señor.
SR. MORENO:	Bueno, ¿y qué hay de nuevo?
SR. BLANCO:	Anoche asistimos a un partido (*game*) de jai alai.
SRA. BLANCO:	Participaron los equipos (*teams*) más populares de España.
SR. BLANCO:	Perdí ochenta pesetas, pero me divertí.
SRA. MORENO:	¿Y tú, María? ¿Te divertiste también?
SRA. BLANCO:	Pues yo... verdaderamente...
SR. BLANCO:	¡Claro que se divirtió!
SRA. MORENO:	Francamente, yo prefiero la corrida de toros (*bullfight*). Es más emocionante (*exciting*) que el jai alai o el fútbol.
SR. MORENO:	Y menos violento.
SR. BLANCO:	¡Pero no hablas en serio (*But you're not serious!*)! Hay mucha violencia en las corridas de toros.
SR. MORENO:	No tanta... y casi nunca muere el torero (*bullfighter*); sólo muere el toro.
SRA. MORENO:	Y después les dan la carne (*meat*) a los pobres. Pero, ¿por qué no escuchamos la voz (*voice*) de la futura generación? ¿Qué piensas, Adriana, de la corrida de toros?
SR. BLANCO:	Es un espectáculo violentísimo, ¿verdad?
ADRIANA:	No, papá. Realmente creo que es un drama simbólico, lindísimo.
SR. MORENO:	Ah, los jóvenes de hoy, ¡son tan inteligentes!
SR. BLANCO:	¡Bah! ¡Un grupo de rebeldes (*rebels*) y desconformes (*nonconformists*)!

C. *Decide if each statement you hear is* **probable** *or* **improbable** *and write* **P** *or* **I.**

1. _____   4. _____
2. _____   5. _____
3. _____

D. *Adolfo, a student, is living in Spain and talks about his life there. Listen to what he says. You may not understand every word; just try to get the main ideas.*

E. *Listen to Adolfo again and complete each of the following sentences.*

1. Adolfo estudia _____.

2. Este semestre tiene _____ clases.

3. Se levanta a _____ para estar en la universidad
   a las nueve.

4. Entre las clases, Adolfo _____ o _____

   _____.

5. A las diez de la noche, Adolfo _____ con

   _____.

6. En general, Adolfo no se queda en casa porque _____

   _____.

7. El año que viene Adolfo va a _____.

8. Allí vive su familia y allí _____

   _____.

CAPÍTULO
ocho
COMIDAS Y BEBIDAS

VOCABULARIO

a.

b.

c.

d.

e.

f.

g.

h.

A. *Look at the drawings, which are lettered from a to h. For each sentence you hear, write the letter of the corresponding drawing of a food or beverage in the blank. Each sentence will be repeated.*

1. _____   5. _____
2. _____   6. _____
3. _____   7. _____
4. _____   8. _____

B. *Decide whether each statement you hear is logical or not. Write* **Sí** *if it is logical and* **No** *if it is not. Each statement will be repeated.*

1. _____   3. _____   5. _____

2. _____   4. _____   6. _____

PRONUNCIACIÓN

Listen to the following words and repeat each one after the speaker, concentrating on the vowel and diphthong sounds.

cocinar	el azúcar	la cuenta
desayunar	los frijoles	el cuchillo
oír	el maíz	la cuchara
traer	la paella	el tenedor

In Spanish, when the letter **g** *comes before* **a, o,** *or* **u,** *it is pronounced like the letter* **g** *in the English word* **gate.** *Listen and repeat these words.*

el gazpacho	el abrigo	preguntar
la lechuga	agosto	ninguno
llegar	el jugo	gustar

In the combinations **gue** *and* **gui,** *the* **u** *is not pronounced and the* **g** *has the same sound as the English* **g.** *In the combinations* **gua** *and* **guo,** *the* **u** *is pronounced like the* **w** *in English. Listen and repeat these words.*

Miguel	alguien	el agua	el guante
la hamburguesa	la guitarra	Guatemala	antiguo

I. THE PRESENT TENSE OF *ENCANTAR, FALTAR, GUSTAR, IMPORTAR, INTERESAR;* THE VERBS *OÍR* AND *TRAER*

A. *Make a new sentence using the cue you hear. Then repeat the answer after the speaker.*

> **MODELO**   Me gustan las frutas. (piña)
> **Me gusta la piña.**

B. *Make a new sentence using the cue you hear. Then repeat the answer after the speaker.*

> **MODELO**   A mí no me importa el dinero. (a nosotros)
> **A nosotros no nos importa el dinero.**

C. *Answer each question using the cue you hear. Then repeat the answer after the speaker.*

> **MODELO**   ¿Te gustan los frijoles? (no)
> **No, no me gustan los frijoles.**

8

II. THE PRETERIT OF IRREGULAR VERBS

A. *Restate each sentence in the preterit tense. Then repeat the answer after the speaker.*

MODELO   Están en el cine.
Estuvieron en el cine.

B. *You have just met someone who is a fast talker. Each time she uses a verb in the preterit, decide if she is referring to herself (check the* **yo** *column) or someone else (check the* **él, ella, usted** *column). You will hear only short verb phrases, but you will hear each one twice.*

MODELO   You hear: no quiso ir
You check: **the** *él, ella, usted* **column**

yo	él, ella, usted
1. _____	_____
2. _____	_____
3. _____	_____
4. _____	_____
5. _____	_____
6. _____	_____
7. _____	_____
8. _____	_____

III. PREPOSITIONS; *POR* VS. *PARA*

A. *Listen to the following sentences and circle the letter of the word or words that best complete each one. Then repeat the answer after the speaker. Each sentence will be repeated.*

1. a. para buscar unos libros.
   b. para vender unos libros.

2. a. sin dejarme.
   b. sin hablarme.

3. a. antes de bailar.
   b. antes de salir.

4. a. contigo.
   b. conmigo.

5. a. después de acostarse.
   b. después de levantarse.

B. *Describe a trip to Santa Bárbara. You will hear a sentence, which will be repeated, plus a cue. Make a new sentence using* **por** *or* **para**. *Follow the model and repeat the answer after the speaker.*

MODELO   Vamos a Santa Bárbara. (una semana)
           Vamos a Santa Bárbara por una semana.

1. la tarde
2. autobús
3. Luisa
4. IBM

5. teléfono
6. el miércoles
7. ir a la playa
8. la calle

VIÑETA CULTURAL

A. *Listen to the following poems as you read along. Then do Exercise* **B**, *which follows.*

En el Taco Bell
Jesús Solis

Waiting in line at the Taco Bell,
Looking at the "menu":
Soft Tacos, Tostadas, Beef Meximelt...
La recuerdo a mi mamá
Sus manos oscuras
haciendo tortillas
acariciando la masa —
preparándoles la cena
a todos sus hijos.
Huevos, frijoles, arroz
hechos con cariño,
hechos con el amor de los siglos.
Hey! Ya ready to order? says the Chinese girl at the counter.

kitchen talk
Evangelina Vigil

speaking of the many
tragedies that come in
life most times unexpectedly
I uttered with resolution
"nunca sabe uno lo que le va
traer la vida de un momento
al otro."

sintiendo en un instante
todo lo que ha sentido en su vida
responde mi abuela
"no, pues no,"
thought perfectly balanced
with routine rinsing of coffee cups and spoons
"¡qué barbaridad!
¡pues si supiera uno,
pues qué bárbaro!"

B. *Some of the following sentences accurately reflect the content of the poems you just have heard, but a few do not. Listen to the sentences, then circle in your lab manual* **V** *(verdadero) for sentences that are true and* **F** *(falso) for those that are false. Each sentence will be repeated.*

1. V F   5. V F
2. V F   6. V F
3. V F   7. V F
4. V F

PARA ESCUCHAR Y ESCRIBIR

A. *Listen to the following three short conversations which involve ordering food. As you listen check below the food items you hear mentioned in the conversations.*

_____ 1. un sandwich de queso
_____ 2. un flan
_____ 3. papas fritas
_____ 4. mole poblano
_____ 5. una ensalada de frutas
_____ 6. un taco de pollo
_____ 7. tortillas
_____ 8. salmón de Alaska
_____ 9. arroz con pollo
_____ 10. un burrito

8

B. *Listen to the conversation among Claudio, Luisa, and the waiter. You may not understand every word. Just listen for the main ideas.*

C. *Listen to the conversation again. Write what Luisa and Claudio ordered in the appropriate columns.*

	LUISA	CLAUDIO
Appetizer	_____	_____
Salad	_____	_____
Main course	_____	_____
Beverage	_____	_____
Dessert	_____	_____

8

CAPÍTULO
nueve # NOVIOS Y
AMIGOS

VOCABULARIO

Look at the drawing. For each question you hear, circle the letter of the best response. Each question will be repeated.

1. a. Ellos se dicen «adiós» o «hasta mañana».
   b. Ellos se abrazan y se besan.

2. a. Ellos se dicen «adiós» o «hasta mañana».
   b. Ellos se abrazan y se besan.

3. a. Se llaman Sandra y Lola.
   b. Se llaman Gonzalo y Antonio.

4. a. Habla por teléfono con César.
   b. Se viste para salir con unos amigos.

5. a. Sí, no hay duda de que ellas se llevan muy bien.
   b. No, la mamá de Paco no parece muy feliz.

6. a. Sí, probablemente hizo algo malo.
   b. Sí, creo que está enamorada de él.

7. a. Sí, probablemente hizo algo malo.
   b. Sí, creo que tiene una cita con Claudia.

8. a. Se baña y piensa en su novia.
   b. Lee poemas de amor.

PRONUNCIACIÓN

Listen to the following words and repeat each one after the speaker, concentrating on the vowel and diphthong sounds.

misterioso	la joya	el público	varios
cristiano	la iglesia	el rey	¡Salud!
el anillo	organizar	pasear	

In Spanish, the letter **q** *is always followed by a silent* **u**. *It appears in the combinations* **que** *and* **qui** *and is pronounced like the English* **k**. *Listen and repeat these words.*

Quito	quinientos	quedarse
queso	querer	química
quiso	Enrique	

The sounds **kwa**, **kwe**, **kwi**, **kwo**, *or* **koo** *are always spelled with a* **cu** *in Spanish, never with a* **qu**. *Now listen and repeat these words.*

¿cuánto?	cuesta	la cuota *(fee)*
cuarto	la escuela	cubano
¿cuál?	cuidado	culpa

I. THE IMPERFECT OF REGULAR AND IRREGULAR VERBS (*IR, SER, VER*)

A. *Change the following sentences using the cue you hear as the subject. Then repeat the sentence after the speaker.*

MODELO Yo siempre trabajaba por la mañana. (nosotros)
Nosotros siempre trabajábamos por la mañana.

NOMBRE_____ FECHA_____ CLASE_____

B. *Listen to the following statements about the present and then tell how things were in the past. Write the correct form of the verb in the imperfect in the blank. Then repeat the answer after the speaker. Each statement will be repeated.*

MODELO   You hear: Ricardo no hace su trabajo ahora.
You see: Pero lo _____ antes.
You write: **hacía**
You hear and repeat: **Pero lo hacía antes.**

1. Pero no _____ tanto antes.

2. Pero _____ menos antes.

3. Pero _____ mucho antes.

4. Pero nos _____ antes.

5. Pero nos _____ mucho antes.

6. Pero _____ bien antes.

II. THE IMPERFECT VS. THE PRETERIT

A. *Some people are talking about a party they attended after a wedding. Listen to what they say and mark an **x** under **pretérito** or **imperfecto**, according to the verb tense you hear. Each sentence will be read twice. First listen to the model.*

MODELO   You hear: El sábado los García fueron a una fiesta.
You mark: an **x** under **pretérito.**

	PRETÉRITO	**IMPERFECTO**
1.	_____	_____
2.	_____	_____
3.	_____	_____
4.	_____	_____
5.	_____	_____
6.	_____	_____

9

B. *Respond to each statement you hear with a question asking how long the event, action, or situation took place. Use the preterit tense. Then repeat the question after the speaker. Each statement will be repeated. You will hear the question answered afterward, but do not repeat the answer.*

MODELO   You hear: Santiago Ramírez cantaba en ese
                                           restaurante.
                     You say: **¿Cuánto tiempo cantó allí?**
                     You hear and repeat: **¿Cuánto tiempo cantó allí?**
                     You hear (but do not repeat):   Cantó allí unos nueve meses.

III. *HACER* WITH EXPRESSIONS OF TIME

A. *Respond to each statement you hear indicating that the activity or situation has been going on for the period of time indicated; omit subject nouns or pronouns. Then repeat the answer after the speaker. Each statement will be repeated.*

MODELO   You hear: Carmen y Juan salen juntos.
                     You see: tres meses
                     You say: **Hace tres meses que salen juntos.**

1.   una semana
2.   cuatro horas
3.   años

4.   mucho tiempo
5.   muchos años
6.   ocho años

B. *Respond in the negative to each statement or question you hear, stating that the action occurred one hour (day, month, etc.) longer ago than the time mentioned. Then repeat the answer after the speaker. Each statement or question will be repeated.*

MODELO   Usted fue a Sevilla hace diez días, ¿no?
                     No, fui a Sevilla hace once días.

IV. THE RELATIVE PRONOUNS *QUE* AND *QUIEN*

A. *Circle the letter of the clause that best completes the sentence.*

MODELO   You hear: No me gustan las personas...
                     You see: a.   que me dan muchos problemas.
                                             b.   a quien escribo.
                     You circle: a
                     You hear and repeat: **No me gustan las personas que me dan muchos problemas.**

1. a.   que quiero comprarte.

     b.   que se levanta.

2. a.   con quienes comen.

     b.   que trabaja en un restaurante francés.

3. a. con que trabaja tu amiga.

 b. de quien siempre te hablo.

4. a. que tiene siete hijos.

 b. a quienes le di lecciones de inglés.

5. a. a quien le encanta la música clásica.

 b. con quienes hablamos mucho.

6. a. a quien Javier le trajo chocolates.

 b. de que se quejan.

B. *Marcela is showing her American friend Joanne around Seville. Listen to what she says as you read along. Combine the two sentences into one using* **que** *or* **quien**. *Add the prepositions* **con**, **de**, *or* **para** *when necessary. Then repeat the answer after the speaker.*

MODELO You hear and read: Ése es el barrio. Vivo en ese barrio.
 You say: **Ése es el barrio en que vivo.**

1. Ése es el hombre. Trabajo para él.

2. Ésa es la tienda. Tienen ropa de moda allí.

3. Allí está la catedral. Tiene una gran torre, la Giralda.

4. Ése es el museo. ¿Hablas de ese museo?

5. Ésos son los amigos. Vamos a cenar con ellos.

VIÑETA CULTURAL

A. *Listen to the following miniplay while you read along. Then do Exercise* **B**, *which follows.*

No hay que complicar la felicidad
Ramón Civedé

(Un parque, Sentados en un banco de piedra, bajo los árboles, ÉL y ELLA se besan.)

ÉL — Te amo.
ELLA — Te amo.
(Vuelven a besarse.)
ÉL — Te amo.
ELLA — Te amo.
(Vuelven a besarse.)
ÉL — Te amo.
ELLA — Te amo.
(ÉL se pone violentamente de pie.)
ÉL — ¡Basta! ¡Siempre lo mismo! ¿Por qué, cuando te digo que te amo, no contestas, por ejemplo, que amas a otro?
ELLA — ¿A qué otro?

ÉL — A nadie. Pero lo dices para que yo tenga celos. Los celos alimentan al amor. Nuestra felicidad es demasiado simple. Hay que complicarlo un poco. ¿Comprendes?

ELLA — No quería confesártelo porque pensé que sufrirías. Pero lo has adivinado.

ÉL — ¿Qué es lo que adiviné?

(ELLA se levanta, se aleja unos pasos.)

ELLA Que amo a otro.

(ÉL la sigue.)

ÉL — Lo dices para complacerme. Porque yo te lo pedí.

ELLA — No. Amo a otro.

ÉL — ¿A qué otro?

ELLA — A otro.

(Un silencio.)

ÉL — Entonces, ¿es verdad?

ELLA — *(Vuelve a sentarse. Dulcemente.)* — Sí. Es verdad.

(ÉL se pasea. Aparenta un gran furor.)

ÉL — Siento celos. No finjo. Siento celos. Estoy muerto de celos. Quisiera matar a ese otro.

ELLA — *(Dulcemente.)* Está allí.

ÉL — ¿Dónde?

ELLA — Allí, entre los árboles.

ÉL — Iré en su busca.

ELLA — Cuidado. Tiene un revólver.

ÉL — Soy valiente.

(ÉL sale. Al quedarse sola, ELLA ríe. Se escucha el disparo de un arma de fuego. ELLA deja de reir.)

ELLA — Juan.

(Silencio. ELLA se pone de pie.)

ELLA — Juan.

(Silencio. ELLA corre hacia los árboles.)

ELLA — Juan.

(Silencio. ELLA desaparece entre los árboles.)

ELLA — Juan.

(Silencio. La escena permanece vacía. Se oye, lejos, el grito desgarrado de ELLA.)

ELLA — ¡Juan!

Después de unos instantes, desciende silenciosamente el Telón

B. *You will hear a series of erroneous statements about the miniplay; each will be read twice. Correct them; omit subject nouns and pronouns. Then repeat the correct answer after the speaker. First listen to the model.*

MODELO	You hear:	Cuando empieza la obra, ÉL y ELLA están en un árbol.
	You say:	**No, cuando empieza la obra, están en un parque.**
	You hear and repeat:	**No, cuando empieza la obra, están en un parque.**

PARA ESCUCHAR Y ESCRIBIR

A. *Listen to the three conversations, which take place on a bus during a tour of Andalusia. You will then hear some statements based on the conversations. Circle* **V** *(verdadero) if what you hear is true or* **F** *(falso) if it is false.*

1. V   F   3. V   F   5. V   F
2. V   F   4. V   F

B. *Look at the drawing, which shows Catalina's graduation party. Listen to the questions and circle the appropriate response. Then repeat the answer after the speaker. Each question will be repeated.*

MODELO	You hear:	¿Qué dice Juan allí?
	You see:	a. ¡Felicitaciones! b. Con permiso.
	You circle:	**b**
	You hear and repeat:	**Con permiso.**

1. a.   Buenas tardes.   b.   ¡Dios mío!

2. a.   Perdón.   b.   ¡Felicitaciones!

3. a.   ¡Buen provecho!   b.   ¡Salud!

4. a.   De nada, David.   b.   ¡Bienvenido, David!

5. a.   Con permiso.   b.   ¡Caramba!

6. a.   Mucho gusto.   b.   Muchas gracias.

CAPÍTULO

diez VIAJES Y PASEOS

VOCABULARIO

The following people are all involved in travel-related activities. Write the number of each statement you hear under the drawing that corresponds to it. Each statement will be repeated.

a. _____

b. _____

c. _____

d. _____

e. _____

f. _____

g. _____

h. _____

10

PRONUNCIACIÓN

Listen to the following words and repeat each one after the speaker, concentrating on the vowel and diphthong sounds.

la aduana	la cuadra	el sitio	en seguida
la bienvenida	vuelta	antiguo	la suerte
el cheque	la ruina	uruguayo	la esquina

In Spanish, when two identical vowels are next to each other, the two words are linked, or run together. Listen and repeat these words.

la abogada	mi ijo	ese equipaje
la arquitectura	mi idea	ese estado
la aduana	mi impresión	este edificio

Similarly, when two identical consonants are next to each other, they are usually pronounced as one. Listen and repeat these words.

el lago	las sandalias	pocas semanas
el libro	los señores	esas sillas
el lugar	los sábados	esos sombreros

I. FORMAL *USTED* AND *USTEDES* COMMANDS

10

A. *Felipe is visiting Acapulco on a tour and asks the tour guide several questions. Answer each question affirmatively using an* **usted** *command, as the tour guide would. Then repeat the answers you hear. The questions will be read twice. First listen to the model.*

MODELO ¿Debo escribir mi nombre aquí?
Sí, escriba su nombre allí.

B. *It's Friday night and Paco and Tito are trying to decide what to do. Respond to what they say with an* **ustedes** *command. Then repeat the answer after the speaker.*

MODELO Tenemos ganas de cenar en un restaurante italiano.
Pues..., cenen en un restaurante italiano.

C. *You are in a travel agency in Boston and have to interpret the travel agent's suggestions for a Spanish-speaking couple. Listen to each suggestion and then circle the appropriate Spanish command, which translates the English verb in her statement. The agent's suggestions will be given only once.*

1. a. compra   b. compre
2. a. saca   b. saque
3. a. no olvide   b. no olvida
4. a. va   b. vaya
5. a. dan un paseo   b. den un paseo
6. a. ven   b. vean

II. *TÚ* COMMANDS

A. *Elba's parents are going away for the weekend. Before they leave, they remind her of the things she should or should not do while they are gone. Form affirmative or negative tú commands from the cues you hear, as they would. Then repeat the answer after the speaker.*

> **MODELOS** comer bien
> **Come bien.**
>
> no volver a casa tarde
> **No vuelvas a casa tarde.**

B. *Cecilia is taking a trip to Mexico City. Give her some advice, using affirmative or negative tú commands and the cues you hear. Then repeat the answer after the speaker.*

> **MODELO** visitar la Torre Latinoamericana
> **Visita la Torre Latinoamericana.**

III. POSITION OF OBJECT PRONOUNS WITH COMMANDS

A. *Repeat each command you hear, replacing the object nouns with object pronouns. Then repeat the answer after the speaker.*

> **MODELO** Tráeme el mapa mañana.
> **Tráemelo mañana.**

B. *Change each command to the negative, using object pronouns when possible. Then repeat the answer after the speaker.*

> **MODELOS** Siéntate allí.
> **No te sientes allí.**
>
> Cómprele el boleto a Raúl.
> **No se lo compre.**

VIÑETA CULTURAL

A. *Listen to the following conversation as you read along. Be prepared to do Exercise B, which follows.*

En una oficina del Zócalo, México, D.F. Dos agentes de la Compañía Turismo Mundial le dan la bienvenida a Amalia Muñoz, una agente uruguaya en viaje de negocios.

HÉCTOR: ¡Bienvenida, señorita Muñoz! ¿Qué tal el viaje?

AMALIA: Bastante bueno, gracias. Pero ¡no me llame «señorita»! Llámeme Amalia, por favor. ¿Y usted es...?

261

HÉCTOR:	¡Oh, perdóneme! Yo soy Héctor Peralta, y éste es Alonso Rodríguez. Él está a cargo de las excursiones al Caribe...
AMALIA:	¡Alonso! ¡Pero ya nos conocemos! Fue en Montevideo que nos conocimos. ¿Recuerdas...?
ALONSO:	¡Claro! Me llevaste a pasear por la playa.
AMALIA:	No sabía que ahora vivías en México.
ALONSO:	Vine aquí hace dos años.
HÉCTOR:	Cuéntenos algo de usted, Amalia. ¿Es éste su primer viaje a México?
AMALIA:	Sí. Vine por invitación de la Compañía Mexicana de Aviación. ¡Y vean mi suerte! La invitación incluye pasaje de ida y vuelta y seis días en el mejor hotel de esta ciudad, que me parece maravillosa y fascinante.
HÉCTOR:	La ciudad está construida sobre las ruinas de la antigua capital azteca...
ALONSO:	...que estaba en medio de un lago, algo así como una antigua Venecia mexicana, ¿no?
HÉCTOR:	Exacto. Dicen que los aztecas tenían su gran templo aquí cerca, en el sitio donde ahora está la catedral.
AMALIA:	¿Realmente? ¡Qué interesante!... ¿Y qué les parece si ahora me llevan a conocer el centro? ¡Recuerden que sólo tengo seis días!
ALONSO:	Tus deseos son órdenes, Amalia. Vengan. Síganme. Los invito a tomar una copa en el bar de la Torre Latinoamericana.

10

B. *Listen to the following statements. If the statement applies to Amalia, check the space under her name; if it applies to Alonso, check the space under his name. If it applies to both Amalia and Alonso, check the spaces under both names. Each statement will be repeated.*

	AMALIA	**ALONSO**
1.	_____	_____
2.	_____	_____
3.	_____	_____
4.	_____	_____
5.	_____	_____
6.	_____	_____

PARA ESCUCHAR Y ESCRIBIR

A. *Listen to the radio commercial Mr. and Mrs. Díaz heard at their hotel in Mérida. Be prepared to do comprehension Exercise **B**, which follows.*

B. *Now listen to the following statements based on the commercial. Each statement will be read twice. If the statement is true, circle **V** (**verdadero**). If it is false, circle **F** (**falso**).*

1. V   F   4. V   F
2. V   F   5. V   F
3. V   F   6. V   F

C. Dictado.   *Listen to the following dialogue between a traveler and an airline agent. Then the lines of the agent will be read a second time with pauses. Write them in the spaces provided. Finally, the agent's lines will be read again without pauses so that you can check what you wrote.*

AGENTE: _____

_____

_____

AGENTE: _____

_____

_____

AGENTE: _____

_____

_____

10

C A P Í T U L O
once **LAS NOTICIAS**

VOCABULARIO

It's your job to choose pictures to illustrate the news stories you hear. Listen to the following news items and write the number of the item under the corresponding picture. Each news item will be read twice.

a. _____

b. _____

c. _____

d. _____

e. _____

f. _____

11

PRONUNCIACIÓN

*There are three simple rules for word stress in Spanish. Words ending in a vowel, **n**, or **s** are pronounced with the emphasis on the next-to-the-last syllable. Words ending in a consonant other than **n** or **s** have the emphasis on the final syllable. Listen to the following words and underline the accented syllable. Then repeat the word after the speaker. Each word will be repeated.*

a-ta-can	au-men-to	a-ma-ble
no-ti-cia	pro-tes-tar	ca-nal
u-ni-ver-si-dad	cu-bres	bos-ques
es-pe-cial	me-jor	sa-lud

Words whose pronunciation does not follow these patterns have written accents. The emphasis falls on the syllable with the accent. Listen to the following words and add an accent mark where necessary. Then repeat the word after the speaker.

ridiculo	incendios	esquio
hablo	facil	prendelo
aqui	premio	conservar
describo	interes	periodico

I. THE IMPERSONAL *SE* AND THE PASSIVE *SE*

A. *You have just returned from the Amazon jungle. Respond to each question about your trip using the cue you hear. Then repeat the answer after the speaker.*

MODELO   ¿Escuchó radio? (no)
No, allí no se escucha radio.

B. *Some people are reading the signs posted at the entrance of a park. Listen to what they say and write the number of the statement next to the appropriate sign. Each statement will be repeated.*

_____	a.	No music after 10:00	_____	e.	Park opens at 9:00
_____	b.	Park closes at 8:00	_____	f.	No alcoholic beverages
_____	c.	No cars or bikes	_____	g.	No swimming
_____	d.	Tickets sold here			

II. THE PAST PARTICIPLE USED AS AN ADJECTIVE

A. *Complete each sentence, which you will hear twice, by reading aloud the most appropriate ending from the choices given. Then repeat the entire sentence after the speaker.*

MODELO
You hear: Los problemas están...
You see: vueltos / abiertos / resueltos
You say: **resueltos**
You hear and repeat: **Los problemas están resueltos.**

1. escritos / vividos / apagados

2. escritas / cerradas / acostadas

3. vista / atacada / prendida

4. conocido / nacido / pintado

5. vuelta / hecha / hablada

6. cerrada / puesta / declarada

B. *Listen to the following phrases describing people and things seen on a recent trip. Complete each phrase, which you will hear twice, by supplying the appropriate form of the past participle of the verb given. Then repeat the entire phrase after the speaker.*

MODELO	You hear:	Un niño mal...	
	You see:	vestir	
	You say:	**vestido**	
	You hear and repeat:	**Un niño mal vestido.**	

1. romper
2. comprar
3. dormir
4. sentar

5. hacer
6. construir
7. apagar
8. cubrir

III. THE PRESENT AND PAST PERFECT TENSES

A. *You will hear a question or statement twice. Respond by completing the following sentences with the appropriate present perfect form of the verb. Then repeat the answer after the speaker.*

MODELO	You hear:	¿Cuándo piensas leer el periódico?
	You see:	(yo) Ya lo _____.
	You say:	**Ya lo he leído.**
	You hear and repeat:	**Ya lo he leído.**

1. Ya le _____.

2. ¡No recuerdas dónde _____ las maletas!
   ¿Qué vamos a hacer?

3. Pero tú y yo ya la _____.

4. (yo) Ya se la _____ el otro día.

5. Creo que ya _____.

B. *Answer Eduardo's questions in the negative, substituting object pronouns when possible. Then repeat the answer after the speaker. Each question will be repeated.*

MODELO	¿Has oído el noticiero?
	No, no lo he oído todavía.

C. *Respond to each statement, which you will hear twice, by completing the sentence given with the past perfect form of the verb you hear. Then repeat the answer after the speaker.*

MODELO	You hear:	Guillermo Valenzuela se casó.
	You see:	Sí, María me dijo que...
	You say:	**Sí, María me dijo que Guillermo Valenzuela se había casado.**
	You hear and repeat:	**Sí, María me dijo que Guillermo Valenzuela se había casado.**

1. No, sé; cuando llegué, ya...
2. Sí, supe que me...
3. Es verdad; cuando los conocí, ya... tres viajes a Nicaragua.
4. Pensaba que ya la...
5. Me dijiste que ya te lo...
6. ¡Pero ayer Fabio me dijo que ustedes ya los... la semana pasada!

VIÑETA CULTURAL

A. *Listen to the following **Viñeta cultural** as you read along. Be prepared to do comprehension Exercise **B**, which follows.*

La destrucción de los bosques tropicales es un problema muy grave que ha aparecido mucho en las noticias recientemente. Dicen los expertos que sólo queda el 15 por ciento de los bosques tropicales de África, el 30 por ciento de los bosques tropicales de Asia y el 50 por ciento de los bosques tropicales de Latinoamérica. Pero el pequeño país de Costa Rica está tratando de resolver el problema.

En 1987 el gobierno de Costa Rica había creado el Sistema Nacional de Áreas de Conservación con nueve «megaparques». Había creado un plan de reforestación y había empezado a entrenar a especialistas para identificar y estudiar las plantas y los animales de la región. Comenzaron a investigar de qué formas el país podía usar esos plantas y animales.

Con la gran variedad de flora y fauna de la región, los megaparques de Costa Rica ahora son muy populares para la práctica del «ecoturismo». Miles de turistas llegan cada año a ver playas magníficas, volcanes cubiertos de nieve, plantas extraordinarias y animales exóticos.

B. *Each of the following statements adapted from the **Viñeta cultural** contains a vocabulary item that did not occur in the **Viñeta**. Without referring to the written **Viñeta**, write the word that is out of place in the column on the left, and the correct word in the column on the right. Each statement will be read twice.*

MODELO	You hear:	La destrucción de los parques tropicales es un problema muy grave.
	You write:	**parques** in the left column and **bosques** in the right.

INCORRECTO   CORRECTO

1. _____   _____

2. _____   _____

3. _____   _____

4. _____   _____

5. _____   _____

6. _____   _____

PARA ESCUCHAR Y ESCRIBIR

A. *Listen to the following news report. Be prepared to do comprehension Exercise **B**, which follows.*

B. *The following incomplete statements are based on the report you have just heard. Choose the words that best complete each statement and write the number of the statement in the appropriate space.*

_____ a. desnutridos

_____ b. hambre

_____ c. cinco años

_____ d. salud

_____ e. militares

C. Dictado. *Now a second report will be read with pauses. Write the missing words in the spaces provided. The entire report will be read again so that you can check what you have written.*

Miles de salvadoreños _____ una fecha muy importante:

el 15 de septiembre, cuando _____ su independencia.

Aquí en San Salvador las _____ comenzaron desde

temprano. Un gran desfile _____, donde hubo diversos

_____.

11

CAPÍTULO
doce

FIESTAS Y ANIVERSARIOS

VOCABULARIO

*What **fiesta** is being celebrated in each of the following drawings? Write the number of each statement you hear under the drawing that corresponds to it. Each statement will be repeated.*

a. _____

b. _____

c. _____

d. _____

e. _____

f. _____

PRONUNCIACIÓN

*In Spanish, there are two weak vowels, **i** and **u**, and three strong vowels, **a**, **e**, and **o**. Two strong vowels together constitute two syllables. A combination of two weak vowels or of a weak and a strong vowel is a diphthong — a multiple vowel sound pronounced in the same syllable. An accent mark on the weak vowel breaks the diphthong into two syllables.*

Listen to these words. In the first and third there are two separate vowels in a row. In the second and fourth there are diphthongs.

María   gracias   realista   puerta

Now you will hear a series of words that include a sequence of two vowels in a row. Listen to the vowel combination in each word and decide whether it is a diphthong or not. Write the word in the appropriate column. Then repeat it after the speaker.

Diphthongs   **Separate Vowels**

_____   _____

_____   _____

_____   _____

_____   _____

_____   _____

_____   _____

I. THE PRESENT SUBJUNCTIVE OF REGULAR VERBS

A. *Make a new sentence using the cue you see as the subject of the dependent clause. Then repeat the answer after the speaker. Each sentence will be repeated.*

MODELO	You hear:	La profesora quiere que visites ese museo.
	You see:	nosotros
	You say:	**La profesora quiere que visitemos ese museo.**
	You hear and repeat:	**La profesora quiere que visitemos ese museo.**

1. usted
2. tú
3. nosotros

4. ustedes
5. sus estudiantes
6. yo

B. *Berta's mother is very strict. For each statement you hear, respond as Berta's mother would using the cue you see. Then repeat the answer after the speaker. Each statement will be repeated.*

MODELOS	a.	You hear:	Berta dice que tiene sueño. No quiere levantarse.
		You see:	Quiero que...
		You say:	**Quiero que se levante.**
		You hear and repeat:	**Quiero que se levante.**
	b.	You hear:	Berta tiene ganas de comer chocolates.
		You see:	Prohíbo que...
		You say:	**Prohíbo que coma chocolates.**
		You hear and repeat:	**Prohíbo que coma chocolates.**

1. Quiero que...
2. Prohíbo que...
3. Mando que...

4. No permito que...
5. Prohíbo que...
6. No quiero que...

II. THE PRESENT SUBJUNCTIVE OF IRREGULAR, STEM-CHANGING, AND SPELLING-CHANGING VERBS

A. *Change each sentence, which you will hear twice, to a corresponding sentence in the subjunctive, using* **Quiero que** *instead of* **Dice que.** *Then repeat the answer after the speaker.*

    MODELO   Dice que el pavo está delicioso.
                      Quiero que esté delicioso.

B. *When your friend Vicente wishes you well, you make a similar statement including him. Use the* **nosotros** *form of the verb with* **los dos (both of us)** *as the subject of the clause. Then repeat the answer after the speaker.*

    MODELO   Quiero que seas muy feliz.
                      Quiero que los dos seamos muy felices.

C. *You will hear a clause, which will be repeated. If the verb is in the subjunctive, make a sentence beginning with* **Quieren.** *If it is in the indicative, use* **Saben.** *Then repeat the answer after the speaker.*

    MODELO   You hear: ...que ella lo encuentre
                      You say: **Quieren que ella lo encuentre.**
                      You hear and repeat: **Quieren que ella lo encuentre.**

III. ADDITIONAL COMMAND FORMS

A. *You will hear a statement, which will be repeated, indicating it is time to do something. Respond with the corresponding* **nosotros** *command and* **ya (Let's do it now).** *Then repeat the answer after the speaker.*

    MODELO   Son las dos. Debemos hacerlo.
                      Hagámoslo ya.

B. *Your friend Beatriz will suggest certain activities for both of you. Each of her suggestions will be repeated. If the activity is at all entertaining or pleasant, respond in the affirmative with a* **nosotros** *command. Otherwise give a negative* **nosotros** *command and suggest that your brother Luis do it. Use object pronouns when possible. Then repeat the answer after the speaker.*

    MODELO   a.   ¿Escuchamos el concierto?
                          Sí, escuchémoslo.

                        b.   Estamos sin dinero. Debemos ir al banco.
                          No vayamos al banco. Que vaya Luis.

12

VIÑETA CULTURAL

A. *Listen to the following **Viñeta cultural** as you read along. Be prepared to do comprehension Exercise **B**, which follows.*

A los mexicanos les gustan mucho las fiestas y participan activamente en ellas. Algunas fiestas son religiosas y otras son políticas. Hay días de fiesta nacionales, regionales y también locales. El calendario mexicano tiene muchas fiestas y casi cualquier cosa es un buen pretexto para reunirse y celebrar la ocasión. Según el poeta mexicano Octavio Paz, quien recibió el Premio Nóbel de Literatura en 1990, México ha conservado el arte de la fiesta con sus colores, danzas, ceremonias, trajes y fuegos artificiales.

Entre las fechas y fiestas nacionales más conocidas están: el 21 de marzo, cumpleaños de Benito Juárez, un presidente mexicano popular del siglo diecinueve; el primero de mayo, Día de los Trabajadores; y el 5 de mayo, celebración de la derrota de los invasores franceses por las tropas mexicanas en 1862.

Una de las fiestas religiosas mexicanas más importantes es la celebración de «las Posadas». Esta fiesta tiene lugar durante las nueve noches anteriores a Navidad. Muchas familias se reúnen para celebrar las Posadas, dramatización simbólica del viaje de San José y la Virgen María a Belén en busca de una «posada» o lugar donde pasar la noche. Generalmente los niños hacen los papeles de San José y de la Virgen María, y también hacen de posaderos o dueños de la posada.

B. *Each of the following statements adapted from the **Viñeta cultural** contains a vocabulary item that did not occur in the passage. Without referring to the written passage, write the words that are out of place in the column on the left, and the correct words in the column on the right. Each statement will be read twice. First listen to the model.*

MODELO You hear: Los mexicanos participan muy poco en las fiestas.
 You write: **muy poco** in the left column and **activamente** in the right.

INCORRECTO	CORRECTO
1. _____	_____
2. _____	_____
3. _____	_____
4. _____	_____
5. _____	_____

12

PARA ESCUCHAR Y ESCRIBIR

A. *Listen to the following soundtrack of a videocassette that Concepción's friends made at her fifteenth birthday party to send to her cousin Antonio. Be prepared to do comprehension Exercise **B**, which follows.*

B. *Now listen to the following statements based on the videocassette. If the statement is true, write **V** (**verdadero**) in the space provided. If it is false, write **F** (**falso**).*

1. _____   V   F   5. _____   V   F

2. _____   V   F   6. _____   V   F

3. _____   V   F   7. _____   V   F

4. _____   V   F

C. Dictado. *Señora Kingsley is talking about her friends who have birthdays on or around the same day. Listen to what she says and write the missing words. Each sentence or phrase will be repeated. The entire passage will then be repeated so that you can check your work.*

¿Celebras tu cumpleaños el mismo día que uno de tus amigos? Hace varios

años yo conocí _____ que tenían

_____ el mismo _____ de

julio, unos pocos días _____

cumpleaños. Ellos _____ . Y mi esposo

nació _____

_____ yo, ¡también _____! Ahora

tengo un amigo _____ un 17 de julio, ¡el

mismo día de mi cumpleaños! Es Eduardo, _____

_____ amiga Teresa. Algún día probablemente _____

vamos a _____ ,

¡con _____ doble!

CAPÍTULO
trece LA SALUD Y EL CUERPO

VOCABULARIO

Your friend Eduardo is describing his symptoms to you. Look at the pictures, listen to the statements and circle the letter of the most logical recommendation for his ailments. Each statement will be read twice.

1.
   a. Vete al doctor.
   b. No estudies.

2.
   a. No comas tanto.
   b. Come más.

3.
   a. Quédate en la cama y
      toma jugo de naranja.
   b. Ponte un suéter y haz ejercicios.

4.
   a. Toma estas cervezas.
   b. Toma dos aspirinas y acuéstate.

5.
   a. Corre dos millas.
   b. Acuéstate.

6.
   a. Debes jugar al tenis hoy.
   b. No debes trabajar hoy.

13

PRONUNCIACIÓN

Cognates are words that are similar in spelling and meaning in two languages.
Listen and repeat these words.

chocolate	final	capital	profesor
doctor	horrible	oficial	vitamina
aspirina	curar	temperatura	humano

The endings **-ción** *and* **-sión** *in Spanish correspond to the English endings* **-tion** *or* **-sion.**
Listen and repeat these words.

constitución	nación	televisión
separación	cuestión	conversación
revolución	organización	impresión

The Spanish ending **-dad** *corresponds to the English* **-ty.** *Listen and repeat these words.*

universidad	actividad	realidad
oportunidad	identidad	libertad
responsabilidad	probabilidad	electricidad

I. OTHER USES OF THE DEFINITE ARTICLE

A. *Change each sentence using the cue given, then repeat the answer after the speaker.*

> **MODELO** Me duele la cabeza. (estómago)
> **Me duele el estómago.**

B. *Respond to each statement, which you will hear twice, by making a general comment about your preferences. Use the appropriate definite article and the cues below. Then repeat the answer after the speaker.*

> **MODELO** You hear: Esta catedral es muy antigua.
> You see: Me encantan...
> You say: **Me encantan las catedrales antiguas.**

1. Me gustan...
2. Prefiero...
3. Gracias, pero no me gustan...
4. Gracias, pero tengo alergia a...
5. Buena idea, le gustan mucho...
6. No me gustan...

13

II. THE SUBJUNCTIVE WITH CERTAIN VERBS EXPRESSING EMOTION, NECESSITY, WILL, AND UNCERTAINTY

A. *Listen to each sentence and circle the letter of the verb form you hear. Each sentence will be repeated.*

> **MODELO** You hear: Te pido que compres un buen vino.
> You see: a. compras b. compres
> You circle: **b**

1. a. llamamos   b. llamemos
2. a. llega   b. llegue
3. a. tenemos   b. tengamos
4. a. están   b. estén
5. a. llueve   b. llueva
6. a. pensamos   b. pensemos

B. *You like to "live it up" and enjoy parties, celebrations, and holidays. Respond to each statement you hear using the cues below and the subjunctive form of the verb. Omit subject nouns and pronouns in your response. Then repeat the answer after the speaker. Each sentence will be given twice.*

> **MODELO** You hear: La universidad está cerrada.
> You see: Dudo que...
> You say: **Dudo que esté cerrada.**

1. No me gusta que...
2. Prefiero que no...
3. Me alegro de que...
4. Me gusta que...
5. Espero que...
6. Le voy a pedir que...

C. *Complete each statement, which you will hear twice, with the appropriate phrase below. Then repeat the answer after the speaker.*

> **MODELO** You hear: Tengo miedo que...
> You see: pase algo malo / estés muy bien
> You say: **pase algo malo**
> You hear and repeat: **Tengo miedo que pase algo malo.**

1. esté contento / esté muy enfermo
2. no puedan venir a la fiesta / duerman bien
3. se mueran / sean felices
4. coma demasiado / vea a un médico
5. no se preocupen / tengan un accidente
6. vuelva pronto / saque una mala nota

III. THE SUBJUNCTIVE WITH IMPERSONAL EXPRESSIONS

A. *Respond to each statement you hear, using the cue below. Use the appropriate indicative or subjunctive form of the principal verb. Then repeat the answer after the speaker.*

MODELOS a. You hear: Le duele la pierna.
You see: Es una lástima que...
You say: **Es una lástima que le duela la pierna.**

b. You hear: El vestido es un poco grande.
You see: Es obvio que...
You say: **Es obvio que el vestido es un poco grande.**

1. Es posible que...
2. Es evidente que...
3. No es cierto que...

4. Es ridículo que...
5. Es probable que...
6. Es difícil que...

B. *Listen to what doctor Espinosa tells his patient. Circle* **bueno** *if what he says is good advice and* **malo** *if it is not. Each statement will be repeated.*

1. bueno   malo
2. bueno   malo
3. bueno   malo
4. bueno   malo

5. bueno   malo
6. bueno   malo
7. bueno   malo
8. bueno   malo

VIÑETA CULTURAL

A. *Listen to the following excerpt about Martí and the song* "Guantanamera" *as you read along. Be prepared to do comprehension Exercise* **B**, *which follows.*

Entre las voces latinoamericanas que han clamado en contra de la opresión y a favor de la libertad, es probable que la voz del poeta cubano José Martí sea una de las más bellas y sinceras. Poeta, ensayista y mártir, Martí nació en 1853 en Cuba, de orígenes humildes. [...] Los poemas, ensayos y artículos periodísticos de Martí expresan una profunda visión y comprensión de los problemas latinoamericanos. Su poesía, llena de imágenes de la vida diaria, es altruista y sincera. [...] La conocida canción "Guantanamera" inmortalizó algunos de sus "Versos sencillos". Lea la letra de esta canción tan popular mientras escucha la versión musical que sigue:

Guantanamera

Guantanamera, guajira, guantanamera
Guantanamera, guajira, guantanamera.
Yo soy un hombre sincero,
de donde crece la palma,
Yo soy un hombre sincero,
de donde crece la palma,
Y antes de morirme quiero
Echar mis versos del alma.
(Refrán)

13

> *Mi verso es de un verde claro*
> *y de un carmín encendido,*
> *Mi verso es de un verde claro*
> *y de un carmín encendido.*
> *Mi verso es un ciervo herido*
> *que busca en el monte amparo.*
> *(Refrán)*
> *Con los pobres de la tierra*
> *quiero yo mi suerte echar.*
> *Con los pobres de la tierra*
> *quiero yo mi suerte echar.*
> *El arroyo de la sierra*
> *me complace más que el mar.*
> *(Estribillo)*

B. *You will hear some statements based on what you have just heard. If the statement is true, circle V (for **verdadero**); if it is false, circle F (for **falso**). Each statement will be read twice.*

1. V   F   4. V   F
2. V   F   5. V   F
3. V   F   6. V   F

PARA ESCUCHAR Y ESCRIBIR

A. *Listen to the following telephone conversation between Antonia and her doctor. Be prepared to do comprehension Exercise B, which follows.*

B. *The following statements are based on the conversation between Antonia and her doctor. Some are true and some are false. For the statements that are true, circle V (**verdadero**) below; for those that are false, circle F (**falso**). Each statement will be read twice.*

1. V   F   4. V   F
2. V   F   5. V   F
3. V   F   6. V   F

C. Dictado. *Listen to the following dialogue between Teresa and her mother and write the missing words. Each sentence or phrase will be repeated. The entire dialogue will then be repeated so that you can check your work.*

TERESA: ¡Uf! _____ durante _____ que ahora me

_____ mucho _____ . Pero...

¡ _____ terminar este trabajo _____ !

MAMÁ: Hija, ¡_____ ese trabajo y ver _____

ahora mismo!

TERESA: Pero, mamá, no hablas en serio, ¿verdad? No hay que _____

doctor _____ pequeño...

MAMÁ: ¿Cómo sabes que es un problema pequeño? Eso lo debes confirmar con

_____ como _____ .

TERESA: Mamá, te digo que _____ este trabajo hoy. No

tengo tiempo _____ ...

MAMÁ: Bueno..., si así piensas... Pero _____ por ser tu mamá tengo que

_____. Realmente _____

al doctor cuando uno _____ ...

13

CAPÍTULO
catorce **EN CASA**

VOCABULARIO

Ana is describing activities and furniture for various rooms in her apartment, which is shown below. Listen to each of her statements and write the letter of the appropriate room in the blank next to the number of the statement. You will hear each statement twice.

MODELO   You hear: Cuando tengo hambre, voy allí para prepararme algo de comer.
You write: **d**

1. _____
2. _____
3. _____
4. _____
5. _____
6. _____
7. _____

PRONUNCIACIÓN

In Spanish, every syllable contains only one vowel or diphthong. When two strong vowels come together, they are divided into two syllables. When a single consonant (including **ch** *and* **ll**) *comes between two vowels, the consonant begins a new syllable. However, diphthongs are never divided. Listen and repeat these words.*

pa-tio	so-fá	te-cho
pa-red	sue-lo	te-le-vi-sor

14

When two consonants are together, they are divided into two syllables except when the second consonant is an **l** or an **r**. Listen and repeat these words.

| al-fom-bra | mue-bles | al-qui-lar |
| es-tan-te | cam-bio | re-sul-ta-do |

Listen to the following words, which will be repeated, and divide each into syllables with slashes.

lámpara	convencer	sillón
lavadero	consecuencia	ordenado
repaso	orgulloso	ruido
detective	dormitorio	noticia

I. THE FUTURE TENSE

A. *Respond to each statement or question you hear by saying that some day the action will be performed. Use the future tense and then repeat the answer after the speaker. Each statement or question will be repeated.*

    MODELO   You hear: ¿Esperas que ellos se casen?
                      You say: **Algún día se casarán.**

B. *Listen to each statement and respond using the cues below. Each statement will be repeated. Then repeat the answer after the speaker.*

    MODELO   You hear: Volvemos el lunes.
                      You see: el martes
                      You say: **Ustedes volverán el lunes; yo volveré el martes.**

1. vino
2. Arequipa
3. estudiar
4. tarde
5. avión
6. seis

C. *Answer each question you hear using the future tense form of the verb to show probability. Then repeat the answer after the speaker. Each question will be repeated.*

    MODELO   You hear: ¿Qué hora es? ¿Las once?
                      You say: **No sé, serán las once.**

14

II. THE CONDITIONAL MOOD

A. *Make a new sentence replacing the* **iba a** + *infinitive phrase with the corresponding conditional form. Each statement will be repeated. Then repeat the answer after the speaker.*

    MODELO   Te dije que iba a divertirme.
                     Te dije que me divertiría.

B. *For each statement you hear, mark an* **x** *under* **futuro,** **condicional,** *or* **imperfecto,** *according to the verb tense. Each statement will be repeated.*

    MODELO   You hear: Viviríamos en un apartamento pequeño.
                      You mark: an **x** under **condicional** because you heard **viviríamos.**

	futuro	condicional	imperfecto
Modelo		x	
1.			
2.			
3.			
4.			
5.			
6.			
7.			
8.			

C. *Change what you hear to a softened request or suggestion, using the appropriate conditional form of* **deber** *or* **poder** *with the principal verb. Then repeat the answer after the speaker. Each request or suggestion will be repeated.*

    MODELOS   a.   Hace calor. Abra la ventana.
                       Hace calor. ¿Podría abrir la ventana?

                 b.   ¡Cásense ustedes!
                       Ustedes deberían casarse.

14

III. THE PRESENT PARTICIPLE AND THE PROGRESSIVE TENSES

A. *Make a new sentence using the cue you hear. Then repeat the answer after the speaker.*

    MODELO   Roberto está trabajando en el jardín. (yo)
                     Yo también estoy trabajando en el jardín.

B. *Respond to each statement using the present progressive tense, as in the model. Each statement will be repeated. Then repeat the answer after the speaker.*

MODELO   You hear: Tú no lees libros de historia.
                      You say: **Estoy leyendo uno ahora.**

C. *Circle the most logical response to each question. Each question will be repeated. Then repeat the answer after the speaker.*

MODELO   You hear: Hay mucho silencio. ¿Por qué?
                      You see: a. Los muchachos están bailando en la clase.
                                        b. Los muchachos están escribiendo un examen.
                      You circle: **b** because it is the most logical response.
                      You hear and repeat: **Los muchachos están escribiendo un examen.**

1. a. Está mirando televisión en la biblioteca.
     b. Está estudiando en la biblioteca.

2. a. Está preparando el desayuno.
     b. Está limpiando el auto.

3. a. Están viviendo en París, con unos amigos.
     b. Están lavando la ropa en el lavadero.

4. a. No, estoy llamando a Manuel.
     b. No, estoy corriendo.

5. a. Estamos alquilando un apartamento.
     b. Estamos pintando la sala.

VIÑETA CULTURAL

A. *Listen to the following interviews from the **Viñeta cultural** as you read along. Be prepared to do comprehension exercise B, which follows.*

José Carlos Rodríguez, estudiante de psicología

¿Qué es ser pobre para ti?
No tener posibilidades de trabajo, ni de educación, ni de recreación. Vivir en un medio injusto. Cuando sales de tu barrio, ves las diferencias. Pero la pobreza también motiva... a la organización... Todos debemos tener las mismas posibilidades.

¿Qué es lo que más les preocupa a los jóvenes?
Saber qué hacer cuando terminan la secundaria. Se tiene todo inseguro... Además, uno ve la pobreza en la casa y tiene que hacer algo, aunque eso implica no estudiar.

Jésica Tejada, deportista

¿A ti te interesa la política?
La verdad es que no tengo un interés a fondo.

¿*Por qué?*
Es que todos los cambios de gobierno son iguales. Prometen y nunca cumplen.

¿*Qué es lo que más te impresiona de los políticos?*
Hablan demasiado y la gente ya no cree. Bueno, es su trabajo.

¿*Hay menos oportunidades para las mujeres que para los hombres?*
Las cosas son más difíciles para las mujeres.

B. *Now listen to the following statements based on the interviews. They will be read twice. If the statement is true, circle V (**verdadero**); if it is false, circle F (**falso**).*

1. V   F   4. V   F
2. V   F   5. V   F
3. V   F   6. V   F

PARA ESCUCHAR Y ESCRIBIR

A. *Listen to the following conversation between a student from Spain and his prospective landlady. Be prepared to do comprehension Exercise **B**, which follows.*

B. *Now listen to the following statements based on the conversation. Each will be read twice. If the statement is true (**verdadero**), circle V; if it is false (**falso**), circle F.*

1. V   F   4. V   F
2. V   F   5. V   F
3. V   F   6. V   F

C. Dictado. *Some segments of the conversation will be repeated with pauses. Write them in the spaces provided below. This whole section will be read again so that you can check your work.*

DUEÑA: _____

_____

ESTUDIANTE: _____

_____

DUEÑA: _____

ESTUDIANTE: _____

_____

DUEÑA: _____

ESTUDIANTE: _____

DUEÑA: _____

14

CAPÍTULO
quince **SENTIMIENTOS Y EMOCIONES**

VOCABULARIO

A. *You will hear a comment based on each drawing below. Circle V (for **verdadero**) if the comment is true, and F (for **falso**) if it is false. Each comment will be repeated.*

1. V   F

2. V   F

3. V   F

4. V   F

B. *Listen to the following comments. Each will be repeated. Circle the letter of the most logical response to each one.*

1. a. Está furioso
   b. Está contento.

2. a. empieza a llorar.
   b. empieza a reírse.

3. a. Ella está muy enojada con él.
   b. Ella está muy orgullosa de él.

4. a. ¡Qué alivio!
   b. ¡Qué vergüenza!

5. a. se mató.
   b. se rió.

6. a. mucha risa.
   b. mucha rabia.

15

PRONUNCIACIÓN

Listen and repeat the following cognates, concentrating on pronunciation.

el actor	fatal	el papá
cruel	el hotel	la radio
el director	la mamá	la televisión
el error	el terror	el sofá

The endings **-ente** *and* **-ante** *in Spanish generally correspond to the English endings* **-ent** *and* **-ant***. Listen and repeat these words.*

el presidente	excelente	el restaurante
el accidente	inteligente	importante
abundante	elegante	el protestante

The Spanish endings **-oso** *and* **-osa** *often correspond to the English ending* **-ous***. Listen and repeat these words.*

maravilloso	generosa	religiosa
fabuloso	famosa	misterioso

I. USES OF THE INFINITIVE

A. *Listen to the following sentences. Write the number of each sentence under the sign with which you associate it. The first sentence is marked as an example. Each sentence will be repeated.*

a. _____   b. ___1___   c. _____   d. _____

e. _____   f. _____   g. _____   h. _____

15

B. *Respond to the following statements, which will be repeated, saying you have just done the same thing. Then repeat the answer after the speaker.*

    MODELO   Carlos acaba de hablar con el director.
                       Yo acabo de hablar con el director también.

II. THE SUBJUNCTIVE IN DEPENDENT CLAUSES THAT FUNCTION AS ADJECTIVES

A. *Your friend Rodrigo is looking for various things. Respond to each of his statements using the cue below. Then listen to his responses.*

    MODELO   You hear: No hay nadie que tenga esa información.
                      You see: Yo conozco a alguien que... esa información.
                      You say: **Yo conozco a alguien que tiene esa información.**
                      You hear
                      (but do not repeat):   ¿Conoces a alguien que tiene esa información?
                                                      ¿De veras? ¡Qué alegría!

    1.   Conozco un restaurante barato que... buena comida francesa.

    2.   Conozco a alguien que... trabajar los fines de semana.

    3.   Mi prima es una mujer que... independiente, alegre y divertida.

    4.   Mi tío tiene un auto pequeño, bueno, ¡y que... muy poco!

    5.   Yo trabajo en una oficina donde nadie...

B. *You work outdoors in a busy section of the city. When people ask if you know or have seen certain individuals or things, reply using the cue below. Each question will be repeated. Then listen to the answer, but do not repeat it.*

    MODELO   You hear: Perdone, ¿ha visto usted a un hombre alto y que parece un poco loco?
                      You see: No, lo siento, no he visto a nadie alto y... loco.
                      You say: **No, lo siento, no he visto a nadie alto y que parezca un poco loco.**
                      You hear
                      (but do not repeat):   No, lo siento, no he visto a nadie alto y que parezca un poco loco.

    1.   No, lo siento, no he visto a ninguna persona baja y que... amarillos.

    2.   No, lo siento, no ha pasado nadie que... más corta.

    3.   No, lo siento, no conozco a nadie que... en esta calle.

    4.   No, lo siento, no... ningún auto que... colores.

    5.   Lo siento, pero por aquí no... ningún perro (*dog*) que... un resfrío muy fuerte y que se... mucho. ¡Hay mucha gente en esas condiciones hoy!

15

        291

III. THE SUBJUNCTIVE WITH CERTAIN ADVERBIAL CONJUNCTIONS

A. *Respond to each sentence using the cue below. Then repeat the answer after the speaker. Each sentence will be repeated.*

MODELO　　You hear:　El niño necesita dormir.
　　　　　　　You see:　Debemos irnos para que...
　　　　　　　You say:　**Debemos irnos para que duerma.**

1. No voy a la fiesta a menos que Luis...
2. Adriana piensa casarse sin que lo...
3. Voy a llevar el paraguas en caso de que...
4. Le llevamos un regalo para que no...
5. Quiero pedirles algo antes de que...
6. No le digas nada para que no le...

B. *Listen to each statement and say that this is a customary situation for the people mentioned. Then repeat the answer after the speaker. Each statement will be repeated.*

MODELO　　Voy a estar más ocupada cuando venga mi mamá.
　　　　　　　Siempre estás más ocupada cuando viene tu mamá.

VIÑETA CULTURAL

A. *Listen to the following letter while you read along. Based on it, be prepared to do comprehension Exercise B, which follows.*

Querido Teddy:

　　En tu última carta me preguntaste si yo había aprendido algunas palabras en guaraní... ¡Por supuesto, «che ro jaijhú», mi amor! Ayer doña Ramona me enseñó esa frase y muchas otras más. Te la voy a traducir personalmente, en cuanto regrese a San Francisco, ¿de acuerdo, «che cambá»? Aquí en Asunción prácticamente todo el mundo es bilingüe y la verdad es que en Paraguay más gente habla guaraní que español. ¿Sabías que éste es el único país de América donde la lengua indígena es una de las dos lenguas oficiales del país? Creo que el 95% de los paraguayos habla guaraní mientras que sólo el 60% habla español. En tu carta también me pediste dos o tres canciones paraguayas de protesta. El problema es que aquí no hay muchas canciones de protesta. [...] Según Luis, ésa fue una de las consecuencias culturales de la dictadura del general Alfredo Stroessner que, como tú sabes, fue dictador durante casi 35 años, de 1955 a 1989. [...] Te pido que me escribas o llames por teléfono tan pronto como puedas, ¿de acuerdo?

　　　　　　　　　　　　　　　　　　Te abraza cariñosamente,

　　　　　　　　　　　　　　　　　　Jane

15

B. *Now you will hear a series of erroneous statements about the letter; each will be given twice. Correct the statements. Leave out subject nouns and pronouns. Then repeat the correct answer after the speaker. First listen to the model.*

MODELO   You hear: Doña Ramona le enseña español a Jane.
                You say: **No, le enseña guaraní.**
                You hear and repeat: **No, le enseña guaraní.**

PARA ESCUCHAR Y ESCRIBIR

A. *Listen to Jane's taped message to Teddy and the song while you read along. You will then hear some comments based on both parts. Each comment will be read twice. Mark V (verdadero) if what you hear is true or F (falso) if it is false.*

Pájaro Chogüí
(canción tradicional paraguaya)

Cuenta la leyenda que en un árbol
se encontraba encaramado
un indiecito guaraní...
que sobresaltado por un grito de su madre
perdió apoyo y cayendo se murió.
Y que entre los brazos maternales
por extraño sortilegio
en chogüí se convirtió.
¡Chogüí, chogüí, chogüí, chogüí!,
cantando está, mirando allá,
llorando y volando se alejó.
¡Chogüí, chogüí, chogüí, chogüí!,
qué lindo va, qué lindo es,
perdiéndose en el cielo guaraní.

Y desde aquel día se recuerda
al indiecito cuando se oye
como un eco a los chogüí.
Es un canto alegre y bullanguero
del gracioso naranjero
que repite en su cantar.
Salta y picotea las naranjas
que es su fruta preferida
repitiendo sin cesar:
¡chogüí, chogüí, chogüí, chogüí!,
cantando está, mirando allá,
llorando y volando se alejó.
¡Chogüí, chogüí, chogüí, chogüí!,
qué lindo va, qué lindo es,
perdiéndose en el cielo guaraní.
¡Chogüí, chogüí...!

1. V _____   F _____   4. V _____   F _____
2. V _____   F _____   5. V _____   F _____
3. V _____   F _____   6. V _____   F _____

15

B. *Now you will hear a prose version of "Pájaro Chogüí" read with pauses. Fill in the missing words below. The entire passage will be repeated so that you can check your work.*

Según _____ , un indiecito _____

se había _____ árbol. Allí estaba _____

_____ el grito de su madre _____ .

El niño se asustó _____ se cayó del árbol y _____

_____ . Después, _____ su madre

_____ en brazos, el cuerpo del indiecito _____

_____ , mágicamente, en _____ : el

pájaro chogüí, y _____ volar _____

el cielo.

15

CAPÍTULO
dieciséis DE COMPRAS

VOCABULARIO

Look at the drawings and then answer each of the following questions. Repeat the answer after the speaker. Each question will be repeated.

MODELO   You hear: ¿Dónde podemos comprar pan y galletas?
                 You say: **En la panadería.**

En la farmacia...   En la agencia de viajes...   En el almacén...   En la tienda...

En el banco...   En la mueblería...   En la panadería...   En la librería...

PRONUNCIACIÓN

Spanish intonation, or the rise and fall in the pitch of a speaker's voice, is different from English intonation in certain respects. Spanish-speakers differentiate questions from statements by a rise and fall in the pitch of their voice at the end of a sentence. English-speakers vary the pitch of their voice more within a sentence. Listen to the rise and fall in intonation in these sentences.

Question: ¿Sabías todo eso?   Did you know all that?

Statement: Yo sabía todo eso.   I knew all that.

16

Listen and repeat the following sentences after the speaker, concentrating on the intonation.

— ¿Es mío este refresco?
— Sí, es tuyo.

— Quisiera hablar con el director.
— Lo siento, pero no está aquí.

— ¿Encontraron algo que les gustara?
— No, no vimos nada que nos gustara.

— ¿Hasta cuándo tienen estas ofertas?
— Hasta fin de mes.

— ¿Qué harías si fueras rico?
— Viajaría por todo el mundo.

I. THE IMPERFECT SUBJUNCTIVE

A. *Make a new sentence, using the cue you hear as the subject of the dependent clause. Then repeat the answer after the speaker.*

MODELO   Dudaban que Pancho tuviera el dinero. (tú)
Dudaban que tú tuvieras el dinero.

B. *Listen to the following verbs. Each verb will be repeated. Check Sí if the verb is in the imperfect subjunctive and No if it is in another tense.*

1. ____ Sí   ____ No   6. ____ Sí   ____ No
2. ____ Sí   ____ No   7. ____ Sí   ____ No
3. ____ Sí   ____ No   8. ____ Sí   ____ No
4. ____ Sí   ____ No   9. ____ Sí   ____ No
5. ____ Sí   ____ No

C. *Answer each question, saying you wanted something to happen, but you have changed your mind and this is no longer the case. Use the cue given below to respond. Then repeat the answer after the speaker. Each initial question will be repeated.*

MODELOS a.   You hear: ¿Quieres que compre pan?
                    You see: Quería que lo..., pero ya no.
                    You say: **Quería que lo compraras, pero ya no.**

            b.   You hear: ¿Busca a alguien que cuide a la niña?
                    You see: Buscaba a alguien que la..., pero ya no.
                    You say: **Buscaba a alguien que la cuidara, pero ya no.**

1. Prefería que... conmigo, pero ya no.
2. Necesitaba que..., pero ya no.
3. Quería que la..., pero ya no.

16

4. Busca un secretario que... alemán, pero ya no.
5. Quería llamarla antes que..., pero ya no.
6. Esperaba ocho años que..., pero ya no.

II. *IF* CLAUSES

A. *Listen to the following statements. If the speaker views the situation as true or definite, or is making a simple assumption, check the Sí column. If the speaker views the situation as hypothetical or contrary to fact, check the ? column. Each statement will be repeated.*

MODELO You hear: Si terminamos pronto, podremos salir temprano.
You check: **Sí**

Sí	?		Sí	?
1. ____	____	4. ____	____
2. ____	____	5. ____	____
3. ____	____	6. ____	____

B. *Circle the letter of the most logical response to complete each sentence you hear. Each sentence will be repeated.*

MODELO You hear: Si no entendiera la lección...
You see: a. miraría televisión.
b. hablaría con el profesor.
You circle: **b** because it is the most logical response.

1. a. no asistiría a clase.
   b. estudiaría más.

2. a. nos lo prestaría.
   b. nos lo pediría.

3. a. tuviéramos un accidente.
   b. hiciéramos una fiesta.

4. a. me sentaría.
   b. caminaría más.

5. a. sería actor.
   b. sería millonario.

6. a. lloviera.
   b. hiciera calor.

C. *Your friend Martín will make some hypothetical statements; respond to each one following the models. Then repeat the answer after the speaker.*

MODELOS a. Si cuesta menos, lo voy a comprar.
Claro, si costara menos.

b. No tendré frío si me quedo en casa.
Claro, si te quedaras en casa.

16

III. OTHER USES OF *POR* AND *PARA*

*You will hear a statement with the preposition missing. Mark an **x** under **por** or **para** and then repeat the correct answer after the speaker. Each statement will be repeated.*

MODELO   You hear: Esta taza es... café.
                   You mark: an **x** under **para**
                   You hear and repeat: **Esta taza es para café.**

	POR	PARA			POR	PARA
1.	___	___		6.	___	___
2.	___	___		7.	___	___
3.	___	___		8.	___	___
4.	___	___		9.	___	___
5.	___	___				

VIÑETA CULTURAL

A. *Listen to the following conversation while you read along. Based on it, be prepared to do comprehension Exercise **B**, which follows.*

Un matrimonio de un pequeño pueblo venezolano toma café con sus vecinos.

EL VECINO: No nos han dicho nada de su viaje a Caracas. ¿Qué les pareció la capital?
LA SEÑORA: ¡Horrible!
EL SEÑOR: Una gran desilusión. Todo era muy caro y de mala calidad. Además, las cosas tenían precios fijos y no se podía regatear. Nosotros hicimos el viaje principalmente para que los muchachos vieran los sitios importantes: los museos, la casa de Bolívar...
LA SEÑORA: Pero también vieron otras cosas sin que lo pudiéramos evitar.
LOS VECINOS: ¿Pero qué cosas tan horribles vieron?
EL SEÑOR: Fuimos al Parque del Este y vimos novios que se besaban en público, como si estuvieran solos en el mundo. En resumen, Caracas es un centro de perdición...

En otra parte de la casa, el hijo de catorce años y la hija de dieciséis toman refrescos con unos amigos.

EL AMIGO: ¿Y el viaje a Caracas? ¿Qué les pareció la ciudad?
EL HIJO: ¡Fabulosa! Allí todo es muy barato y de buena calidad. En las tiendas se venden miles de cosas.
LA HIJA: Sí, es un sueño. Los jóvenes se visten a la moda y tienen mucha libertad. Es una lástima que no pudiéramos pasar más tiempo en las playas. Conocimos allá a un grupo de chicos que nos invitaron a una fiesta.
EL HIJO: Sí, pero mamá nos prohibió que aceptáramos la invitación.
LA AMIGA: ¡Qué lástima! A mí me gustaría vivir algún día en Caracas.
EL HIJO: A mí también. Si yo pudiera vivir en esa ciudad, sería la persona más feliz del mundo.

16

B. *Listen to each statement and circle **P** (**probable**) if what you hear is probable. If it is improbable, circle **I** (**improbable**). Each statement will be repeated.*

1. P   I   4. P   I
2. P   I   5. P   I
3. P   I   6. P   I

PARA ESCUCHAR Y ESCRIBIR

A. *Listen to the following conversation between Maricruz and a salesperson in a big department store. You will then hear some statements based on it. Circle **V** (**verdadero**) if what you hear is true or **F** (**falso**) if it is false.*

1. V   F   4. V   F
2. V   F   5. V   F
3. V   F   6. V   F

B. *Now you will hear another conversation between Alejandro and a salesperson in a crafts shop. It will be read twice with pauses. Fill in the missing words below. The entire conversation will be repeated so that you can check your work.*

DEPENDIENTE: Parece que usted _____ , señor...

¿o tal vez colecciona artesanías _____

_____ ?

ALEJANDRO: Pues, mi esposa y yo _____

la semana próxima y queremos llevarles _____

_____ a nuestros amigos.

DEPENDIENTE: Esos tapices con pájaros y flores _____

_____ y gustan mucho. Ayer _____

_____ a unos

turistas de Miami. Y los pájaros y animales en madera

_____ .

Son _____ ¡y no

_____ en el viaje!

ALEJANDRO: Tiene usted razón. Voy a comprarle sus últimos _____

_____ pájaros

16

_____. ¿Cuánto _____

en total?

DEPENDIENTE: Los _____ en oferta, a

doscientos cincuenta bolívares cada tapiz; y esos pájaros de madera

_____

cada uno. Su total es entonces... _____

_____.

ALEJANDRO: Aquí los tiene, exactamente dos mil bolívares. Y muchas gracias

_____.

DEPENDIENTE: ¡Gracias a usted y _____ viaje!

16

CAPÍTULO *suplementario*
LA NATURALEZA

VOCABULARIO

You will hear some statements about camping. If the statement indicates an advantage, circle **bueno**. *If it indicates a disadvantage, circle* **malo**. *Each statement will be repeated.*

1.	bueno	malo		5.	bueno	malo
2.	bueno	malo		6.	bueno	malo
3.	bueno	malo		7.	bueno	malo
4.	bueno	malo		8.	bueno	malo

PRONUNCIACIÓN

Proverbs and sayings are commonly heard in any language. In Spanish, they are called **refranes** *or* **dichos**. *Listen to the following examples and repeat each one after the speaker, concentrating on your pronunciation.*

Más vale (un) pájaro en (la) mano que cien volando.
A bird in the hand is worth more than a hundred flying.

Estar como perro en barrio ajeno.
To feel out of place. (Literally: to be like a dog in another neighborhood.)

Echar la casa por la ventana.
To spend money like water. (Literally: to throw the house out the window.)

En boca cerrada no entran moscas.
Flies don't get into a closed mouth.

Ver es creer.
Seeing is believing.

No es oro todo lo que reluce.
All is not gold that glitters.

Quien todo lo quiere, todo lo pierde.
He/She who wants it all, loses it all.

Al mal tiempo, buena cara.
Grin and bear it. (Literally: for bad times, a good face.)

Cada cabeza es un mundo.
Every mind is a world in itself.

*Now listen to this tongue-twister (*__trabalenguas__*) and repeat each segment after the speaker.*

María Chucena techaba (*was putting a roof on*) su choza (*hut*) cuando un leñador (*woodcutter*) que por allí pasaba le dijo: «María Chucena, ¿techas tu choza o techas la ajena (*someone else's*)?» — Ni techo mi choza ni techo la ajena, techo la choza de María Chucena.

I. THE NEUTER *LO*

A. *You are a realtor trying to sell a house on a lake. When some prospective buyers ask you questions, respond in the negative or the affirmative, using* **lo**. *Respond negatively only if they ask something that might detract from the value of the house. Then repeat the answer after the speaker.*

MODELOS   a.   You hear: ¿Es lindo el lugar?
                  You say: **Sí, lo es.**

            b.   You hear: Allí el aire no está contaminado, ¿verdad?
                  You say: **No, no lo está.**

B. *Complete each sentence with the most logical ending from those given. Then repeat the complete sentence after the speaker. Each initial phrase will be repeated.*

MODELO   You hear: Lo mejor de este lugar es...
               You see: la niebla / el clima maravilloso
               You say: **Lo mejor de este lugar es el clima maravilloso.**

1. las vacaciones / las piedras
2. el silencio / el ruido
3. sus flores / sus peces
4. las estrellas / los insectos

5. el calor horrible / el frío terrible

6. la contaminación del aire / el sitio tranquilo donde está

II. LONG FORMS OF POSSESSIVE ADJECTIVES; POSSESSIVE PRONOUNS

A. *Make a sentence using the cue below. Follow the model and repeat the answer after the speaker. Each initial sentence will be repeated.*

> **MODELO**   You hear: Las plantas no son nuestras.
> You see: el pájaro / sí
> You say: **El pájaro es nuestro.**

B. *You will hear various people praise things you have. Each comment will be repeated. Respond, as in the models, with the appropriate possessive pronoun. Then repeat the answer after the speaker.*

> **MODELOS**   a.   Tu casa es muy bonita.
> **La tuya es muy bonita también.**
>
> b.   Sus hijos son muy simpáticos.
> **Los suyos son muy simpáticos también.**

III. THE PASSIVE VOICE

A. *For each passive sentence you hear, circle the corresponding active sentence below. Each passive sentence will be repeated. Then repeat the answer after the speaker.*

> **MODELO**   You hear: Machu Picchu fue construida por los incas.
> You see: a.   Los incas construyen Machu Picchu.
> b.   Los incas construyeron Machu Picchu.
> You circle: **b**
> You hear and repeat: **Los incas construyeron Machu Picchu.**

1. a. Colón descubrió América en 1492.
    b. Colón descubre América en 1492.

2. a. Vieron muchas estrellas al anochecer.
    b. Ven muchas estrellas al anochecer.

3. a. La doctora López resolverá el problema.
    b. La doctora López resolvió el problema.

4. a. Los incas construyeron la ciudad de Cuzco.
    b. Los incas construían la ciudad de Cuzco.

5. a. Pablo Neruda escribió esos poemas.
    b. Pablo Neruda ha escrito esos poemas.

6. a. Descubren (la ciudad de) Machu Picchu en 1911.

   b. Descubrieron (la ciudad de) Machu Picchu en 1911.

B. *Listen to the following passage in English about Ecuador. Each time you hear a beep, you will make a decision about the correct Spanish verb form to translate what you hear in English. Study the phrases below and circle your choice. The passage will be read twice so that you can check your answers.*

1. fue fundada / es fundada
2. fue conquistado / era conquistado
3. fueron construidos / fueron construidas
4. fue visitada / es visitada
5. han sido construidos / fueron construidos
6. han sido abiertos / son abiertos
7. fueron visitados / fueron visitadas

VIÑETA CULTURAL

A. *Listen to the following dialogue as you read along. Be prepared to do comprehension Exercise **B**, which follows.*

En el restaurante del Hotel Colón, en Quito

LAURA: Así que piensan mudarse a Quito. ¡Deben estar muy contentos! Pero, ¿cuándo...?

PEDRO: Pues, nos gustaría estar aquí para Año Nuevo. Yo me jubilo el mes próximo, ¡por fin! Por ahora, buscamos casa... Lo malo es la inseguridad de no saber dónde vamos a vivir...

LUIS: (...) Pero lo lindo, lo positivo, lo interesante de la vida en Quito es que aquí siempre hace un tiempo magnífico, ¿no?

LAURA: Así es. Por algo llaman a Quito «la ciudad de la eterna primavera», ¿no? Estoy segura de que la vida aquí les gustará muchísimo. (...) Cambiando de tema..., ¿arreglaron lo de la habitación que no les gustaba?

PEDRO: No. Pedí una habitación doble, con dos camas, pero no me la pudieron dar.

LAURA: ¿Y por qué no se quedan con nosotros?

LUIS: ¡Buena idea! Tenemos un dormitorio para huéspedes, con baño, dos camas, ... y una sala pequeña con sofá y sillones.

ESTELA: Es que no nos gustaría molestar...

LAURA: ¡Por favor! Esa habitación les va a gustar y la pueden usar por el tiempo que quieran. ¿Aceptan?

PEDRO: Bueno, si no les causaremos problemas... Estela, ¿qué opinas?

ESTELA: ¡Por supuesto que sí! Y un millón de gracias. Sé que con ustedes estaremos cien veces mejor que en el hotel.

B. *Each of the sentences that you will hear contains a vocabulary item that did not occur in the dialogue. Without referring to the written dialogue, write the word that is out of place in the column on the left, and the correct word in the column on the right. Each sentence will be read twice.*

INCORRECTO	CORRECTO
1. _____	_____
2. _____	_____
3. _____	_____
4. _____	_____
5. _____	_____
6. _____	_____

PARA ESCUCHAR Y ESCRIBIR

A. *Listen to the following passage as you read along. Be prepared to do comprehension Exercise B, which follows.*

Las islas del Archipiélago de Colón, también conocidas como las Islas Galápagos, están situadas a 622 millas de la costa pacífica de Ecuador. En total son trece islas grandes, seis más pequeñas, y más de cuarenta isletas. Son de origen volcánico y la mayor parte de ellas están al sur de la línea ecuatorial. Fueron descubiertas por Tomás de Berlanga, un obispo español, mientras viajaba entre Panamá y Perú.

Las islas tienen un gran valor científico y el área es ahora un parque nacional. El famoso naturalista inglés Charles Darwin llegó a las islas en 1835. Las curiosas formas biológicas que existían en el archipiélago le inspiraron para escribir su obra revolucionaria: *El origen de las especies por medio de la selección natural.*

Es posible viajar al archipiélago por avión o por barco. Si le interesa la biología y le encanta la naturaleza, algún día tendrá que hacer un viaje a esas islas fascinantes.

B. *Listen to the following incomplete statements based on the passage. You will hear a beep where there is a word missing. Circle the appropriate word to complete the statements.*

1. atlántica / pacífica / caribe
2. tres / treinta / trece
3. inglés / español / francés
4. Perú / Chile / Venezuela
5. pirata / naturalista / conquistador

SUP

C. Dictado. *Now parts of the passage will be repeated with pauses. Write down what you hear. The selected passages will then be repeated without pauses so that you can check what you have written.*

_____

_____

_____

_____

_____

_____

_____

_____

_____

_____

ANSWER KEY TO THE
EJERCICIOS ESCRITOS

CAPÍTULO UNO

VOCABULARIO

A.
1. hija
2. abuelo
3. prima
4. hijo
5. esposa
6. tío
7. abuela
8. tía

B.
1. Se llama José.
2. Se llama Alicia.
3. Antonia y Ana son los padres de Carmen.
4. Teresa es la abuela de Eduardo.
5. Se llama Amalia.
6. Antonio es el hermano de Alicia.

I. THE PRESENT TENSE OF REGULAR -*AR* VERBS

A.
1. Uds., Ellos, Los estudiantes
2. Tú
3. Yo
4. Marta, El esposo de Graciela
5. Ella y yo, Nosotras, Tú y yo

B.
1. En la Plaza de España Ana mira la estatua de Don Quijote y Sancho Panza.
2. Nosotros llegamos a la ciudad de Ávila.
3. Ana y yo buscamos un hotel.
4. Los turistas necesitan un taxi.
5. Teresa, Paco y Juan Manuel visitan la Universidad de Madrid.

II. ARTICLES AND NOUNS: GENDER AND NUMBER

A.
1. un, unos, un
2. una, unas
3. una
4. un
5. unos

B.
1. No, miramos la ciudad.
2. No, la tía de Carlos está aquí.
3. No, buscan los hoteles.
4. No, los hijos de Isabel desean hablar con usted.
5. No, necesito las cámaras.

C.
1. semana
2. lápiz
3. dirección
4. tío de Juan
5. sillas
6. amigos
7. pasaporte

III. CARDINAL NUMBERS 0-99, *HAY*

A.
1. ochenta y siete centavos
2. dos dólares y treinta y siete centavos
3. un dólar y cincuenta y seis centavos
4. setenta y cuatro dólares y doce centavos
5. veinticinco dólares y quince centavos
6. catorce dólares
7. sesenta y un dólares y dieciocho centavos
8. noventa y nueve dólares y once centavos

B.
1. No, no hay un hombre en la luna.
2. Sí, hay treinta días en noviembre.
3. No, no hay tres días en un fin de semana.
4. Sí, hay hoteles en los aeropuertos.
5. No, no hay doctores en las farmacias.

IV. INTERROGATIVE WORDS AND WORD ORDER IN QUESTIONS

1. ¿Quiénes hablan mucho?
2. ¿Adónde viajan ustedes?
3. ¿Cómo viajan?
4. ¿Quién lleva el regalo?
5. ¿Cómo se llama la mujer?
6. ¿Con quién está(s)?
7. ¿Quién pasa una semana aquí?
8. ¿Cuándo llega el avión?
9. ¿Dónde están Juan y José?

FUNCIONES Y ACTIVIDADES

A.
1. padres
2. abuelos
3. capital
4. aviones
5. hoteles
6. tíos
7. señores
8. lápices
9. ciudad

B.
1. b
2. c
3. a
4. b
5. a

PARA ESCRIBIR

Answers vary, but include the following verbs:

1. Estoy...
2. Me llamo...
3. Llevo...
4. ...escucho...
5. Deseo viajar a...

CAPÍTULO DOS

VOCABULARIO

A.
1. descortés
2. pequeño
3. bueno
4. irresponsable
5. idealista

6. optimista
7. aburrido
8. egoísta
9. insensible
10. viejo

B. *Answers vary.*

I. THE VERB *SER*

A.
1. son
2. somos
3. son, soy

4. es, es
5. eres
6. son

B.
1. somos
2. son
3. soy
4. es
5. somos

6. eres
7. es
8. son
9. es
10. soy

II. ADJECTIVES

A.
1. grande
2. buen
3. norteamericanas
4. mal

5. mexicano
6. trabajadora
7. linda

B.
1. muchos, buenos
2. horrible, amables
3. viejas, lindas
4. excelentes, modernas

5. inteligentes, trabajadores
6. internacionales, famosos
7. muchas, interesantes, elegante
8. gran, importante

III. *SER* VS. *ESTAR*

A. 1. f   2. a   3. b   4. c   5. d   6. a   7. e

B. 1. b   2. b   3. a   4. b   5. a

C. 1. están
2. estamos
3. soy
4. está
5. son
6. es
7. estás
8. estamos

IV. THE CONTRACTIONS *AL* AND *DEL*
V. THE PERSONAL *A*

A. 1. X, a
2. X
3. a
4. X
5. X
6. a

B. 1. No, necesito el número de teléfono de la profesora de francés.
2. No, busco la dirección del profesor de inglés.
3. No, llevo los libros a la clase.
4. No, comemos en el restaurante del museo de arte.
5. No, llamamos a las primas de Laura.

C. *Answers may vary but will include:*
1. a. Busco una exposición.
   b. Busco al señor Aguirre.

2. a. La farmacia está lejos del hotel.
   b. La farmacia está cerca de la Avenida Caracas.

3. a. El turista mira a las chicas.
   b. El turista mira los museos.

4. a. Los pasajeros llegan al aeropuerto.
   b. Los pasajeros llegan a Estados Unidos.

5. a. El restaurante está al lado del hotel.
   b. El restaurante está enfrente de la universidad.

FUNCIONES Y ACTIVIDADES

A. 1. ¡Qué horrible! (¡Qué malo!)
2. ¡Qué descortés! (¡Qué malo!)
3. ¡Qué egoísta!
4. ¡Qué bueno! (¡Qué interesante! ¿Verdad?)
5. ¡Qué interesante! (¡Qué aburrido!)
6. ¡Qué suerte!
7. ¡Qué interesante! (¡Qué aburrido!)

B. 1. enfrente de, cerca de
2. al lado de, detrás de
3. a la derecha de, enfrente de
4. cerca de, al lado de
5. lejos de
6. detrás de, a la derecha de

PARA ESCRIBIR

Answers vary.

CAPÍTULO TRES

VOCABULARIO

1. b   2. a   3. b (*or* a)   4. a   5. b

I. TELLING TIME

A.
1. Tú llegas a las cinco menos diez de la tarde.
2. El doctor Jaramillo y yo visitamos la clase a las once menos veinte de la mañana.
3. Tú llamas la agencia a los dos y cinco de la tarde.
4. Ahora son las ocho de la mañana en París.
5. Nosotros deseamos llegar a las once y media de la mañana.

B.
1. A la una y media Juana lleva los (unos) libros a la casa de una amiga.
2. A las dos menos veinte Juana habla con la profesora de física.
3. A las tres y cuarto (quince) Juana visita a la familia de Miguel.
4. A las cinco menos cuarto (quince) Juana pregunta la hora.
5. A las cuatro y media (treinta) Juana mira televisión.

II. THE PRESENT TENSE OF REGULAR -*ER* AND -*IR* VERBS

A.
1. cree, debemos
2. leen
3. vivimos
4. escribe, recibe
5. Aprenden
6. comen
7. comprendo

B.
1. creo
2. leen
3. recibe
4. comemos
5. lees
6. viven
7. debes
8. abrimos

III. POSSESSIVE ADJECTIVES

A.
1. Tus composiciones están en la mesa.
2. Nuestro primo Alberto vive aquí.
3. Necesito sus libros, doctora Carretón.
4. Nuestros parques y plazas son bonitos.
5. Bienvenido, profesor Álvarez, está en su casa.
6. Voy a escribir a mis hijas.

B.
1. Mi
2. mis
3. mis
4. Nuestro
5. sus
6. su
7. Nuestro
8. su
9. Nuestra
10. Su
11. tus / sus

IV. THE PRESENT INDICATIVE OF *TENER*

A.
1. tengo un reloj
2. tienen un hotel
3. tenemos libros
4. tiene un avión
5. tienen una librería

B.
1. tengo
2. tengo ganas de
3. tienes ganas de
4. tenemos que
5. tengo

C. *Answers vary.*

V. THE VERBS *HACER, PONER, SALIR,* AND *VENIR*

A.
1. haces, hago
2. pone
3. hacemos
4. vienen
5. vienes
6. salgo

B. *Answers vary, but possible answers are:*
1. Sí (No, no) vengo a la universidad por la mañana. Vengo a las (nueve).
2. Sí (No, no) salgo mucho a comer. Salgo con (mis amigos).
3. Venimos a la clase de español a las (once).
4. Hago la comida todas las noches. (*or* Como en la cafetería de la universidad.)

FUNCIONES Y ACTIVIDADES

A. *Answers vary.*

B. *Answers vary.*

PARA ESCRIBIR

Answers vary.

CAPÍTULO CUATRO

VOCABULARIO

A. 1. nieva
2. sol, calor
3. meses, primavera
4. estación, otoño
5. frío, enero
6. llueve

B. 1. time
2. weather
3. time
4. weather

I. THE IRREGULAR VERB *IR;* ADVERBS WITH -*MENTE*

A. 1. van
2. vas
3. va
4. vas
5. voy

B. 1. van, física
2. va, psicología
3. vamos
4. vamos, química
5. va, ingeniería
6. vamos, inglés

C. 1. descortésmente
2. rápidamente
3. Posiblemente
4. lentamente

II. DATES

A. *Answers vary.*

B. *Answers vary.*

III. CARDINAL NUMBERS 100 AND ABOVE

A. 1. Cinco millones de pesos viejos son quinientos pesos nuevos.
2. Treinta mil pesos viejos son tres pesos nuevos.
3. Dos millones de pesos viejos son doscientos pesos nuevos.
4. Ochocientos mil pesos viejos son ochenta pesos nuevos.
5. Ochenta mil pesos viejos son ocho pesos nuevos.
6. Quinientos cincuenta mil pesos viejos son cincuenta y cinco pesos nuevos.
7. Diez millones novecientos noventa mil pesos viejos son mil noventa y nueve pesos nuevos.
8. Cuatro millones cuatrocientos cuarenta mil pesos viejos son cuatrocientos cuarenta y cuatro pesos nuevos.

B.
1. ciento cuarenta y nueve
2. quinientos dos
3. novecientos ochenta y cinco
4. trescientos uno
5. trescientos cuarenta y uno
6. novecientos veintiuno
7. trescientos cincuenta y ocho
8. cuatrocientos setenta y ocho

IV. IDIOMATIC EXPRESSIONS WITH *TENER; HAY QUE*

A.
1. Hay que ir primero a la oficina de la administración.
2. Sí, hay que estudiar la historia de Estados Unidos.
3. Tienen que abrir la biblioteca a las siete y media de la mañana.
4. Tienes que tener un total de veinte libros para las clases.
5. Tienes que ir a Smith Hall para buscar las oficinas de los profesores de inglés.

B.
1. Porque hago (tengo que hacer) ejercicios y tengo calor.
2. Porque tienen examen hoy.
3. Porque no tengo hambre.
4. Porque tenemos ganas de nadar.
5. Porque tengo dolor de estómago.

V. AFFIRMATIVE AND NEGATIVE WORDS

A.
1. Ninguna
2. alguien
3. nada
4. algún
5. ningún
6. tampoco
7. nunca
8. ni

B.
1. Nadie viene por aquí hoy.
2. Ni Lorenzo ni Elena van de vacaciones.
3. Ninguno de los Balboa tiene la dirección.
4. Marisa tampoco baja aquí.
5. Nada llevan a la fiesta.

C.
1. No, nunca tomo café por la mañana.
2. No, no tengo ninguna pregunta.
3. No, no visito a nadie en el hospital hoy.
4. No, no necesito nada.
5. No, no viajo a ningún país hispano en el verano.

FUNCIONES Y ACTIVIDADES

A. *Answers vary.*

B. *Answers vary.*

PARA ESCRIBIR

Answers vary.

CAPÍTULO CINCO

VOCABULARIO

A. 1. el SIDA   2. el teatro   3. la culpa   4. la pobreza

B. *Answers vary.*

I. DEMONSTRATIVE ADJECTIVES AND PRONOUNS

A.
1. Esta contaminación del aire es terrible.
2. ¿Qué calle buscas? ¿Ésta?
3. Busco el Museo de Arte Moderno. ¿Es aquél?
4. Estos hombres que están aquí necesitan empleo.
5. Aquella tienda es nueva.

B.
1. este
2. ese
3. ése
4. aquel

5. aquél
6. aquella
7. aquélla

II. STEM-CHANGING VERBS: *E* TO *IE*

A.
1. piensas
2. entiendo
3. empieza
4. cierran

5. pierde
6. piensas
7. entiendo

B.
1. entienden
2. empezamos
3. quiero / prefiero

4. quieren / prefieren
5. pienso, perdemos

C. *Answers vary.*

III. DIRECT OBJECT PRONOUNS

A.
1. ¿Por qué vas a comprarlo?
2. Porque Susana va a visitarnos.
3. ¿Quién va a invitarla?
4. Voy a llamarla ahora.
5. Voy a buscarlo.
6. Tú vas a hacerla.

B. 1. Sí, me va a ayudar (va a ayudarme) con las maletas.
2. Sí, los esperamos en el hotel.
3. Sí, nos va a llamar (va a llamarnos) mañana.
4. Sí, los vamos a visitar (vamos a visitarlos) el sábado.
5. Sí, lo vemos.
6. Sí, los tenemos.

IV. THE PRESENT TENSE OF *SABER* AND *CONOCER*

A. 1. Sí, (No, no) conozco el programa «El Show de Paul Rodríguez».
2. Sí, (No, no) sé quién es Paul Rodríguez.
3. Sí, (No, no) conozco el programa «Ocurrió así».
4. Presentan una película a las nueve.
5. Sí, (No, no) sé si hay programas en español en mi área. (Los presentan en...)

B. *Answers vary.*

FUNCIONES Y ACTIVIDADES

Answers vary.

PARA ESCRIBIR

Answers vary.

CAPÍTULO SEIS

VOCABULARIO

Answers vary.

I. INDIRECT OBJECT PRONOUNS

A.
1. Les
2. nos
3. le
4. le
5. Te
6. les

B.
1. Ana te presta la bicicleta.
2. Ana me muestra el libro.
3. Ana le toca el violín.
4. Ana les saca fotos.
5. Ana le hace una fiesta de cumpleaños.
6. Ana les prepara el almuerzo.

II. STEM-CHANGING VERBS: *E* TO *I*; THE VERB *DAR*

A.
1. sigues
2. dice
3. pedir
4. doy
5. preguntan
6. siguen, dar
7. piden
8. sirven

B.
1. preguntas
2. pedir
3. preguntas
4. pides
5. preguntar, pedir

III. STEM-CHANGING VERBS: O TO *UE, U* TO *UE*

A.
1. Ella sueña con la comida que le prepara su mamá.
2. Mi papá duerme muy poco, pero siempre puede trabajar bien.
3. Catalina y yo siempre volvemos temprano y te encontramos enfrente del televisor; ¿no recuerdas que debes estudiar?
4. Las películas cuestan mucho ahora; pero mis amigos y yo siempre encontramos algún programa interesante en la televisión.

B. *Answers vary, but include the following verbs:*
1. vuelvo
2. almuerzo, encuentro
3. cuesta
4. juego
5. encuentro

IV. DIRECT AND INDIRECT OBJECT PRONOUNS IN THE SAME SENTENCE

A.
1. la bicicleta
2. a la señorita
3. el dinero
4. las entradas
5. el almuerzo
6. a ustedes
7. la casa
8. a Juan y a Carmen

B.
1. Sí, puedo sacársela.
2. Sí, puedo prestártelo.
3. Sí, quiero mostrárselo.
4. Sí, voy a comprártela.
5. Sí, pueden llevárselo.

C.
1. a. El policía le pregunta el nombre.
   b. El policía se lo pregunta.
2. a. Yo te llevo la maleta.
   b. Yo te la llevo.
3. a. Ellos le piden consejos.
   b. Ellos se los piden.
4. a. Usted les presta la computadora.
   b. Usted se la presta.
5. a. Josefina y yo les repetimos la información.
   b. Josefina y yo se la repetimos.

FUNCIONES Y ACTIVIDADES

Answers vary.

PARA ESCRIBIR

Answers vary.

CAPÍTULO SIETE

VOCABULARIO

A. Carmen lleva...
   1. un vestido
   2. zapatos
   3. un bolso

   4. un traje
   5. una blusa
   6. una falda

   José lleva...
   1. una corbata
   2. una camisa
   3. pantalones
   4. guantes

   5. un abrigo
   6. un suéter
   7. un cinturón
   8. botas

B.
   1. paraguas, impermeable
   2. traje
   3. abrigo

   4. falda, vestido
   5. camisas

I. THE REFLEXIVE

A. 1. a   2. a   3. b   4. b   5. a

B.
   1. se despiertan
   2. se lava, se viste
   3. se van
   4. se quita

   5. se quedan
   6. se divierten
   7. se ponen, se acuestan

C. *Answers vary.*

II. THE PRETERIT OF REGULAR AND STEM-CHANGING VERBS

A.
   1. pretérito
   2. pretérito
   3. presente
   4. pretérito
   5. pretérito

   6. pretérito
   7. presente
   8. pretérito
   9. pretérito
   10. presente

B.
   1. volvió
   2. llamaste
   3. descubrieron
   4. vivimos

   5. nací
   6. perdió
   7. salimos
   8. quedé

C.
1. visité
2. llevé
3. hablamos
4. salí
5. llegué
6. llamé
7. nos sentamos
8. empecé
9. escuchó
10. Prefirió
11. llevé

III. COMPARISONS; THE SUPERLATIVE

A.
1. tan
2. tantos, como
3. tan
4. tan, como
5. tan, como
6. tantas, como

B.
1. más viejo que
2. las calles más grandes de
3. más cerca de
4. los edificios más viejos de
5. menos famoso que

C.
1. ¿Es usted (Eres) el (la) menor de su (tu) familia? *Answers vary.*
2. ¿Quién es el mayor de su (tu) familia? ¿El más alto? *Answers vary.*
3. ¿Tiene(s) un hermano mayor? ¿Un hermano más grande? *Answers vary.*
4. ¿Cuál es la mejor estación del año? ¿La peor? ¿Por qué? *Answers vary.*
5. ¿Cuál es el lugar más interesante que conoce(s)? *Answers vary.*

FUNCIONES Y ACTIVIDADES

A. *Answers vary.*

B.
1. de qué color es
2. depende
3. ¿De qué es?
4. ¿Cuándo o dónde lo necesita?
5. Lo necesito cuando llueve.

PARA ESCRIBIR

Answers vary.

CAPÍTULO OCHO

VOCABULARIO

Answers vary.

I. THE PRESENT TENSE OF *ENCANTAR, FALTAR, GUSTAR, IMPORTAR, INTERESAR;* THE VERBS *OÍR* AND *TRAER*

A.
1. traigo
2. gustan
3. falta
4. importa
5. faltan
6. gusta
7. oyes
8. oigo
9. encanta
10. gusta
11. interesa

B.
1. Me encantan el arroz y los frijoles.
2. A mi familia le gusta la sopa.
3. ¿Oye(s) a los niños?
4. ¿Trae(s) el vino?
5. ¿Te faltan papas?
6. A mí me importan los amigos.
7. A ellos les interesa la filosofía.

C. *Answers vary.*

II. THE PRETERIT OF IRREGULAR VERBS

A. 1. ser 2. ser 3. ir 4. ir

B.
1. dijiste
2. trajo
3. Hubo
4. supieron
5. hizo
6. pudo
7. di

C.
1. fuimos
2. hicieron
3. trajeron
4. vino
5. puso
6. pude
7. tuvimos
8. dimos

III. PREPOSITIONS; *POR* VS. *PARA*

A.
1. él
2. usted
3. -migo
4. con-
5. sin
6. esperar
7. salir
8. venir

B.
1. V
2. V
3. F
4. V
5. V
6. F
7. F
8. V

C.
1. ...por teléfono
2. ...para la clase de francés
3. ...por la tarde
4. ...por autobús
5. ...para David
6. ...para llevar a una fiesta
7. ...para las nueve y media

D. *Answers vary, but may include the following:*
1. por autobús, para Cartagena
2. por el parque
3. por la noche
4. por teléfono, por la lluvia
5. para el miércoles
6. por aspirinas, para comprar aspirinas

FUNCIONES Y ACTIVIDADES

A. 2, 6, 3, 7, 4, 9, 1, 5, 8

B. *Answers vary.*

C. *Answers vary.*

PARA ESCRIBIR

Answers vary.

CAPÍTULO NUEVE

VOCABULARIO

A.
1. se enamoró
2. cita
3. beso
4. celos
5. abrazaron
6. acompañó
7. boda
8. Se casaron
9. compañeros
10. llevar

B. *Answers vary.*

C. *Answers vary.*

I. THE IMPERFECT OF REGULAR AND IRREGULAR VERBS (*IR, SER, VER*)

A.
1. éramos
2. tenía
3. estaba
4. era
5. hacía
6. estábamos
7. desayunábamos
8. almorzábamos
9. cenábamos
10. nos despertábamos
11. volvía
12. iba
13. traía
14. quería
15. preparaba

B. Eulalia estudiaba ingeniería en la Universidad de Sevilla. Ella no era muy responsable y no sacaba muy buenas notas, pero era muy popular y tenía muchos amigos que la querían mucho. Vivía con sus padres y sus dos hermanos menores que la amiraban mucho. A nosotros nos gustaba su compañía y nos veíamos frecuentemente: íbamos a la playa, al cine, a algún baile, o simplemente nos quedábamos en casa a conversar. Siempre nos divertíamos cuando estábamos juntos.

II. THE IMPERFECT VS. THE PRETERIT

A.
1. sabía
2. conocías
3. conocí
4. supiste
5. sabía
6. sabía

B.
1. quería
2. Llamé
3. quería
4. dijo
5. tenía
6. llamé
7. iba
8. preguntó
9. quería
10. dije
11. tenía
12. me quedé

C. 1. fui
2. hablaba
3. llegó
4. se sentó
5. llamaba
6. hablamos
7. abrazamos

8. fui
9. estudiaba
10. llamó
11. pidió
12. dije
13. gustaba

III. *HACER* WITH EXPRESSIONS OF TIME

A. 1. Hace dos años que estudio español.
2. Sí, hace unos días le escribí a mi amigo en Granada.
3. Hace cuatro meses que preparo este viaje.
4. Sí, hace seis meses que tengo mi pasaporte.
5. Sí, hace cinco semanas que tengo el boleto para mi vuelo.

B. 1. hace
2. hacía, que
3. hacía, que

4. hace
5. hace, que

1. Hacía dos meses que la mujer lo conocía cuando se casaron.
2. Hacía tres años que estaban casados cuando el casamiento terminó en un divorcio.
3. Hace tres años que lo vio en Madrid.
4. Hacía mucho tiempo que ella no pensaba más en él cuando lo vio allí en Madrid.

IV. THE RELATIVE PRONOUNS *QUE* AND *QUIEN*

A. 1. quien
2. quien

3. que
4. que

B. 1. Espero el autobús que siempre llega a las nueve.
2. Ese presidente que visitó España es un buen político.
3. Maribel y Joaquín son los amigos con quienes vamos a almorzar.
4. Pedro es el estudiante de biología a quien le tengo que pedir un favor.
5. Córdoba es una ciudad muy interesante que quiero visitar en diciembre.
6. ¿Éste es el amigo de Silvia que va a quedarse con nosotros?

C. 1. Me llamo Luis Durán
Mucho gusto.
2. ¡Buen provecho!
¡Gracias!
3. ¡Bienvenido!
¡Gracias! (Con permiso.)

4. ¡Salud!
5. ¡Felicitaciones!
6. ¡Salud!
7. Perdón.
8. Con permiso.

FUNCIONES Y ACTIVIDADES

Answers vary.

PARA ESCRIBIR

Answers vary.

CAPÍTULO DIEZ

VOCABULARIO

A. Lugares: las ruinas, el puerto, la estación de trenes, el parque zoológico, el Museo Nacional de Antropología, el monumento, las pirámides, la agencia de viajes, la aduana

Cosas: el boleto, el dinero, el mapa, el pasaporte, las maletas

B.
1. la estación de trenes
2. a la aduana
3. quedarnos
4. la aduana
5. ¡Buen viaje!
6. hotel
7. pasaje
8. hermosas

I. FORMAL *USTED* AND *USTEDES* COMMANDS

A.
1. Busque el libro.
2. Vayan con ella.
3. Espere cinco minutos.
4. Salga de la catedral.
5. Empiecen a las ocho.
6. Llegue temprano.
7. Escriban pronto.
8. No digan eso.

B.
2. escribo, escriba, escriban
3. cuento, cuente, cuenten
4. salgo, salga, salgan
5. llego, llegue, lleguen
6. traigo, traiga, traigan
7. pongo, ponga, pongan
8. pido, pida, pidan
9. voy, vaya, vayan
10. vengo, venga, vengan

C.
1. Vuelvan al avión ahora.
2. Si quiere ir al Zócalo, camine dos cuadras más.
3. Llame al agente de viajes.
4. No saquen más fotos de esas ruinas.
5. Traiga su pasaporte.

D. *Answers vary.*

II. *TÚ* COMMANDS

A.
1. venga Ud., ven tú
2. haz tú, haga Ud.
3. tenga Ud., ten tú
4. no pongas tú, no ponga Ud.
5. no salga Ud., no salgas tú
6. no vaya Ud., no vayas tú

B. *Answers vary.*

C. 1. Mateo, no lleves esos pantalones blancos.
   2. Señores García, no vayan al parque ahora.
   3. Profesor, repita ese nombre, por favor.
   4. Muchachos, doblen a la izquierda en esa esquina.
   5. Teresa, no subas al autobús con ese paraguas.
   6. Muchachos, no caminen por esa calle.
   7. Pablo, ve al centro esta tarde.
   8. Por favor, Marta, no leas esa carta ahora.

III. POSITION OF OBJECT PRONOUNS WITH COMMANDS

A. 1. trabajo; tú
   2. mapas; Ud.
   3. puerta; tú
   4. catedral; Ud.
   5. calcetines grises; Ud.
   6. sombrero; tú
   7. programa; Ud.

B. 1. No se siente allí.
   2. No nos lo digas.
   3. No me las traigan.
   4. No los mires.
   5. No se la pidas.
   6. No se vayan.

C. 1. No me la compres hasta mañana.
   2. No se los lleves hasta mañana.
   3. No me lo busque hasta mañana.
   4. No nos la diga hasta mañana.
   5. No se la escriba(s).
   6. No me la hagas hasta mañana.

FUNCIONES Y ACTIVIDADES

A. 1. izquierda, derecha, derecha
   2. derecho, derecho
   3. izquierda, oeste, enfrente
   4. derecho, la Avenida Lázaro Cárdenas
   5. izquierda, a la Fuente de la Diana Cazadora

B. Vaya / Cómo llego a... / Vaya derecho / Camine cinco cuadras / Doble a la izquierda / Cruce / Está al lado del

C. *Answers vary.*

PARA ESCRIBIR

Answers vary.

CAPÍTULO ONCE

VOCABULARIO

A. *Answers will vary. Some probable responses:*
1. el partido internacional de fútbol, las elecciones en Costa Rica, la visita del Papa, el terremoto en Guatemala
2. las elecciones nacionales, la visita del Papa, la manifestación
3. el aumento de sueldos, la huelga de trabajadores, el aumento de precios, el costo de (la) vida, la superpoblación
4. el partido internacional de fútbol, el maratón de Boston, la visita del Papa, el concierto de piano, el anuncio de las mejores películas del año, los juegos olímpicos

B. *Answers vary.*

I. THE IMPERSONAL *SE* AND THE PASSIVE *SE*

A.
1. cierran
2. cambian
3. debe
4. dice
5. ven
6. necesitaba

B. 1. c   2. a   3. f   4. e   5. b   6. d

II. THE PAST PARTICIPLE USED AS AN ADJECTIVE

A.
1. abiertos, cerrados
2. prendida
3. escrito
4. hechas
5. abiertas
6. traídas
7. perdido
8. resuelto
9. cerrada, abierta
10. roto

B.
1. Sí, profesor, todas las maletas están puestas en el autobús.
2. Sí, profesor, los periódicos están comprados.
3. Sí, profesor, las ventanas y las puertas están cerradas.
4. Sí, profesor, los números de los pasaportes están escritos en su cuaderno.
5. Sí, profesor, la lista de los números de teléfono de emergencia está hecha.

III. THE PRESENT AND PAST PERFECT TENSES

A.
1. Los trabajadores han pedido aumento de sueldo.
2. La profesora ha visitado ese museo.
3. Tú y yo hemos viajado a Nicaragua.
4. Ha empezado la huelga de los maestros.

333

5. Me he quedado en el Hotel París.
6. Antonio no ha dicho casi nada en la reunión.
7. Todos hemos visto el noticiero de las once.

B. 1. Sí, los hemos visto.
2. Sí, ya los hemos visitado.
3. Sí, lo he oído.
4. Sí, la hemos traído.
5. Sí, ya he comido en ese restaurante.
6. Sí, se la hemos preparado.

C. *Answers will vary especially in the time given for completing the action. Some possible answers:*
1. Ya había decidido si quería quedarse en una pensión. Lo decidió hace seis meses.
2. Ya había leído varios libros (*or* guías, mapas, *etc.*) sobre el país (*or* la ciudad, *etc.*). Los leyó hace dos años.
3. Ya había hecho la maleta. La hizo hace diez días.
4. Ya había ido al banco. Fue allí hace dos semanas.
5. Ya había llegado al aeropuerto. Llegó allí el sábado a las seis de la mañana.

FUNCIONES Y ACTIVIDADES

A. *Answers vary.*

B. *Horizontales:*

1.	ve	26.	aumentas, aumentan
4.	revista	30.	reunión
9.	canal	32.	época
10.	si	36.	teatro
12.	su, tu	38.	artista
14.	ser	39.	Sevilla
16.	porque	43.	sabe
20.	si	44.	re
21.	un	46.	día
22.	co	47.	esas
23.	te	48.	leo
24.	oro		
25.	se		

Verticales:

1.	va	25.	santos
2.	en	27.	U.S.
3.	el	28.	tío
5.	es	29.	yo
6.	vi	31.	no
7.	siesta	33.	casado
8.	ah (ay)	34.	veías, veían
11.	poco	35.	pasar
13.	Ud.	37.	uvas
15.	ríes, ríen	38.	al
16.	protestar	40.	ese
17.	que	41.	iba
18.	un	42.	les
19.	con	45.	el
22.	celebrar		

PARA ESCRIBIR

Answers vary.

CAPÍTULO DOCE

VOCABULARIO

A.
1. en mayo
2. en noviembre
3. en diciembre
4. en julio

5. en enero
6. en junio
7. en enero
8. *Answers vary.*

B. *Answers vary.*

I. THE PRESENT SUBJUNCTIVE OF REGULAR VERBS

A. 1. a   2. c   3. a   4. a   5. b   6. c   7. b

B.
1. enseñe
2. nos quejemos
3. mande

4. se reúnan
5. fume
6. asistas

7. celebre
8. ayude

C.
1. llames
2. compres

3. inviten
4. escribas

5. comas
6. comprendamos

II. THE PRESENT SUBJUNCTIVE OF IRREGULAR, STEM-CHANGING, AND SPELLING-CHANGING VERBS

A.
1. pidamos
2. enseñe
3. ponga
4. seas

5. piensen
6. haga
7. vayas
8. se reúnan

B.
1. tener, tengan
2. venir, venga
3. conocer, conozcas

4. ir, vayan
5. llevar, lleves
6. asistir, asista

C.
1. sepan
2. conozcan
3. comprendan
4. pueda
5. veamos

6. vengan
7. interese
8. se sientan
9. pasen

III. ADDITIONAL COMMAND FORMS

A. 1. Tomemos
2. Sentémonos
3. hagamos
4. le expliquemos
5. Ayudemos
6. les digamos

B. 1. la acueste
2. le escriba
3. vaya
4. la llame
5. los reciba

FUNCIONES Y ACTIVIDADES

A. *Answers vary.*

B. *Possible answers:*   1. c   2. e   3. f   4. a   5. b   6. d

C. *Answers vary.*

PARA ESCRIBIR

Answers vary.

CAPÍTULO TRECE

VOCABULARIO

A.
1. la boca
2. el brazo
3. el dedo
4. la espalda
5. el cuello
6. el pulgar (dedo)
7. la pierna
8. el pie
9. el corazón
10. la mano
11. el pelo (el cabello)
12. la rodilla
13. la oreja
14. el ojo
15. la nariz
16. el estómago

B.
1. Me duele la cabeza. (Tengo dolor de cabeza.)
2. Me duele la garganta. (Tengo dolor de garganta.)
3. Me duele el estómago. (Tengo dolor de estómago.)
4. Tengo fiebre.
5. Me duele la espalda. (Tengo dolor de espalda.)
6. Me duelen los ojos. (Tengo dolor de ojos.)
7.-9. Answers vary.

El diagnóstico 1.-3. *Answers vary.*

I. OTHER USES OF THE DEFINITE ARTICLE

1. La salud es muy importante.
2. Me duele la cabeza.
5. Lávate la cara, Pepito.
6. Ellos creían que el español era más fácil que el francés.
9. Dame la mano, hija.
10. Le gustan las personas sofisticadas.

II. THE SUBJUNCTIVE WITH CERTAIN VERBS EXPRESSING EMOTION, NECESSITY, WILL, AND UNCERTAINTY

A.
1. a 2. c 3. b 4. a 5. b
6. c 7. b 8. a 9. a 10. b

B. *Answers vary.*

C.
1. a. Quiero estudiar español.
   b. Quiero que estudie(s) español.
2. a. Espero ir a la fiesta.
   b. Espero que ella vaya a la fiesta.

338

3. a. Siento no poder estar allí.
   b. Siento que ella no pueda estar allí.
4. a. Me gusta viajar con ellos.
   b. Me gusta que viajen conmigo.
5. a. Me dice que sale (se va) esta noche.
   b. Me dice que salga (me vaya) esta noche.
6. a. Me alegro de no estar enfermo(-a).
   b. Me alegro (de) que no estén enfermos.

III. THE SUBJUNCTIVE WITH IMPERSONAL EXPRESSIONS

A. 1. a   2. a   3. b   4. b   5. c   6. c

B.
1. escribió
2. sea
3. hablar
4. se alegre
5. recuerde
6. tener
7. se vayan
8. diga
9. lean
10. vean

C. 1. No es verdad que los enfermeros ganen mucho dinero.
2. No es seguro que se casen pronto.
3. No es obvio que tú estés enferma.
4. No es cierto que lo vayan a operar del corazón.
5. No creo que la tensión sea una de las causas del dolor de cabeza.
6. No piensan que el abuelo de Marina tenga cáncer.

FUNCIONES Y ACTIVIDADES

A.
1. es
2. pequeña
3. pelo
4. salud
5. cabeza
6. pie
7. camina
8. difícil
9. dudo
10. pedir
11. sea

B. 1. ...sea malo para el estómago nadar después de comer.
2. ...la vitamina C cure todos los resfríos.
3. ...correr sea malo para el corazón.
4. ...(no) sea bueno lavarse el pelo todos los días.
5. ...las verduras frescas tengan más vitaminas que las cocidas.
6. ...todas las mujeres embarazadas coman pepinos con azúcar.

C. *Answers vary.*

PARA ESCRIBIR

Answers vary.

CAPÍTULO CATORCE

VOCABULARIO

A. 1. Uno debe dejar el auto en el garaje.
2. Aunque se desayune en la cocina, siempre se cena en el comedor.
3. Cuando llueve, es mejor pasar la noche en la casa.
4. Una casa con once dormitorios es grande.
5. Las cocinas casi nunca tienen alfombras.

B. *Descriptions vary.*
1. un televisor
2. un estante (de libros)
3. una alfombra
4. una lámpara
5. un sofá
6. una cama

I. THE FUTURE TENSE

A. 1. Usted se quedará en casa, ¿no?
2. Ellos vivirán cerca de la universidad.
3. Yo limpiaré mi cuarto.
4. Ella pondrá el sofá aquí.
5. Saldré mañana para Quito.
6. Ustedes vendrán en tren, ¿verdad?
7. ¿Cuándo venderán la casa?
8. Tendremos un garaje para dos autos.

B. 1. te casarás
2. estaremos
3. vendrá
4. iremos
5. habrá
6. hará
7. nos divertiremos
8. recibirán
9. irán
10. tendrán
11. jugaremos
12. serás

C. 1. veré
2. saldrá
3. se pondrán
4. harás
5. pintaremos
6. podremos

D. 1. b, probability
2. a, probability
3. a, probability
4. b, future
5. c, probability

II. THE CONDITIONAL MOOD

A. 1. vendría
2. harías
3. serías
4. sabría
5. daría
6. pondrían
7. irían

B. 1. Siempre me decía que compraría una lámpara más grande.
2. Creíamos que sería preferible una boda tradicional.
3. La dije que no haríamos nada.

4. Creía que el autobús pararía en esa esquina.
5. Sabía que habría mucha gente en la reunión.
6. Decían que Arequipa sería un lugar ideal para una luna de miel.

C. llegaría, podrías, pasarían, saldrían, acompañaría, llevaría, deberías

D. 1. ¿Quién podría haber sido? (¿Quién podría ser?)
2. Sería
3. (Te) olvidarías
4. estaría cerrado
5. estaría en el correo

The description following the dialogue will vary.

III. THE PRESENT PARTICIPLE AND THE PROGRESSIVE TENSES

A. 1. trayendo   3. andando   5. esperando
2. siguiendo   4. jugando   6. dando

B. 1. En este momento Esteban está sacando el auto del garaje.
2. En este momento Anita y Pepito están durmiendo en el dormitorio de Susana.
3. En este momento tú le estás escribiendo una carta a Ramona.
4. En este momento nosotros estamos limpiando la cocina.
5. En este momento estoy estudiando para un examen.

C. *Answers vary.*

D. 1. estaba cocinando
2. estaba tocando
3. estaba mirando
4. estaba leyendo
5. nos estábamos divirtiendo (estábamos divirtiéndonos)

FUNCIONES Y ACTIVIDADES

A. *Answers vary.*

B. *Answers vary. Possible answers:*
1. bailar conmigo; no sé bailar; aprenderlo
2. escuchar la radio
3. prestar dinero
4. hablar contigo

C. *Answers vary.*

PARA ESCRIBIR

Answers vary.

CAPÍTULO QUINCE

VOCABULARIO

A. Agradable: sentirse feliz, ponerse contento, reírse, estar orgulloso, besar, viajar, enamorarse, abrazar

Desagradable: asustarse, estar avergonzado, tener miedo, aburrirse, llorar, estar deprimido, enojarse, sentirse triste, matar

B.
1. asustada
2. asustada
3. contenta
4. conducía
5. avergonzada
6. furioso
7. rabia
8. se enojó
9. vergüenza
10. rabia
11. risa

I. USES OF THE INFINITIVE

A.
1. Sí, (No, no) es bueno estar a dieta.
2. Sí, (No, no) es necesario comprar pasajes de ida y vuelta.
3. Sí, (No, no) es importante salir antes de las cinco.
4. Sí, (No, no) es posible dormir en el tren expreso.
5. Sí, (No, no) es malo correr después de comer.

B. 1. a   2. b   3. c   4. a   5. a

C.
2. Don't step on the grass.
3. Take care of your dog. (Curb your dog.)
4. Put trash (in its place).
5. Scenic view
6. Wet paint
7. Don't pick the flowers.
8. Exit
9. No smoking
10. Pull
11. Push
12. No parking
13. Post no bills
14. No left turn

II. THE SUBJUNCTIVE IN DEPENDENT CLAUSES THAT FUNCTION AS ADJECTIVES

A. 1. a   2. a   3. b   4. a   5. c   6. c

B. 1. No conozco a ninguna persona que se enoje fácilmente.
2. No tiene ningún amigo que sea supersticioso.
3. No necesito a nadie que conozca al presidente.
4. No venden nada que yo pueda comprar.
5. Así no ofendes a nadie que sea inocente.

C. *Answers vary.*

III. THE SUBJUNCTIVE WITH CERTAIN ADVERBIAL CONJUNCTIONS

A. 1. Vamos a hablar antes de que el profesor nos llame.
2. Debes volver pronto en caso de que el profesor empiece la clase más temprano.
3. No podemos casarnos sin que nos queramos.
4. No te doy este anillo a menos que me des diez mil guaraníes.
5. Soy puntual para que el profesor no se enoje.
6. Te mando este libro para que tengas algo que leer.

B. 1. a. sea   2. a. se ría   3. a. pueda
     b. corran   b. llore   b. se despierte
     c. reciban   c. esté   c. vea

C. 1. lleguen   4. diga
    2. vio   5. se casen
    3. me enojé   6. hablo

D. 1. esté   6. ofende
    2. se sienta   7. pida
    3. esté   8. vean
    4. puedan   9. crean
    5. empiece

FUNCIONES Y ACTIVIDADES

A. *Answers vary.*

B. *Answers vary.*

C. *Horizontales:*

1. ah
3. sus
6. hija
10. docena
13. ducha
15. el
16. temía
17. mamá
18. ir
19. da
20. lámpara
21. carne
22. esquía
24. esquiar
26. panadero
30. horno
32. lavaré
34. cama
35. de

36. es
39. ya
41. mío
42. dormitorio
43. come
45. al
46. ir
49. lee
52. enojo
54. ido
55. sueña
56. oír
58. ríes, ríen
59. risa
60. dio
61. devoto
64. pase
65. ese, esa
66. adorno

Verticales:

1. además
2. hola
3. será
4. un
5. S.A.
7. id
8. judía
9. a.C.
11. embargo
12. garaje
14. abre
16. también
18. inca
19. dedo
20. lavaderos
23. usará
25. ido
27. conservadora
28. radio

29. camisas
30. hay
31. re
33. veo
36. Ema
37. sillones
38. dolerá
40. acá
44. mi
47. pobres
48. libros
50. repaso
51. jardín
53. otro
57. ida
62. ve
63. te

PARA ESCRIBIR

Answers vary.

CAPÍTULO DIECISÉIS

VOCABULARIO

A.
1. fruit
2. fish
3. flowers
4. shoes
5. milk
6. bread
7. meat
8. furniture

B. *Possible answers:*
1. abrigo, blusa, bolso, camisa, falda, pantalones, poncho, sombrero, suéter, alfombras, vestido, zapatos
2. arroz, azúcar, bananas, carne, cerámica, huevos, leche, lechuga, manzanas, naranjas, pan, pescado, piña, pollo, poncho, queso, sombrero, tomates, torta, vino
3. termómetros, cosméticos, medicinas, vitaminas, desodorante, aspirina
4. arroz, azúcar, bananas, huevos, leche, lechuga, manzanas, naranjas, pan, piña, queso, tomates, vino
5. cama, mesas, silla, sofá, alfombras

I. THE IMPERFECT SUBJUNCTIVE

A.
1. rebajaran
2. gastáramos
3. ahorráramos
4. fueran
5. valiera
6. naciera

B.
1. Me pidió que le comprara un poncho en el mercado.
2. Dudábamos que ellos pagaran tanto por esa cerámica.
3. Su madre le pidió que no viera más a Ramón.
4. Esperábamos que Ana ahorrara su dinero.
5. Era mejor que pidieran eso en una boutique del centro.
6. Era necesario que regatearas en el mercado.
7. Buscaba un banco que me cambiara este cheque.
8. Querían ver ese tapiz antes de que se lo dieras a tu amiga.

C.
1. fuera al mercado antes de que lo cerraran.
2. manejara con cuidado y que no tuviera prisa.
3. tratara de regatear para que nos dieran los mejores precios posibles.
4. no comprara nada que no estuviera en oferta.
5. llevara más dinero en caso de que viera algo muy bueno en oferta.
6. vendieran las mejores cosas muy temprano y que no quedara nada interesante después.
7. no parara en ninguna parte para hablar con mis amigos, ¡aunque me pidieran que tomara una cerveza con ellos!
8. no quisiera seguir los consejos de una buena tía.

D.
1. Quisiera cambiar estos boletos.
2. Tú debieras llamar antes de salir.
3. Ella quisiera que usted la acompañara.
4. Ustedes debieran tener sus maletas preparadas.

II. *IF* CLAUSES

A.
1. si lo encontraras, ¿me lo darías?
2. si valiera menos de 400 bolívares, ¿lo comprarías?
3. si los rebajara, ¿comprarías en su tienda?
4. se enamorara de alguien que trabajara con él, ¿se divorciarían?
5. le aumentaran el sueldo a Héctor, ¿te llevaría a Europa?
6. supiera, ¿se ofendería?
7. te hiciera más preguntas, podríamos hablar toda la tarde, ¿verdad?

B. paso, pongo, pudiera, dejaría, tuvieran, pasará, aceptan, podré, tengo, espera

C. *Answers vary.*

D. *Answers vary.*

III. OTHER USES OF *POR* AND *PARA*

A.
1. por
2. para
3. por
4. para, por
5. por, para
6. para
7. para
8. Para
9. por
10. para

B. *Answers vary.*

C.
1. Vengo por ti después de la cena. (*or* ...de cenar.)
2. No pudieron ver por la ventana.
3. La mujer (señora) debe llamarnos por teléfono.
4. Ella tiene que ir a la farmacia para comprar aspirinas y vitaminas para su madre.

FUNCIONES Y ACTIVIDADES

A. *Answers will vary, but some probable reactions:*
1. ¡Esto es fabuloso! (*or* ¡Esto es insoportable!)
2. Eso no es aceptable. (*or* ¡Esto es insoportable! *or* Es demasiado.)
3. ¡Esto es buenísimo!
4. ¡Esto es fabuloso! (*or* ¡Esto es justo lo que me faltaba!)
5. ¡Eso es insoportable! (*or* Es demasiado.)
6. ¡Esto es fabuloso! (*or* ¡Esto es buenísimo!)

B. *Answers will vary. Some possible responses:*
1. ¿Qué talla usa usted?
2. el probador
3. ¿Qué número calza usted?
4. prueba
5. grandes
6. hacen juego
7. envuelvo
8. puestas
9. probador
10. probarme

PARA ESCRIBIR

Answers will vary.

CAPÍTULO SUPLEMENTARIO

VOCABULARIO

A. *Answers vary.*

B. *Answers vary.*

C. *Answers vary.*

I. THE NEUTER *LO*

A.
1. importante
2. lo que
3. Lo que
4. lo que
5. lo
6. lo

B. 1. a   2. a   3. b   4. c   5. b

C. *Answers vary.*

II. LONG FORMS OF POSSESSIVE ADJECTIVES; POSSESSIVE PRONOUNS

A.
1. su boda (su casamiento); la boda suya (el casamiento suyo)
2. mi anillo; el anillo mío
3. nuestra gente; la gente nuestra
4. su trabajo; el trabajo suyo
5. sus parientes; los parientes suyos
6. mis primas; las primas mías
7. tus amigos; los amigos tuyos
8. nuestros boletos de ida y vuelta; los boletos nuestros de ida y vuelta

B.
1. Los libros son de mí. Son míos.
2. El televisor es de Sonia. Es suyo.
3. La bicicleta es de él y de Jorge. Es suya.
4. La motocicleta es de nosotros. Es nuestra.
5. La máquina de escribir es de ti. Es tuya.
6. La radio es de mí. Es mía.
(In the identification section of this exercise answers will vary.)

348

III. THE PASSIVE VOICE

A. 1. a   2. a   3. b   4. a   5. b

B. 1. a   2. a   3. b   4. a   5. b

C. 1. b   2. a   3. b   4. b   5. b

ACTIVIDADES

A. campo, clima, valle, vista, nieve, sol, nube, lago, peces, los insectos, pájaros, amanecer, flores

B. *Answers vary.*

PARA ESCRIBIR

Answers vary.

ANSWER KEY TO THE
SELF-TESTS

SELF-TEST I

I.   1. conozco, sé 2. buscan 3. podemos 4. pongo 5. salgo; Vienes 6. crees, soy
7. debemos 8. quieren 9. tengo, tienes 10. va 11. tenemos 12. vive 13. digo, dice
14. duerme 15.vuelven 16. veo

II. es, es, es, está, es, es, está, está

III. A. 1. mi 2. Tus 3. sus 4. Nuestro 5. Su

   B. 1. esta 2. aquellos 3. Este 4. esas 5. Esa

IV. 1. Sí, yo la llevo. 2. Sí, te puedo esperar unos minutos. 3. Sí, yo les hablo. 4. Sí, quiero
preguntárselo. (*or:* Sí, se lo quiero preguntar.) 5. Sí, te quiero. 6. Sí, puedo decírselo.
(*or:* Sí, se lo puedo decir.) 7. Sí, quiero dárselos. (*or:* Sí, se los quiero dar.) 8. Sí,
Anita nos escribe mucho. 9. Sí, me puedes visitar mañana. (*or:* Sí, puedes visitarme
mañana.) 10. Sí, se lo voy a dar. (*or:* Sí, voy a dárselo.)

V.   1. Conoce, saber 2. dice, Habla 3. pido, pregunta 4. están, Son

VI. 1. Mucho gusto. 2. Buenos días. 3. Gracias. 4. Por favor. 5. ¿Qué hora es? 6. ¿Qué día
es hoy? 7. Tengo hambre. 8. Buenas tardes. 9. ¿Tienen un cuarto con baño?
10. ¿Cuánto cuesta este reloj? 11. Lo llevo. (*or:* Lo voy a llevar.) 12. Hace calor.
13. ¿Tiene(-s) calor? 14. ¿Tiene(s) ganas de ir? 15. ¡Bienvenido (-a, -os, -as)!
16. ¿Puede decirme dónde está el restaurante «La Cazuela»? (*or:* ¿Me puede decir...?)
17. Hasta mañana. (*or:* Nos vemos mañana.) 18. ¡Qué lástima! 19. ¡Cuidado!

SELF-TEST II

I. **1.** Hablen de su viaje. **2.** Estudias hoy. **3.** No comas los chocolates. **4.** Vete ahora, Rosa. **5.** No sea pesimista. **6.** Pásamela. **7.** No pierdan la dirección. **8.** Dísela. **9.** No me llames muy temprano. **10.** Ven a clase. **11.** Tráigamela. **12.** Ten ciudado. **13.** Espérenme. **14.** Vístase a la moda.

II. **A. 1.** Tuvieron que aprender inglés. **2.** ¿Qué pediste? **3.** Ya los vi. **4.** Se lo dimos a ellos. **5.** ¿Quién perdió? ¿Quién ganó? **6.** No tuviste tiempo de ver la película. **7.** Simón Bolívar quiso unir toda Sudamérica. **8.** Los árabes trajeron a España una rica cultura. **9.** Salí temprano. **10.** Fernando se fue a casa a dormir. **11.** Se divirtieron mucho. **12.** No nos quiso ver. **13.** Conocieron a María. **14.** Supo la verdad. **15.** Me levanté a las ocho.

B. 1. Tenían que aprender inglés. **5.** ¿Quién perdía? ¿Quién ganaba? **6.** No tenías tiempo de ver el partido. **7.** Simón Bolívar quería unir toda Sudamérica. **11.** Se divertían mucho. **12.** No nos quería ver. **13.** Conocían a María. **14.** Sabía la verdad. **15.** Me levantaba a las ocho.

C. 2. ¿Qué has pedido? **3.** Ya los he visto. **4.** Se lo hemos dado a ellos. **5.** ¿Quién ha perdido? ¿Quién ha ganado? **6.** No has tenido tiempo de ver el partido. **10.** Fernando se ha ido a casa a dormir. **11.** Se han divertido mucho.

D. esperaba; vi; nos conocimos; queríamos; admiraba; tenía; había heredado; había visto (*or:* veía); vi; llevaba; dije; estaba; pregunté; seguía; dijo; viajaba; visitaba; contó; conoció (*or:* había conocido); Se enamoró; decidieron; tenía; era; vivieron (*or:* vivían); descubrió; tenía; dejó (*or:* ha dejado); inspiró (*or:* ha inspirado); empecé; han podido (*or:* pueden)

III. **1.** Siempre me divierto con Andrea y Tomás. **2.** Él se va de aquí mañana. **3.** ¿Se lava la cara? (*or:* ¿Te lavas la cara?) **4.** Me levanto de la mesa. **5.** ¿Cómo se llama tu mejor amigo? **6.** Siéntese, por favor. (*or:* Siéntate, por favor.) **7.** Me acuesto a las once. **8.** Te despiertas temprano. (*or:* Se despierta temprano.)

IV. **1.** ¡Que tonterías! **2.** ¡Por supuesto! **3.** ¡Felicitaciones! **4.** ¿Me puede(-s) decir cómo llegar al Hotel Internacional? **5.** Vaya derecho (adelante). **6.** ¡Salud! **7.** De nada. (*or:* No hay de qué.). **8.** ¿Dónde se venden zapatos? **9.** ¿A qué hora (se) abren las tiendas? **10.** Tráigame un café, por favor. **11.** ¿Qué desea (desean) pedir? **12.** La cuenta, por favor. **13.** Perdón. **14.** ¡Buen provecho! **15.** ¿Qué (nos) recomienda?

SELF-TEST III

I. 1. Se alegró mucho de que se casaran. 2. Tiene miedo que lleguemos tarde. 3. Creo que ellos venden la casa. 4. Dudo que Susana vaya al cine hoy. 5. No es cierto que él tenga dolor de cabeza. 6. No había nadie allí que pudiera hacerlo. 7. Supo que ellos llegaron temprano. 8. El médico no cree que Silvia esté enferma.

II. A. 1. estemos 2. tenga 3. vuelvan 4. pueda

   B. 5. mienta 6. traigas

   C. 7. venga 8. conozcas

   D. 9. ganen 10. fume, descanse

   E. 11. haga

   F. 12. coma 13. sean

   G. 14. pueda 15. tengamos 16. alquile

   H. 17. trabajen 18. nos acostemos 19. me vaya

   I. 20. salga 21. reciba

   J. 22. sea 23. pueda

   K. 24. sepa 25. lleguen

III. 1. por 2. por 3. para 4. por 5. por 6. para 7. Por 8. por 9. Para 10. por, para

IV. A. 1. yo daré 2. él escribirá 3. nosotros viajaremos 4. tú harás 5. ellos pondrán 6. ella irá 7. nosotros pediremos 8. tú dirás 9. yo me levantaré 10. él dormirá

   B. 1. yo daría 2. él escribiría 3. nosotros viajaríamos 4. tú harías 5. ellos pondrían 6. ella iría 7. nosotros pediríamos 8. tú dirías 9. yo me levantaría 10. él dormiría

   C. 1. yo estoy dando 2. él está escribiendo 3. nosotros estamos viajando 4. tú estás haciendo 5. ellos están poniendo 6. ella está yendo 7. nosotros estamos pidiendo 8. tú estás diciendo 9. yo me estoy levantando 10. él está durmiendo

V. 1. viene 2. pierdan 3. vamos 4. llegan 5. quiera 6. van

    1. supo 2. tuvieras 3. llevara 4. estuviéramos 5. ayudó 6. se calmó

355

VI.   **1.** Quiero ir de compras. ¿Te [*or:* Le(-s)] gustaría venir conmigo? (*or:* ¿Quisieras [Quisiera(-n)] venir conmigo?) **2.** ¿Dónde está el correo? **3.** ¿Qué te (*or:* le) pareció la ciudad? ¡Una maravilla! **4.** ¿Qué edad tiene? **5.** ¡Qué barbaridad! ¡He perdido mis tres maletas! **6.** Adiós. Que te (*or:* le) vaya bien. **7.** Me duele la cabeza. **8.** ¿Hay una (*or:* alguna) farmacia cerca? **9.** Quiero que conozca(n) a mi amigo Rafael Márquez. **10.** ¡Qué sorpresa! Pensamos (*or:* Pensábamos) que llegaría(-s) (*or:* llegarían) mañana, no hoy. **11.** Lo siento mucho. **12.** ¡Qué alivio! **13.** ¿En qué puedo servirlo(la)? **14.** (Les) Recomiendo que tomen el tren. **15.** No se permite sacar fotos.